全民阅读视野下公共图书馆阅读推广探究

王晓柏◎著

文化发展出版社
Cultural Development Press
·北京·

图书在版编目（CIP）数据

全民阅读视野下公共图书馆阅读推广探究 / 王晓柏著. — 北京 : 文化发展出版社, 2023.12
ISBN 978-7-5142-4281-2

Ⅰ. ①全… Ⅱ. ①王… Ⅲ. ①公共图书馆－读书活动－研究 Ⅳ. ① G252.17

中国国家版本馆 CIP 数据核字 (2024) 第 025163 号

全民阅读视野下公共图书馆阅读推广探究

王晓柏　著

出 版 人：宋　娜
责任编辑：岳智勇　　　　责任校对：岳智勇
责任印制：邓辉明　　　　封面设计：守正文化
出版发行：文化发展出版社（北京市翠微路 2 号 邮编：100036）
网　　址：www.wenhuafazhan.com
经　　销：全国新华书店
印　　刷：天津和萱印刷有限公司

开　　本：710mm × 1000mm　1/16
字　　数：230 千字
印　　张：11.25
版　　次：2024 年 9 月第 1 版
印　　次：2024 年 9 月第 1 次印刷

定　　价：72.00 元
I S B N：978-7-5142-4281-2

◆ 如有印装质量问题，请电话联系：010-58484999

前　言

近年来，随着我国社会主义文化事业建设的加强，各地都在广泛开展全民阅读活动。全民阅读活动已经成为提高国民素质、促进社会走向和谐文明的重要措施，是建设学习型社会最具影响力和最简洁有效的方式。全民阅读氛围的营造、国民阅读率的提高、阅读推广工作持续有效的开展等，都离不开国家法律政策的保障。正所谓“法立于上则俗成于下”，将全民阅读上升到国家文化战略的高度，才能上行下效，提升人民群众的文化获得感。公共图书馆作为文化服务体系的重要组成部分，应该全面了解全民阅读的重要性，充分发挥自身的优势，做好推动全民阅读活动的有力载体，肩负起推动全民阅读的社会职责。我国全民阅读在发展过程中已经实现了较大程度的进步，总体呈现出书籍、电子书阅读量大幅度增加，报纸、期刊阅读略有下降的趋势，但与国外的人均阅读量仍存在较大差异。公共图书馆促进全民阅读是对阅读本身及阅读服务的推广，同时也是公共图书馆自身推广的最好方式。本书将围绕全民阅读视野下公共图书馆阅读推广探究展开论述。

本书第一章为阅读及阅读推广，分别介绍了全民阅读概述、阅读推广的起源与概念、阅读推广的方式三个方面的内容；第二章为公共图书馆阅读推广综述，主要介绍了四个方面的内容，依次是公共图书馆与全民阅读、公共图书馆阅读推广的历史与发展、公共图书馆阅读推广的特点、公共图书馆阅读推广的主要方式；第三章为全民阅读视野下公共图书馆阅读推广理论实践，分别介绍了四个方面的内容，依次是公共图书馆阅读推广策略研究、公共图书馆多维阅读推广实践、公共图书馆与其他机构合作推广、公共图书馆经典阅读推广实践；第四章为公共图书馆面向未成年人的阅读推广，依次介绍了公共图书馆面向未成年人的阅读服务、公共图书馆未成年人阅读推广活动评估、公共图书馆未成年人阅读推广实践三个方面的内容；第五章为公共图书馆阅读推广工作创新，主要介绍了三个方面的内容，分别是全媒体时代公共图书馆阅读推广的机遇与探索、基于馆校合作的公共图书馆阅读推广工作探索、我国公共图书馆阅读推广模式的创新研究。

在撰写本书的过程中，作者参考了大量的学术文献，得到了许多专家学者的帮助，在此表示真诚感谢。本书内容系统全面，论述条理清晰、深入浅出，但由于作者水平有限，书中难免有疏漏之处，希望广大同行及时指正。

王晓柏

2023 年 8 月

目录

第一章　阅读及阅读推广

阅读是传播知识、传承文明的基本途径。全民阅读水平是衡量一个国家社会文明程度的重要标志。本章主要介绍阅读及阅读推广，主要从三个方面进行阐述，分别是全民阅读概述、阅读推广的起源与概念和阅读推广的方式。

第一节　全民阅读概述

一、倡导全民阅读的背景与意义

我国是一个历史悠久的文明国家，热爱读书是千百年来中华民族的优良传统。在人类文明的演进过程中，随着生产和科技的迅猛发展，人类知识源源不断地积累，文献数量亦不断攀升。在当今相对充裕的经济环境下，部分家庭能够将购书和藏书纳入其开支，然而，这种途径仍受到一定的限制。在这一背景下，公共图书馆显得尤为重要，作为地区、社区和学校的信息中心，它在大众阅读生活中扮演着关键的角色。自公共图书馆建立以来，部分学者一直呼吁将其塑造成群众阅读和再教育的核心机构。倡导和推动全民阅读可以为社会构建文明和谐的氛围提供强有力的支持，具有深远的意义。

（一）倡导全民阅读的背景

莎士比亚曾经说过："生活里没有书籍，就好像没有阳光；智慧里没有书籍，就好像鸟儿没有翅膀。"[①] 阅读在个体成长中扮演着不可或缺的角色，其影响深远而长久。良好的书籍有着改变人一生的潜力，因为个体的精神发展与其阅读历程密切相关。同时，全民阅读水平的提升对于民族精神境界的塑造至关重要。几千年来，书籍与伟人之间结下了不解之缘，在当今建设创新型国家和学习型社会的时代，建设书香浓郁的社会尤为关键。阅读不仅仅是个体成长的力量，更是推动

① 于漪．阅读教学卷[M]．上海：上海教育出版社，2018．

社会发展的不可替代的力量，为培养创新思维和提升综合素养提供了必要的支持。在这个信息爆炸的时代，阅读不仅仅是获取知识的手段，更是促进个体与社会共同发展的重要媒介。崇尚读书才能让一个民族不断发展，保持生命的活力，而作为中华民族的主人翁，作为建设学习型社会的中坚力量，我们的阅读水平事关祖国的未来和民族的兴衰。

（二）倡导全民阅读的意义

全民阅读具有深远的文明推进价值，通过长期深入的全民阅读活动，社会能够形成良好的学习风尚，提升国民素质，并形成共享的价值观。通过积极推动全民阅读，我们可以营造出浓厚的读书氛围，从而积极地塑造每一位公民的人格，助力社会朝着学习型社会的方向迈进，为社会文明的不断进步奠定基础。全民阅读不仅仅是民族振兴的基石，更是个体生命的转变之源。单凭书籍或许难以直接改变整个世界，但阅读所蕴含的力量却能够深刻地改变个人的命运，而这些个体层面的变革最终将共同构建起国家整体的兴盛。阅读的深度和广度直接关系到个人思想的转变，同时也影响着整个国家文明的发展。

全民阅读作为经济社会和文化建设的必需环节，不仅涵盖了文化的积累、发展和传承，更为物质与精神文明的发展奠定了基石。随着社会的不断发展，人们的物质生活得到改善，对文化的需求也随之增长。阅读不仅仅是获取知识的手段，更是塑造个体性格的重要途径，同时也在民族文明传承、经济发展、和谐文化建设等方面扮演着至关重要的角色。通过广泛的阅读，社会能够培养更有创造力和批判性思维的人才，促进文明的传承和创新。

二、公共图书馆在全民阅读中的领导作用

公共图书馆不仅是推动和实现全民阅读的主要力量，还在全民阅读中起着重要的领导作用。阅读文化领导权意在表示社会在提倡和努力形成社会阅读文化的时候，需要有某个组织或机构来承担领导的责任，当该组织或机构执行这种权力的时候，能被最广泛的民众接受，获得最大限度的民众响应，因此，这种领导权是民众所认同的。从另一个角度来说，就是在这个组织或机构引领社会形成阅读文化的时候，民众的接受度和认可度能达到最大值，同时这个组织或机构又能够将这份责任履行得相对完善。因此，公共图书馆掌握阅读文化领导权也就是承担了构建社会阅读文化的责任与使命。

公共图书馆服务全民阅读是公共图书馆服务功能的拓展。公共图书馆在引领

全民阅读的过程中，要重视两个方面。第一，将全民阅读纳入公共文化服务体系和公共图书馆的重点工作。公共图书馆是社会文化服务体系的重要组成部分，其使命在于服务全体市民，满足不同阶层读者的阅读需求。在构建公共文化服务网络的进程中，公共图书馆积极承担服务全民阅读的责任，不断扩展服务领域。除提供传统图书外，公共图书馆还将全民阅读活动纳入服务范畴，通过举办阅读推广、文学讲座等活动，促进文化共享，营造浓厚的学术氛围。公共图书馆的努力不仅仅是为了满足大众的阅读兴趣，更是为了促进社会的文化素质不断提升，培养公民终身学习的意识。第二，在坚持公共图书馆服务原则的基础上推进全民阅读活动，提升信息与知识传播以及学习的公益性、公平性和平等性。公共图书馆要坚持公益性原则，服务于全民阅读。公共图书馆服务的群体是社会大众，即要关注社会中的每一个人。公平性是指导公共图书馆开展全民阅读的精神准则，体现着公共图书馆对社会大众的人文关怀。在开展全民阅读活动的时候，关注弱势群体的阅读需求，为盲人提供书友会，为社区老人提供专项阅读服务都是体现公平性的良好示范。同时，公共图书馆服务全民阅读时，不可人为设置阅读障碍，要全面开展阅读活动，根据不同人的阅读心理，以真诚、平等、友善的服务满足读者需求，努力为读者营造一个高雅、宽松、温馨的文化氛围。公共图书馆服务公众的平等性应该体现在公共图书馆所开展的全民阅读活动中，要有针对性地为不同民族、不同国家、不同年龄、不同行业的人提供多样的阅读活动。

公共图书馆的主要功能是向民众普及科学文化知识、组织开展相关教育工作以及保存人类珍贵的文化遗产等，在推动全民阅读的活动中占据中心地位，是重要的组织和实施机构。作为公共文化服务体系的重要组成部分，公共图书馆在推动全民阅读推广活动方面起着关键的作用。全民阅读活动需要公共图书馆积极参与，这样才能推动全民阅读活动不断发展，提供丰富多样的服务。

（一）建立学术文化社区，培养民众科学素养

公共图书馆是重要的社会服务机构，为社会提供文化、教育、信息等服务，传播科学文化知识，帮助民众获取信息，在社会主义文化生态建设中发挥着不可替代的作用。全民阅读是传播社会主义优秀文化的关键途径，同时也是提升公民文化素养的重要手段。以公共图书馆为主体，不断完善服务体系，有助于深入推进全民阅读活动。实施全民阅读战略的首要任务是通过多样化的活动激发民众的阅读热情，向公众提供阅读建议，从而全面提升公民的文化素养。从这一点上来看，全民阅读战略与公共图书馆的职能是相吻合的，公共图书馆与政府相关文化

部门展开合作，开展多种形式的文化活动，大大拓展了图书馆在教育和文化方面的职能。同时，公共图书馆还可以与社区合作，引导民众多阅读书籍，帮助民众提高自身素质，建立学术文化社区。

在知识和信息不断发展的时代，很多学科不断分化成更细化的学科，交叉学科和边缘学科层出不穷，知识和科学无论是形式还是内容，都更加细化和复杂。在这个时代，人们对知识的渴求达到了新的高度，急切需要获取新的知识，以更好地融入社会。全民阅读的兴起和发展是知识经济社会发展的必然选择，在公共图书馆的引领下，全民阅读为人们提供知识文化服务，旨在构建全民阅读服务体系，激发人们的自主学习意识，进一步提升全民的文化素养。

（二）丰富民众精神生活，调整全民阅读职能体系

公共图书馆旨在为民众提供广泛的知识文化服务，肩负着文化教育的重要责任。无论是学习、科技创新还是创作等与文化相关的活动，都离不开图书馆的支持。在当前知识经济迅速发展的时代，任何组织和个人都需要通过阅读获取相关知识，以提升自身的科学文化素养。公共图书馆在推动全民阅读方面扮演着至关重要的角色，满足人们日益多样化的文化需求，成为人们精神文化生活中不可或缺的一部分。全民阅读活动是社会主义特色文化体系建设的重要举措，其立足于文化，旨在提高全民族的创造力和文化素养，进而实现文化自信。公共图书馆拥有丰富的馆藏资源，基于此不断创新阅读服务和推广方式，利用图书馆的文化职能，有效解决了民众对文化的需求，对促进社会主义文化事业的发展起到了重要的推动作用。

当今社会，科技迅猛发展，公共图书馆在传播文化和先进思想方面扮演着关键的角色，肩负着文化教育的使命。公共图书馆的主要职责在于普及科学文化知识，为读者提供广泛的图书借阅服务，并负责管理各类文献资料等。其应该认真履行自身职能，激发民众阅读积极性，为民众提供更好的文化服务。同时，做好文化教育工作，明确自身在提高国民综合素质方面应承担的责任。当前，知识经济快速发展，政府相关文化部门提出全民阅读这一重要战略举措顺应了当前发展。作为社会文化服务机构，公共图书馆应当认真履行自身的职能，主动承担全民阅读文化推广中的重要使命，并从以往的经验中总结教训，不断完善自身的职能体系。

（三）创新全民阅读模式，普及全民阅读服务范围

在知识经济时代的浪潮下，公共图书馆的服务范围和职能发生了深刻的变革。

以往，图书馆主要致力于向读者提供书籍借阅服务和信息服务，然而现今，其职责已不局限于此，图书馆还应更广泛地向读者提供知识和智慧服务。在社会文化事业建设的过程中，全民阅读呈现出系统性的特征。公共图书馆在深化全民阅读服务中，通过激发民众的阅读兴趣，并根据民众的阅读习惯为其提供个性化服务，创新服务机制和管理模式，使自身职能更加完善。作为为社会提供支持和服务的机构，公共图书馆的主要任务在于普及科学文化知识，大力宣传卓越的文化和思想，在塑造民众价值观方面扮演着重要的引导角色。

公共图书馆向大众开放，为公众提供获取所需信息和知识的便捷途径，使人们得以借阅相关书籍。全民阅读活动的开展不仅形成了良好的文化氛围，极大地提高了图书馆的知名度，吸引了更多读者，同时也在拓宽图书馆的服务范围上取得显著成果。

（四）形成家庭阅读氛围，扩大公共阅读资源利用程度

家庭是社会的重要组成部分，儿童在家庭中接受启蒙教育，因此家庭阅读至关重要，承担着构建和谐进步社会的重任。公共图书馆家庭阅读推广让更多家庭参与到阅读中，在家庭中形成热爱阅读的良好氛围，这样可以带动整个社会形成良好的文化氛围，日益凸显阅读的重要性，不断完善阅读相关保障和责任机制。

公共图书馆资源丰富，为民众提供了多种阅读资源，既有纸质书籍，也有各类电子图书，这些都是人类智慧的结晶。公共图书馆家庭阅读推广不仅可以带动全民参与阅读，也可以使公共阅读资源得到充分利用，提高利用率，让读者更加精准地获取所需资源，提高公共阅读资源的社会效益。

三、公共图书馆服务全民阅读的策略

（一）转变观念，适应多元文化

公共图书馆作为公共文化服务体系中重要的一个环节，在观念上应加强对公益性的理解，只有将公益性渗入全民阅读服务之中，才能使全民阅读活动在明确的观念指导下顺利开展。公共图书馆应该明确自身在社会文化服务体系中的定位，发挥自身的资源优势和人才优势，确保全民阅读活动的良性开展，为提升国民素质服务。

（二）寻求多方合作，发展公益事业

公共图书馆在开展全民阅读活动中应寻求多方合作，同其他公共部门或公益

性机构进行合作，共同开展全民阅读活动，通过合作方的资源整合创新全民阅读活动。生态学的竞合理论认为，通过竞争与合作可以促进生态的演化与发展。虽然公共图书馆同档案馆、出版机构、书店等相关部门在读者资源上存在竞争关系，但是通过合作，进行资源整合却可以给全民阅读活动带来很好的社会效益，达到共赢的目的。另外，公共图书馆和公益性机构进行合作，可以促进社会公益事业的发展。

（三）配备专业人员，辅导全民阅读活动

要保证全民阅读活动的有效进行，就要配备专业的人员给予辅导。美国公共图书馆的阅读活动经常是以项目的形式开展的，活动伊始会成立项目委员会，然后逐渐开展项目策划、项目宣传、项目组织。除此之外，在美国还有一些非营利性的研究机构提供相关项目，由公共图书馆或其他机构申请加入，然后研究机构为其人员提供培训与指导。例如，肯塔基人文理事会（KHC）是一个非营利性的研究机构，主要为公共图书馆提供家庭阅读项目。在申请人提出参与项目的申请后，由该机构向公共图书馆派出协调员进行项目培训，指导阅读项目的开展。

第二节　阅读推广的起源与概念

一、阅读推广的起源

在过去的二十多年间，图书馆事业经历了翻天覆地的变革，而这场变革的催化剂并非仅限于信息技术的迅猛发展，它只是其中的一环。阅读推广在这一演变过程中显得愈发引人注目，逐步成为图书馆主流服务的显著特征。图书馆从零星的服务模式逐步演进，主动迎接社会发展所带来的挑战，持续推动阅读推广的深化，使其从过去的零散服务转变为一项具有鲜明活力、充分体现核心价值的自觉服务。阅读推广的蓬勃发展催生了新的理论问题，并将其打造成为新兴的图书馆学理论领域。当代社会对阅读的高度关注成为促使阅读推广成为图书馆核心领域的至关重要的因素。进入20世纪90年代后，政治、经济和社会的发展对公民素养提出了更为迫切的要求。为了满足这一需求，各国政府纷纷制定政策和战略，积极组织开展相关活动，推动阅读推广和非正式学习，以提升公民素养，更好地满足社会的知识需求。1995年，联合国教科文组织将每年4月23日命名为“世界图书与版权日”（又称“世界读书日”）[①]，这个日子现已成为全球阅读的重要节日。此外，联合国教科文组织还有多项中长期计划，鼓励各种机构培养公民读写能力和终生学习能力。世界各个国家和地区的政府都在大力推动阅读，相关政策法规和大型项目不胜枚举。在全社会关注阅读的潮流中，图书馆始终走在前沿。1994 年，国际图书馆协会联合会（简称“国际图联”）发布的《公共图书馆宣言》，将“从小培养和加强儿童的阅读习惯”列为公共图书馆的首要使命。[②]

2003 年，《未来的框架》政策文件的发布标志着英国公共图书馆功能的重大转变，明确了其职能转向阅读推广。该文件突显了图书馆在社区服务中的宣传更新，将阅读推广纳入核心议程。文件进一步强调了现代图书馆的核心使命，将“阅读推广和促进非正式学习”置于首要位置。这一政策转变旨在使图书馆不仅仅是信息资源的存储库，更是社区发展和文化提升的引领者。通过强调阅读推广，文件明确了图书馆在培养数字技能、服务社区凝聚力以及传递公民价值方面的关键作用。这一重心转移标志着公共图书馆由传统的信息存储机构向全面促进知识、学习和社会参与的中心角色的演变。

2005 年，国际图联发布《信息社会灯塔宣言》，将信息素养和终身学习视为引导力量，推动信息社会发展。中国图书馆学会在 2003 年将全民阅读纳入议事日程，积极推动阅读推广。2013 年，中国图书馆学会的年会主题为“书香中国——阅读引领未来”，凸显了阅读推广在中国图书馆中的核心地位。这反映了图书馆不再仅是信息仓库，更强调其在社会中的引导作用。通过突出“书香中国”，图书馆将阅读定位为国家未来塑造的力量，强调阅读对知识获取和思维培养的关键作用。这一主题选择体现了中国图书馆对阅读推广的深刻认识，将其视为培养国民素质、促进社会文明进步的长远目标，为信息社会发展提供了文化基础。2022 年，党的二十大报告在关于推进社会主义文化强国建设的论述中明确表示要“深化全民阅读活动”。[③]政府工作报告中多次提及要“倡导全民阅读，建设书香社会”，又一次把“全民阅读”提升到政府的重点工作中来，我国的阅读推广活动因此得到了蓬勃的发展。在过去十多年中，中国图书馆学会通过组织丰富多彩的阅读活动、评选优秀组织与个人、将阅读推广纳入《图书馆服务宣言》等多种方式，推

① 聂凌睿．让更多人成为读者吧！：2016 年“世界书籍与版权日”国际组织与世界主要国家活动综述 [J]. 图书馆，2016（12）：49–56.

② 柯平．公共图书馆的使命：《公共图书馆宣言》在公共图书馆事业发展中的价值 [J]. 图书馆建设，2019（6）：13–19.

③ 杨哲．深化全民阅读 共建书香中国 [J]. 文化产业，2023（27）：76–78.

动全民阅读事业取得显著进展。阅读推广由自发、零星、补充性服务演变为自觉、普遍、不可或缺的服务，覆盖地区从沿海地区到内陆地区，图书馆类型涵盖公共图书馆、高校图书馆、中小学图书馆。这标志着全国图书馆系统在全面推进阅读推广方面取得显著成就，通过学会的引领和协调，各级图书馆形成合力，共同提高国民阅读水平，为广大读者提供更丰富、深入的阅读体验，推动了中国全民阅读事业的可持续发展。

二、阅读推广及图书馆阅读推广的概念

（一）阅读推广

“阅读推广”一词源于英文“Reading Promotion”，可以翻译为“阅读促进”或“推广”[①]。尽管该术语常见于联合国教科文组织、美国国会图书馆等组织的全民阅读项目，但在英语学术领域中尚未被明确定义。虽然人们普遍认为“阅读推广”的含义明确，无须专门定义，然而，对于该概念的学术性确立仍然具有重要意义。通过深入挖掘“阅读推广”在不同文脉中的内涵，可以为学者提供更清晰、更系统的理解，并促使相关领域的研究得以深入拓展。在全球范围内，不同国家和文化对于阅读推广的实践存在差异，这也为学术性定义提供了必要的背景。

我国积极响应国际全民阅读倡议，引入了“阅读推广”概念，并自 1997 年以来在国内图书馆和出版界广泛应用。张国增明确指出，“阅读推广”是通过各种引导和激励阅读的活动，促进全民阅读的过程[②]。该定义的核心在于突出社会组织或个人可以通过多种途径和方式，扩展阅读的影响，使阅读活动更具广泛参与性。从综合角度来看，“阅读推广”旨在推动有益于个人和社会的阅读活动，为人们提供更多参与阅读文化的机会和条件。这一概念的确立有助于规范研究框架，推动全球阅读推广事业的进一步发展。在这个框架下，阅读被视为一种具有社会价值和个体发展意义的活动，而“阅读推广”则成为实现这一目标的重要手段。在“阅读推广”的实践中，不仅强调阅读的数量，更注重阅读的质量和深度。通过各种引导和激励措施，包括推出有趣且富有教育意义的读物、开展读书分享活动、建设数字化阅读平台等，社会组织和个人积极参与，为全民提供了更加丰富和多样的阅读选择。

---

① 韩丹．阅读推广及阅读推广人的培养[J]. 中文信息，2017（10）：54.

② 张国增．基于跨界合作的图书馆阅读推广探索[J]. 河南图书馆学刊，2023，43（9）：5–8.

阅读推广，即推广阅读，就是图书馆及社会相关方面为培养读者的阅读习惯，激发读者的阅读兴趣，提升读者的阅读水平，进而促进全民阅读所从事的一切工作的总称。

有学者对于“阅读推广”作了简洁定义：通过各国机构和个人开展的活动，旨在培养民众阅读兴趣、习惯，提高阅读质量、能力和效果，以推动人人阅读，提升文化素质、软实力，加速国家繁荣和民族振兴。这一国际化的定义明确强调了响应“人人阅读”倡导的重要性，同时避免了过于政治化地定义全民阅读，更贴近“Reading for All”的本意。该定义特别强调阅读推广的目的，将其置于国际与国内背景下，体现了各国追求国家竞争力的共同努力。在这一定义中，“培养民众阅读兴趣、习惯”突显了阅读推广的启蒙性质，强调了在个体层面上激发对阅读的主动参与。而“提高阅读质量、能力和效果”则将关注点转向了阅读的深度和广度，从而在宏观层面上推动整体阅读水平的提升。从“推动人人阅读”可知，这一定义不仅注重了广泛参与，更关切了公平性和包容性。同时，“提升文化素质、软实力”将阅读推广与国家文化建设、软实力的提升紧密联系在一起，强调了阅读推广在国家发展战略中的重要地位。“加速国家繁荣和民族振兴”则将阅读推广的最终目标定位在国家整体发展的层面，凸显了其在构建富有文化内涵的社会中的不可或缺的作用。最后，这一定义中的五个阅读概念呈现了一种先后逻辑关系，构建了清晰而有层次感的定义结构。

阅读推广作为一项综合性工程，其核心在于五大关键概念的有机结合，这包括培养阅读兴趣、培养阅读习惯、提高阅读质量、提高阅读能力以及优化阅读效果。这一维度的构建不仅有助于全面提升个体的阅读水平，也对社会文明进步具有深远影响。首先，培养阅读兴趣被认为是阅读推广的首要任务。解决动力问题，使个体在整个生命周期中都能保持对阅读的激情和饥饿感，对于构建具有深厚文化底蕴的社会具有不可估量的价值。通过推动多元化材料的阅读，如文学、科学、历史等，可以激发个体对知识的渴望，促使他们主动追求更广泛的信息。其次，培养阅读习惯是构建阅读推广的坚实基础。解决惯性和持久性问题，将阅读融入个体的日常生活，使之成为不可或缺的习惯，不仅有助于提高阅读频率，更为个体提供了源源不断的智力和情感滋养。这样的阅读习惯为社会创新力量和道德力量的培养提供了持续的动力。提高阅读质量成为阅读推广的又一关键环节。聚焦于内容和品位问题，强调选择优质书籍、引导读书，旨在提升阅读的深度和广度。通过对精品文学、经典著作的推崇，可以引导个体形成良好的审美品位，使阅读不仅仅是获取信息的手段，更是一种提升人文素养的途径。与此同时，为了解决方法和技巧问题，需要着重提高阅读能力。教导各种提高效率的方法，如速读、批判性思维等，使个体能够更加熟练地应对不同的阅读挑战，提升信息处理和理解能力。这不仅有助于提高在学业、职业等方面的竞争力，也为更高层次的认知能力奠定了基础。最终，为了实现阅读的理解水平和达成阅读目标，需关注优化阅读效果。这一概念强调实现阅读目标，促进各类正当阅读目的的实现。通过设定明确的阅读目标，个体可以更有目的性地进行阅读，进而提高信息的吸收和运用能力。这五个关键概念共同规范了阅读推广的内涵和外延，服务于各类正当的阅读目的，包括功利性和休闲性阅读。阅读推广活动的核心在于围绕这五个范畴展开，为广大读者实现其正当阅读目标提供有力支持。

（二）图书馆阅读推广

图书馆是当今推动阅读普及的潮流中的核心推动力。其成熟的体系、广泛的布局和高度专业化服务使得图书馆成为阅读推广的理想场所。然而，尽管其在实践中的重要性备受肯定，却面临着“图书馆阅读推广”概念缺乏明确学术定义的问题，这使得理论建构变得模糊，难以使阅读推广活动实现有序、长效、可持续发展。明确的学术定义对于理论研究和实践指导至关重要，缺乏对基本概念的清晰认识，可能导致阅读推广活动的混乱和无效。因此，有必要深入研究“图书馆阅读推广”的学术定义，并将其与图书馆多元活动相关联。尽管“图书馆阅读推广”在图书馆服务中扮演着重要的角色，专家们却至今未能达成一致的学术定义。这或许是由于“图书馆阅读推广”的多元性和复杂性使得确定其学术定义变得极具挑战性。

基于理论构建的责任感和使命感是图书馆推广阅读的核心议题，专家们在此领域积极展开讨论。于良芝教授等学者提出，图书馆阅读推广的主要目标是培养阅读习惯或兴趣，通过图书宣传或读者活动的实施来实现这一目标[①]。然而，这一定义在高校图书馆和大型公共图书馆中引发了争议。高校图书馆和大型公共图书馆作为人才培养、科研和社会服务的重要组成部分，其责任远不止于满足休闲阅读的需求。将阅读推广仅局限于休闲阅读行为被认为不足以满足其全面服务社会的使命。对于高校图书馆而言，仅关注休闲阅读不符合其经营目标，可能违背了建馆宗旨。同样，对于大型公共图书馆而言，仅仅影响休闲阅读是远远不够的。这一定义受到质疑，特别是其中关于“阅读推广试图影响的通常是休闲阅读行为”的观点。高校图书馆和大型公共图书馆需要更全面地考虑服务需求，确保阅读推

① 李红霞．培养读书习惯，提高阅读品质[J]．教育实践与研究，2023（9）：1.

广与其使命和目标相一致，更好地履行在教育和社会服务中的责任。在高校图书馆的情境下，阅读推广的定义需要更加注重与课程内容的结合，鼓励学生通过阅读提高专业素养。此外，图书馆还应积极组织与学科研究相关的读者活动，促进学术交流与合作。而对于大型公共图书馆而言，阅读推广不仅应关注休闲阅读，还应注重社会关切、公共问题等方面的内容，以更好地服务社会大众的知识需求。因此，图书馆阅读推广的定义需要更贴近不同类型图书馆的实际情况，更具灵活性和包容性。在制定推广策略时，图书馆应结合自身定位和服务目标，设计更多元化、有针对性的推广活动，以更好地履行其在社会中的责任。

北京大学图书馆于 2014 年 11 月 13 日至 12 月 31 日举办了一场名为《化蛹成蝶——馆藏北大优博论文成书展》的阅读推广活动，旨在展示入选 1999 年至 2013 年间教育部评选的全国 100 篇优秀博士论文的 18 篇已成功转变为出版社出版的学术著作的论文。该活动通过对 18 篇优秀博士论文的展示，向学生推荐这些杰出之作，提供了作者信息、内容简介以及网络上同行专家和读者的点评。这一策略不仅为读者提供了深度了解博士论文的机会，也为论文作者提供了宣传和展示的平台。通过此类活动，图书馆成功地搭建了一个学术交流的桥梁，促使学术界的精英作品得以更广泛地传播。该活动所取得的积极效果包括帮助社会科学部了解学校在全国获得的全国优秀博士论文情况。通过对这些优秀博士论文的展示，社会科学部可以更全面地了解学校在不同领域的研究实力，为未来的学科发展和研究方向的确定提供参考。同时，活动为研究生选题和论证提供了参考，通过学习优秀论文，研究生可以汲取前人经验，提高研究水平，推动学术进步。此外，该活动还为后续研究生学位论文写作提供了榜样和高标，激发了研究生的学术热情和创作动力。然而，尽管该活动在学术领域取得了一定的成功，却偏离了本科生的学习生活，相对较为专业，未引起大量本科生的关注。这反映出阅读推广活动在设计上应该兼顾各类学生的需求。图书馆认为，阅读推广活动应该包括畅销新书、休闲类书籍和学术类书籍等多个方面的书籍，使得这些活动能够相互融合或交替进行。这样一来，不仅能够满足不同层次学生的阅读需求，也能够提高图书馆的整体吸引力和影响力。对于高校图书馆而言，评价阅读推广的效果不仅要考虑参与人数和社会反响，还要考量其是否与图书馆的任务和宗旨相一致。图书馆作为学校的文献信息中心，其使命在于为师生提供全面、高效的文献信息服务，促进学术研究和教学发展。因此，阅读推广活动应该与图书馆的核心职责相契合，有助于提高师生的学术水平和信息素养。此外，图书馆还可以通过精心设计的阅读推广活动，促进学校的文化氛围，培养学生的阅读兴趣和批判性思维能力，从而全面提升学校的学术声誉。在未来的阅读推广活动中，北京大学图书馆可以考虑增加与本科生相关的主题，如开展关于经典文学、科普知识等方面的活动，以吸引更多本科生的参与。此外，还可以通过增加互动环节、举办读书分享会等形式，使阅读推广活动更加生动有趣，提高活动的吸引力和参与度。总的来说，北京大学图书馆的阅读推广活动是一项有益的尝试，通过不断地改进和创新，将更好地为广大师生服务，促进学术交流，推动学校的文化建设。

北京大学图书馆不仅陈列优秀博士论文，更通过多种举措推动教学与科研阅读普及。例如，邀请辛德勇教授主持讲座，详解《印刷术的传承与创新》，深探雕版印刷历史；展出新文化运动实物，如手抄本和出版物，让读者感受历史脉络，激发读者对文化传承的思考；合作新青年网络文化工作室和出版社，每月推出学术著作领读活动，覆盖多领域；请社会学系邱泽奇教授领读《信息简史》，经济学院平新乔教授领读《思考，快与慢》等，引导读者深入学术讨论。这些活动发挥了馆藏资源效益，提升了阅读深度，促进了学术交流和知识传播。

图书馆阅读推广的定义需超越传统片面观念，不应仅关注休闲阅读。于良芝教授等学者认为，将读者关注点从海量馆藏引导到小范围图书能提升借阅频率。因此，明确定义“图书馆阅读推广”为通过创意策划，将读者关注点引导到小范围馆藏，以提高馆藏流通量和利用率。这一定义强调了图书馆在推广阅读活动中的策略性思考。传统观念中，阅读推广被理解为提供更多阅读休闲空间，但现实需要更细致的引导。通过创意策划，图书馆能够设计吸引人的小范围馆藏，满足读者兴趣，激发读者借阅欲望，从而促进图书馆馆藏的有效流通。这一定义还注重了图书馆阅读推广活动的效果评估。提高馆藏流通量和利用率成为衡量活动成功与否的重要指标，而非仅仅关注读者的休闲体验。

首先，图书馆阅读推广的核心在于“创意”和“策划”。与传统图书馆活动相比，阅读推广强调创新性，将创意明确视为成功的先决条件。为推动创新，图书馆行业组织举办创意大赛等活动，激发从业者的创造力。高等学校图书馆通过阅读推广创意大赛等方式，凸显创意在提升效果中的关键作用。创意在阅读推广中的角色不仅在于活动形式，更在于信息呈现方式。独特而富有创意的活动吸引更多读者参与，激发他们对阅读的兴趣。创新的推广活动不仅提供吸引读者的机会，还为图书馆创造了与读者深度互动的平台，促使阅读成为更加丰富、深入的体验。创意大赛成为推动图书馆阅读推广的有效手段，激发了从业者的创造力，为行业注入新思维。

其次，图书馆阅读推广的重点在于“聚焦”，即将读者关注集中在小范围的馆藏上。这一策略通过学校合作、读者调查以及馆员的观察和推理实现，选择推荐馆藏成为阅读推广的不可或缺的一环。高校图书馆可以通过推荐新书、好书、博士论文等，将注意力集中在吸引读者的一小部分馆藏上，从而提高阅读的吸引力。馆员在此过程中发挥着关键的作用，通过独特视角和文案宣传决定馆藏的吸引力。在国外，一些图书馆采用了独特的方法来推介馆藏，如挑选封面颜色相同的书籍集中陈列，展示从未被借阅过的书籍以激发读者的兴趣。这些实践都遵循“舍大取小”的原则，将注意力集中在相对独特且引人注目的馆藏上，属于阅读推广的范畴。清华大学图书馆通过每月选择相关馆藏，设置“专题书架”，在师生中取得了良好的反响。这一实践表明，通过“聚焦”和“舍大取小”的方式，图书馆能够更有效地推广阅读，使馆藏更吸引人。推荐馆藏不仅是为了满足读者的兴趣，更是为了创造一种有选择性的阅读环境。

最后，图书馆阅读推广与其他领域的阅读推广最显著的差异在于其首要目标直接集中在提高馆藏的流通量和利用率上。只有实现了这一直接目标，图书馆才能在更深层次上培养读者的阅读兴趣和阅读习惯，同时提升他们的阅读质量、阅读能力以及阅读效果。与报刊、电视、网络等媒体推广有所不同，图书馆阅读推广必须紧紧聚焦于自身馆藏，不能像其他媒体一样广泛宣传全国各地的任何一本书。推荐的书籍首先必须在图书馆的目录中存在，否则就需要在推广的同时迅速采购或补充馆藏，以免误导读者。理解了这些我们才能够轻松判断图书馆阅读推广的范围，并将其与图书馆的其他活动清晰区分。举例而言，新书推荐可以被看作引导读者关注馆藏中小范围内具有吸引力的部分，而一项宣传活动若只涉及图书馆的历史、建筑、整体馆藏而不专注于某一部分馆藏，则不符合图书馆阅读推广的定义。展览活动若旨在吸引读者利用展览中的馆藏，可被视为图书馆阅读推广；而信息素质教育虽然有助于提高检索能力，但其目标不符合阅读推广的目的，因此不被视为图书馆阅读推广。总之，图书馆阅读推广的核心理念在于通过创新手段提升读者的阅读兴趣。这包括提供良好的空间和氛围，以激发读者的阅读欲望，培养良好的阅读习惯。同时，科学的馆藏政策是保障阅读质量的基础，确保馆内的书籍资源丰富而有深度。有序组织馆藏，精心策划阅读活动，旨在提升读者的阅读效果，使图书馆真正成为知识文化传播的沃土。

第三节　阅读推广的方式

一、传统文化阅读推广

阅读属于一种良好的生活习惯，可以在增加知识的同时提高自己的文化涵养，丰富自己的精神生活，加强自身的道德素质。借助我国源远流长的历史和深厚的传统文化，城市公共图书馆成为传承和弘扬优秀传统的理想场所。通过在图书馆展开多样活动，吸引公众参与，不仅提高了阅读兴趣，更使公众逐步融入我国传统文化的丰富脉络中。这一过程有助于构建一个精神文明的社会，不仅丰富了个体的文化知识，也强化了公众的民族认同感。同时，通过培养阅读中的爱国和奉献精神，公共图书馆在推动社会文明发展的同时，为国家建设注入了深厚的精神动力。

“传统文化”一词包含了两个方面，分别是“传统”与“文化”。其中传统是时间以及空间上我国上下五千年的历史文化的概括，是具有权威性与拓展性的，且随着时间的推移在不断延续。文化主要包括文治与教化两个方面。

传统与文化是不可分割的，两者之间在发展的同时相互作用。传统是文化的载体，文化若想要真实地展现在人们面前，就需要传统来承载。通过一系列的传统文化阅读推广工作，可以增强公众的文化涵养，增强其基础知识，进而提升其品质与精神境界，为社会正常运行打下坚实的基础。如今经济文化增长迅速，社会发展的脚步也在逐渐加快，公众的精神需求也越来越大。因此，想要提高全民的文化素质，丰富其精神世界，需要我们积极地推广阅读，开展相应的阅读活动，进而提升公众道德素质。当然，想要实现全民阅读，推广活动的组织必不可少，通过组织阅读活动可以进一步推动社会发展，弘扬传统文化与精神，促进知识型社会的建立。

（一）传统文化阅读推广的优势

第一，公共图书馆属于公益性质，其文化传播活动大多也是公益性的。在进行阅读推广工作的时候，可以让公众免费阅读，搜寻更多的相关资源。这种方式可以提升公众的道德素养，提高全民阅读文化水平。另外，通过图书馆阅读文化与我国的传统文化相融合，在进行推广活动的时候，二者可以借助彼此的平台相互促进，在增强公众阅读兴趣的同时，吸引更多的人加入进来，进而深入体会我国的传统文化。

第二，公共图书馆中的资源较为丰富且形式多样化。公众在进行阅读的时候可以感受到更加专业化的服务，让公众可以更加静心地投入其中，了解我国传统文化。公共图书馆打造出一个更适宜阅读的空间，促进我国传统文化的传播与推广。

第三，通过公共图书馆这个平台，在组织阅读推广活动的时候将更加便利。可以借此通过公共图书馆这一媒介探索出适合公众的阅读推广活动，符合我国公民阅读需求，可以有效增强我国公民对于传统文化的求知欲，不断地探索了解传统文化。

第四，公共图书馆可以通过不同类型的推广活动，以针对不同的群体，激发其阅读热情。公共图书馆可以打造出轻松愉悦的阅读氛围，促进传统文化的发展与传承，进而增强我国公民的整体文化涵养。①

（二）传统文化阅读推广的策略

1. 建立新型阅读平台

如今，互联网发展迅速，公共图书馆想要更好地发展，需要寻找新的途径，如利用网络资源扩大阅读推广，增加阅读的服务范围，以及扩大服务对象等，因此，需要构建一个新型的网络阅读平台。当然，网络阅读平台也可以促进我国传统文化的传播，提升阅读者的整体效率。具体从以下三个方面论述：

首先，从全省的范围去讨论，需要我们快速建设一个传统文化的网络推广平台，通过网络的快速传播性以及相互连接性，扩大宣传，减少孤岛现象。在全省构建一个大型网络导航系统，可以快速为阅读人群找到所需资料。群众还可以通过此系统随时随地地了解社会情况以及相关资讯等，也可以查阅相关的电子书，查看对应的视频。

其次，构建网络平台时可以利用数字图书馆的形式，充分将整体的资源扩散出去，打造高效率的阅读平台。虚拟网络可以以省图书馆为中心，将各个县市的图书资源结合起来，使各个环节有效联结，迅速达到全省阅读资源共享，扩大公众的阅读范围与资源。

最后，进行阅读推广工作的时候，需要建立科学的服务群。我们可以通过省

① 马晓伟．面向图书馆阅读推广的多层次作者及热点研究主题演化分析 [J]. 图书馆理论与实践，2021 (2)：108—117.

市县等资源去组建相应的微信群，更好地完成我国传统文化的推广工作，同时促进阅读爱好者之间的交流。

2. 加大多元化合作的力度

为提高传统文化阅读推广效率，公共图书馆需多元化策略。可与其他推广平台合作，共同传承我国优秀传统文化。建立合作关系，形成推广网络，将有助于深远传播。例如，图书馆可以与青年学者合作，在组织相关阅读推广活动的时候加以详细讲解，进而以更容易让公众接受的方式方法传播我国传统文化。通常情况下，公共图书馆需要积极地和其他单位进行合作，如学校、文博机构、非物质文化遗产组织者等，以提升我国传统文化的传播速度。当然，就其成效性而言，公共图书馆常与网络媒体合作，构建高效交流平台，实现线上线下传播传统文化。为提高效果，公共图书馆应整合社会各方力量，与其相互合作，相互促进，以达到高效推广我国传统文化的目标。

3. 组织对市场的深入调研与推广

公共图书馆在传播传统文化、开展相应活动的时候，需要提前做很多工作，如组织活动、市场调查、前期准备等。阅读人群会因为各种原因存在一定的差别，因此需要我们对相关资源与传播形式进行调控，从而满足更多公众的阅读需求。例如，公共图书馆根据公众群体的需求进行相应的划分，设立单独的阅读教室，同时根据图书馆中的资源进行分类，对不同的文化进行划分，公众阅读一类书籍的时候可以快速方便地查询到位置。另外，公共图书馆并不是单纯在馆内进行组织，还需要组织相应的馆外推广活动，让阅读推广融入阅读的每一个环节，进而增强阅读推广工作的宣传，促进我国传统文化的传播。传统文化与阅读推广相融合可以更有效地提高阅读推广工作的质量。同时，在整体的阅读推广工作中，还可以激发我国公民对传统文化的热情，在提升推广效率的同时，增强我国公民的凝聚力。

二、家庭阅读推广

（一）家庭阅读推广的意义

1. 构建和谐家庭

重视家教和启蒙教育也是中华民族传统文化的一个重要组成部分。自古以来，一个家庭良好的家风和家庭建设，也能有效促进家庭成员形成良好的道德规范，对社会和谐发展也产生了重要作用。图书馆具备社会教育功能，为了使其更好地对家庭阅读形成较好的引导作用，就有必要加强家庭阅读推广工作，为家庭建设贡献一份力量，并督促家庭成员形成良好的阅读习惯。

从微观层面来说，加强个人的培养，并以此来促进家庭建设的提升，也是图书馆进行家庭阅读推广最常用的手段。家庭成员好比组成木桶的木板，往往是最短的那块木板决定了该木桶能装多少水。所以，家庭建设不能落下任何一个成员，这样才能促进家庭的整体提升。只有所有的家庭成员都努力奋斗，才不至于让家庭出现短板。而针对家庭成员所进行的家庭阅读的推广，更是要落实到家庭这个集体上。

从宏观层面来说，家庭是组成社会的细胞，所以，家庭的和谐将对社会的和谐产生积极作用。图书馆家庭阅读推广活动的开展，将有利于全民阅读的落实，并会为全民阅读习惯的养成创造良好的社会条件，有利于书香社会的形成。图书馆家庭阅读推广活动的主要作用如下：

其一，能够有效提升家庭成员的整体素质。这也是家庭建设的基本前提和基础，只有创造一个良好的家庭阅读氛围，才能让家庭成员多读书、读好书，才能提升家庭成员的整体素质。

其二，能够更好地提升家庭教育环境。通过家庭阅读推广，可以高度融合学校教育和家庭教育，为中华传统美德的传承和宣扬带来良好的环境，为社会主义核心价值观的建设提供条件。

其三，促进快乐阅读的实施，可以为和谐家庭的建设带来一定的动力。社会的不断发展，国内的家庭类型也不断地丰富化，所以，必须以这一变化为基础进行家庭阅读推广活动。

2. 推动建设书香社会

家庭，作为社会的基本单元，承载着社会多样性的活力。社会之所以如此丰富多元，正是因为有形态各异的个人和家庭的存在，这些家庭构成了一个个生动而多彩的社会画卷。因此，全面推动全民阅读的关键在于强调和鼓励家庭内的阅读氛围；而要构建一个充满文学气息的中国，其核心在于培养每个家庭的书香氛围。这也凸显了在全民阅读和打造书香社会的进程中，家庭阅读所扮演的至关重要的角色。

整体而言，在家庭阅读环境的建设和家庭藏书建设过程中，图书馆开展的家庭阅读推广活动有效地引导了家庭阅读的积极开展，为家庭成员之间的亲情沟通提供了有利条件。而且，家庭阅读推广对家庭成员使用图书馆阅读资源也有着积极的促进作用，有利于阅读活动的丰富化，也有利于家庭形成良好的阅读习惯和阅读氛围，对青少年的健康成长和远大理想的树立具有积极的推动作用。所以，家庭阅读推广活动的开展也是倡导全民阅读的一个重要举措，并为书香社会的建设创造了条件。

图书馆承担着服务社会和文明传承的双重任务，应该以书香社会的建设为依据来促进家庭阅读推广工作的开展，促进图书馆在家庭阅读推广活动中的场所和阵地功能的发挥。

3. 加强公众图书馆意识

图书馆，特别是城市公共图书馆，其功能不仅在于收藏文献、利用文献和开发文献，更重要的是，它还是城市文化设施的基础和前提，应该为市民的终身教育提供条件和场地，并逐步成长为一个城市的文化品位的代表。尤其在近些年，全民阅读运动的不断发展，使得图书馆成为一个城市知识窗口和文化建设的中坚力量，也使得图书馆的定义和内涵有了持续的变化，不过，其中唯一不变的，是社会公众对图书馆的总体认识决定了图书馆意识，这也是图书馆的价值所在。

首先，图书馆进行的家庭阅读推广活动有效地促进了公众对图书馆社会价值和行业使命的认识，也对社会大众的通识教育产生了积极的促进作用。国内受很多条件的限制，很多人对图书馆的功能和作用并不是非常了解，往往不能充分利用图书馆的资源和服务，即使发达城市也无法避免这一问题，这也应该引起图书馆人的高度重视。为了有效解决这个问题，图书馆应加大宣传力度，为公众正确地认识图书馆的功能作出重要贡献。此外，对于自己的资源和服务优势，图书馆也应该积极地推广，并促进家庭阅读推广活动的丰富化、常规化发展，对读者产生强大的吸引力。

其次，图书馆的家庭阅读推广活动可以对青少年养成良好的阅读习惯产生积极作用，并有利于家长正确认识到在亲子阅读和成才教育中图书馆所产生的积极意义。

从某种意义上来说，家庭阅读离不开公众图书馆意识的形成。也就是说，图书馆通过家庭阅读推广有利于全民阅读氛围的形成，并让公众能够正确认识图书馆和阅读，促进公众图书馆意识的形成和提升，这两者之间的关系是相互促进，密不可分的。

（二）家庭阅读推广的活动策划

策划是人们采用系统的分析方法和科学思维方法来分析策划对象的环境因

素，并根据调查、分析和创意来重新组合和配置资源，以促进行动方案落实，从而达到某种预期目标的过程，可称之为策划。其实，商业行业是策略的起源。从营销学的角度来说，策划的意义在于让市场占有率得到有效提升。活动策划案创新且切实可行将有利于企业知名度和品牌美誉度的显著提升。

图书馆策划家庭阅读推广活动，就需要对活动主题进行创意，并以此进行活动目标和活动方案的制定。这是家庭阅读推广的准备工作，并能够指导各个环节的顺利执行。

1．组织策划团队

策划具有科学性和创造性特征。现代策划更是综合了多个学科交叉知识和团体智慧的一种活动，在这个过程中，不管是个人创意还是团队创意，都发挥了重要的作用。随着图书馆阅读推广的发展，其活动内容也更加丰富多彩，并具有多种多样的推广形式，为此，搭建一个高效的、可靠的策划团队，也是图书馆所面临的重要工作，如此才能有效推进家庭阅读推广活动的高效组织和实施等。

图书馆家庭阅读推广策划团队在实际工作中应承担以下任务：一是负责家庭阅读推广活动项目的管理和统筹，主要包括对读者需求进行分析、对整体策划创意进行组织、对活动调研进行安排等；二是指导和组织视觉识别系统的策划设计，并促进其顺利实施；三是制定并不断完善家庭阅读推广活动的具体实施方案，组织相关活动；四是要推广和塑造相应的品牌，并加强品牌战略的制定和实施；五是审定和设计媒体宣传方案，策划和组织媒体活动，落实品牌宣传和活动宣传工作；六是分工合作，对主体责任予以明确，加强日常工作的监督、联络以及协调等。

图书馆阅读推广活动开始朝着多样化、品牌化、常态化和规模化方向发展，这使得推广活动策划面临着新的挑战。最近几年，城市公共图书馆对于全民阅读推广给予高度重视，并紧随时代要求，转变思维，设立了业务辅导部、社会工作部或者读者活动部等专门的阅读推广部门。不过，由于资源和环境等硬性条件的影响，全民阅读推广和家庭阅读推广还有较大的发展空间，在之后的阅读推广中要加大力度健全阅读推广制度，如阅读推广机构的建设以及进行相应的阅读推广培训工作，并提升阅读推广品牌意识，打造强有力的阅读推广策划团队。图书馆应该更加关注可以提升的方面，将自有的服务优势和资源优势充分发挥出来，并结合社会力量和专业部门的作用，为家庭阅读推广策划切实可行的活动。而且，要充分发挥阅读推广部门的组织保障作用，这样才能更高效地打造一个家庭阅读推广活动策划团队，有利于家庭阅读推广活动的组织和实施。

家庭阅读推广活动是公共图书馆阅读推广活动的一个重要组成部分，所以，策划团队的组织和构建也是图书馆阅读推广部门的责任。除非是专门的少年儿童图书馆，不然，往往会由专业少儿服务团队来组织少儿阅读活动的策划活动。若是家庭阅读活动涉及的范围较广，会产生较大影响力时，则应该加强和其他部门的通力合作和获得其他部门的支持等，还可以结合社会力量来促进活动的顺利实施。例如，南京图书馆在开馆活动策划中就成立了社会工作部，并开展了展览、讲座等活动，暑假开展的家庭阅读推广中就充分结合了少儿馆和社会工作部的力量，进行了“书香童年”俱乐部等系列活动的策划和实施。而且，在必要的情况下，还应该与其他部门人员或者社会力量合作，从而使活动层次和影响力都得到显著提升。例如，“南京市少先队队员畅游南京图书馆”的专场活动，就是在团市委、市少工委以及馆团委的通力合作下开展的，不过，图书馆依然是本次策划的主体力量。此外，馆领导还从历史文献部、信息部、物管部、后勤部以及读者服务部等部门调动了很多骨干力量来促进活动策划和组织，从而促进了活动的顺利开展。

2. 创意活动主题

项目主题和名称、经费、目标人群定位、预计耗时、前期宣传、所需图书馆资源、预期参加人数、场地安排、所需设备等，都是一个活动项目策划必备的因素，这些因素也具有较好的稳定性。项目主题作为要素之一，对整个活动的顺利进行有着不可或缺的作用，这就好像文章必须具备文眼一样，项目主题要能够清晰地反映出活动的策划意图和想要表达的思想内容。

阅读推广部门和少儿服务部门作为图书馆家庭阅读推广活动策划的主要部门，其应该对活动的主题创意予以确定。这一主题既可以是独立存在的，也可以是年度性的，或者是阶段性的子主题。例如，宁波市图书馆在 2016 年 6 月开展的“天一约读”系列阅读活动中，就举办了一期以“大山雀自然学堂”为主题的家庭和少儿阅读推广活动。这一活动是以主讲嘉宾张海华的网名进行命名的，同时它也是一种鸟类的名字。因此这一活动命名十分新颖独特，有效地拉近了其和市民的距离，也激发了小朋友的好奇心。该活动是按月开展的，每期都具有一个新颖的主题。

“小荷读书会”是西安图书馆策划的一个读书活动，其主要受众是 0～12 岁和 12～18 岁的读者群体。这一名字来源于宋朝诗人杨万里的著名诗句——“小荷才露尖尖角，早有蜻蜓立上头。”含苞待放的荷花称为“小荷”，这与少儿和青少年读者的特征有着较大的相似之处。读书会要求具有新颖的阅读推广活动主题，如“小手搭世界——智慧积木拼拼拼”“萌眼观影”等，都具有立意新颖、视角独特的特点。若是一些具有较高级别或者区域性的大型阅读推广活动，图书馆一般只作为承办单位，其活动的开展需要依据活动的总主题进行，这样才能对阅读推广活动的分主题予以把握。

3. 调查读者需求

研究和调查家庭阅读需求，即为家庭阅读推广调研相应的读者需求。调研既是一种工作方法，也决定了家庭阅读推广工作的顺利与否。父母阅读、亲子共读以及孩子自读是家庭阅读的三个主要方面，而每一个方面都对不同的子领域有所涉及，这就需要图书馆进行实际调研和研究。

一般来说，开门纳谏和广开言路都是常用的调研方法，当然也可以去其他图书馆进行实地考察，还可以通过和读者座谈、问卷调查等方式进行调研，不过，这都不能违背家庭阅读的要求。而且调查和研究之间的关系是既有相互联系性，又有相互区别性。具体来说，研究是建立在调查基础之上的，而对调查进行深化和发展，则为研究。图书馆的前期调研工作是必不可少的，它可以有效掌握家庭阅读推广中读者的相关意见，并在此基础上进行研究和分析，为调研报告提供现实依据，也能够有效地对家庭阅读推广的主题提供借鉴参考，有利于家庭阅读推广活动策划的优质进行。

4. 制定活动方案

活动主题是活动方案制定的前提，确定好具有创意的活动主题后，就要开始制定活动方案了。活动方案需要制定详尽具体的书面计划，要兼顾活动过程中的所有环节，如活动内容、活动目标、活动时间、活动标题、参与人员以及活动环节等。家庭阅读推广活动实施的前提条件，就是制定详细具体的活动方案。因此，要认真研究和分析活动方案中所涉及的每一个关键环节，并仔细打磨推敲，有条件的话还可以预先演习一下关键步骤，确保活动方案的最佳化和活动的顺利进行。此过程中需注意的要点如下：

其一，活动主题要在活动标题中得以体现，并且要采用能够清晰表达出其含义的词组。这对吸引读者注意力是非常有效的，并且可以让读者产生情感上的共鸣，让读者积极地参与到活动中来。所以，活动标题需要和实际要求相统一，不但要对大众需求予以考虑，更要对分众需求进行关注。

其二，要体现出活动时间的针对性。家庭阅读推广活动的受众主要是少年和父母，因此，多以周末和晚上的时间为宜。

其三，家庭阅读推广活动需要具有明确的活动目标。这有利于引导活动的正常开展，而且，设置预期的活动完成目标也能促进活动之后的评估工作的开展。和活动主题相比较，活动目标的特点在于其具体化和通俗化，能够获得读者的认可和接受。

当然，对活动实施方案进行不断优化也是很有必要的。图书馆的初步活动方案制定后，还应该根据主办方、合作方的建议，进行不断地完善和修改，以便提高各个关键环节的可实施性和效率性。在条件允许的情况下还可以事先进行预演，确保活动方案的可行性和可靠性。

三、数字阅读推广

（一）数字阅读推广活动与创新

和其他推广形式不同，数字阅读推广最关键的就是“数字”，这里的“数字”不仅仅指推荐的阅读内容是各种特色鲜明的数字化内容，还意味着阅读的方法以及进行推广、使用的渠道也是数字化的。对阅读进行推广时，要对各种各样的工具进行巧妙利用，使每一位读者在数字阅读这片汪洋大海中都能根据指引找到自己需要的内容，要使读者对阅读途径以及阅读资源等有清晰的了解和掌握。

1.“微”活动

目前我们的生活中，微博、微信等已经十分常见了，这类新媒体形式可以说是无处不在，Web2.0的环境下，各种社交网络平台、共享协作平台迅速发展起来，微博、微信、博客等被广泛应用，可以说，我们每个人都能够发挥传媒、媒体的作用。

对于部分图书馆来说，覆盖范围广而且免费的新媒体形式是一个很好的选择。通过新媒体形式，不仅可以对各类资源进行推送，在图书馆进行公众服务方面，还可以塑造一个全新的形象，可以说，这是一个宣传利器。在数字阅读推广活动中，“两微一端”，即微博、微信和移动客户端，主要能够从两方面发挥作用：一方面是对用户进行引导，指引他们对数字阅读资源进行利用，如进行资源的推介、提供资源的使用技巧等；另一方面是吸引更多用户关注，提升粉丝数量，对数字阅读的服务人群进行扩展，使数字阅读的影响力得到有效提升。这两方面的作用是相互依存，相辅相成的，只有创造出好的内容，才能吸引更多人的关注，而这些关注的人，能够享受到的数字阅读推广服务也会更多。

（1）微博

现在已经有不少图书馆借助微博平台来开展数字阅读推广活动，虽然微博图文内容对字数有限制，但只要我们利用得好，依然能够策划并开展很多精彩的活动。不管是在线上开展活动，还是进行常规的资源推送，我们在文字以及图片方面都需要精心设计，不能太过死板，要活泼、亲切一些，让人产生愉悦感。只有这样，用户才会更容易接受，并愿意参与其中。因此，不仅仅要对语言文字进行规范，确保其表达清楚、准确且语意友好，对于配发的图片，也要进行设计，使其符合语言文本的意境需求，和文案相呼应，或借助图片对文案进行更加清楚的表达等。可以说，任何一条优秀的微博内容，或者说合格的微博内容，都应当是一幅十分精彩的文图作品。至于微博账号要如何开通运营和认证，在微博的网页中都有十分详细的介绍，这里就不展开说明了。下面以新浪微博作为案例，针对数字阅读推广活动如何在线上开展，展开探讨和分析。

在微博上开展线上活动，通常可以划分成两种形式：其一，“1+N”模式，即通过微博进行宣传，发布链接，然后跳转到活动界面的形式；其二，微博活动，这是一个微博自带的功能模块，可以对此进行利用并开展活动。

“1+N”模式是很常见的线上活动形式。这里的“1”就是指我们在微博上发布的相关宣传语、广告等；“+”指代的则是具体的网页链接，用户要通过点击这个链接参与活动；而“N”则代表着具体的内容，它的形式就比较多样了，像知识问答、在线调查问卷、微书评、游戏题、推荐的数字阅读内容等。

对于活动页面，在进行设计时要尽可能保证其清晰明了，内容不要太多，操作也不宜太过复杂。用户在参与活动时，需要填写的信息不宜过多，但关键、重要的信息一定不能漏掉。如果举办的是抽奖活动，在对获奖名单进行公布时，对用户的个人信息一定要特别注意进行保护。

在对数字阅读推广活动的具体内容进行策划设计时，可以围绕以下方面来进行：数字阅读的资源库类型、数字阅读的使用技巧、数字阅读的内容、数字阅读的经验分享、数字阅读的达人竞赛、数字阅读推广宣传活动的相关征集等。在策划设计推广活动时，有一个需要遵循的宗旨，即让更多的人了解图书馆的数字阅读资源，并鼓励大家进行使用。借助微博平台开展各项活动，看似容易，在实际进行操作时却也面临着许多问题、难点，如如何设计研发合格的互动网页、如何撰写微博文案才能更吸引人，除此之外，微博活动的开展还需要一定的“粉丝”基础。

熟练运用微博平台本身的各种功能。新浪微博本身的一些栏目是具有一定的功能性的，如“微博活动”目前主要有五大功能，包括限时抢购、预约换购、有奖转发、有奖征集、免费试用等，数字阅读推广活动主要可以应用的就是其中的有奖转发和有奖征集这两大模块，当然，不同的活动内容适用的模块是不一样的，我们可以按照实际需求进行选择。

在实际应用的过程中，使用这个模式开展相关活动的不太多。经过分析可知，这主要是因为，对于用户来说，已经广泛使用的“1+N”模式已经能够满足大家的需求，而且十分方便；此外，微博活动中自带的这些功能模块和我们理想的活动内容匹配度稍差一些，需要对内容进行调整以和固定的模块相匹配，其不能完全满足推广需求，存在一定的局限性。不过，这些功能也有其自身优势，不少用户自身能力、技术有限，并不能自主进行活动网页的研发设计，而这些功能是免费的，可以很好地满足这类用户的需求，使他们也能够进行同类活动。

在选择使用微博活动这种形式时，对于其各个模块的功能和使用方法，一定要十分熟悉，但是在实际应用时，也不要被模块本身的设计左右，应根据实际需要，对原本的商用范式进行调整改变，使其变成适用于数字阅读推广的应用范式。不仅如此，对于其他的应用功能模块，也可以积极地加以利用，这些模块和手机应用程序（App）类似，只不过在微博中换了个名字，叫作“应用”。

进入微博应用的官方界面之后，可以根据自己的实际需求对模块进行选择，掌握各个模块的操作模式后，就可以着手开展活动了。但需要特别注意的是，在使用之前，一定要了解清楚该模块是否为付费模块。例如，“微博大屏”这个应用曾经十分流行，虽然这个模块就是收费的，但是也会提供一些免费试用的次数或免费试用的简单版本。但是，这一类型的线上活动要想开展起来还是比较困难的，需要对各种应用及其功能进行深入研究和了解，对能够免费使用的模块的各种规则进行了解。此外，还需要了解模块和图书馆的活动是否匹配。不可否认，团队协作会使活动的效果变得更好。

（2）微信

微信对于图文的制作要求更加严格，力求精美。“微信公众号”是微信中使用最多的一个功能，它又可以细分成三种：订阅号、服务号、企业号。微信和网页不同，不能进行线上活动的开展，也和微博不一样，没有那么多活动模块，它其实和移动客户端有些相似，但它又不是 App，和移动 App 有所不同。在微信上对数字阅读推广活动进行开展，也有案例可循。

微信公众号这个平台本身所能够提供的功能十分有限，而且也相对简单，对于线上活动的开展来说，很多需求是无法得到满足的。因此，有不少公司都有专门做微信功能研发的业务，如预约功能。现在，使用微信的人越来越多了，可以说，用户量呈指数增长，在进行相关活动的开展时，一定要注意操作，因其用户基数大，如果运营得当，活动效果也将得到提升。

（3）图书馆移动客户端

图书馆的移动客户端，也就是我们常说的移动 App，是一类应用软件。通过此类 App，读者可以获取一些数字阅读资源，享受移动图书馆的相关服务。关于移动客户端，不少图书馆都是通过在宣传品上印制二维码来进行推广的，也有的会在进行读者服务活动时向读者介绍，推荐、鼓励用户下载安装相关的 App。我们在对 App 进行推广时，一般可以采用两种方式：体验方式、应用方式。

第一，体验方式。主要就是将移动图书馆的相关功能介绍给读者，使读者了解使用 App 后能够获得的便利。如图书的借阅信息查询功能、续借功能、馆内讲座活动等信息的查询以及馆情资讯的发布等。此外，通过移动 App，读者还可以享受到各种数字阅读资源，它们都有正规版权，制作十分精良，且不需付费。但这种方式也存在一定的难点：在进行活动时，图书馆的网络环境要非常好，图书馆需要提供无线网络服务，且要保证可以多人同时顺畅在线使用网络，如果在进行活动时读者还需要使用自己的网络流量来下载或者参与的话，会使整个活动的效果受到一定的影响；活动的相关工作人员要对移动 App 的下载安装技巧特别熟悉，包括安装路径、如何注册登录等，以便于为读者答疑解惑。

第二，应用方式。这种方式主要是在用户的一些日常活动中加入 App 的一些资源或者功能，在对图书馆 App 进行推广时，通常会采取一些用户比较易于接受的方式。如可以在 App 上开通“活动报名预约”这一功能。图书馆在进行各种实体线下活动前，可以先在 App 上开通预约服务，想要参与活动的读者只需要下载安装并登录图书馆 App，进入“活动报名预约”界面，就可以对活动内容进行详细了解，并在线进行预约。在活动前期宣传时，也可以在海报上添加通过 App 进行报名预约这一方法，引导用户下载安装 App 并进行使用。

东莞图书馆 App 有一个“扫描”功能。东莞图书馆对“电子书借阅机”进行引入后，对该资源进行了充分利用，为每本电子书制作了二维码，用户只需要“扫一扫”，即可将电子书的内容下载到移动设备上。这种方式十分新奇，很多用户都被吸引过来想要尝试，但是要想成功将所选中的电子书下载下来，就只能使用图书馆 App 中的扫描功能。这样一来，不少用户就会选择下载安装图书馆 App，不仅保护了资源的版权，还使图书馆 App 的下载安装量得到显著提升。

2. 数字阅读的创新方式

（1）英语口语挑战

这是一种寓教于乐的活动，所有人都可以参加。可以按照口语素材的难易程度进行分组，选取一些英文句子进行单句口语练习或者是对话练习，然后由机器作出评分。

（2）仿真书阅读体验

所谓仿真书就是指借助集成芯片，把绘本、漫画等一系列儿童读物书籍制成电子版图书，因此这种活动需要借助电脑和定制的阅读桌进行阅读。借助这类桌面显示器，多位读者可以同时进行阅读，这些绘本和漫画虽然没有电子版，但能够借助电脑来进行阅读，可以有效弥补纸质书副本少的问题。

（3）3D 电子书阅读体验

《哈利·波特》中曾经提及，哈利·波特在魔法学校看报纸时，报纸上的图片不是静态的，而是动态的，[①] 3D 电子书阅读体验活动就是借助于平板电脑上的摄像头，对展板上的图像进行识别再现，通过平板电脑，读者可以和一些史前生物进行互动体验，不仅能够看到影像，还能够对史前生物的 3D 模型进行 360°旋转，对相应的区域进行触摸点击后还能对相关的知识点进行了解和学习。

（4）音乐视频欣赏体验

很多人都会在图书馆里欣赏歌剧、听音乐，如果在图书馆里开办专业级的小型影剧院的话，大概没有读者是不愿意参与体验的。若能在图书馆里加入一些具备专业赏听效果的设备，可以制作出更加精良的赏听资源，也可以邀请相关的专业人士对赏听活动进行解读分析。

数字阅读设备外观十分时尚，且有强大的数字技术作为支撑，一经面世，便迅速普及开来，图书馆的数字阅读体验活动也会就势开展起来。做一件事时要想使其呈现出最好的效果，就一定需要专业的人来做。因此，在进行相关活动的开展时，需要图书馆积极配合，提供场地、宣传海报等，并协助进行组织，而作为数字资源内容的提供商，则需要派出一些员工来，针对该款产品的特色内容以及具体使用方法进行介绍，为广大用户提供服务。只有各自在自身比较擅长的领域进行工作，才能使整体的作用发挥到最大，使整个活动收到良好效果。

对于图书馆来说，数字阅读推广这项业务是一项全新的服务，最初的宣传就是针对各类数据库的，后来才开始使用各类社交媒体和数字媒体，宣传形式也从早期的海报宣传发展到了虚实结合的体验式宣传，不管是内容还是形式，其发展都是十分迅速的。

① 吴强．成长小说视域下《哈利·波特》的主题研究[J]．青年文学家，2023（9）：133–135．

（二）“互联网＋”背景下数字阅读推广创新

我们的社会已经进入信息化的时代，在互联网社会中，图书馆是一个十分重要的基地，不仅可以为学校以及各种学术性机构的信息化建设提供良好基础，也可以为教学以及科研的开展提供服务。因此，在学校进行教学科研、培养创新型人才时，图书馆也要主动出击，顺应当下的发展趋势，进入“主战场”，推动“互联网＋阅读”模式的建设，在与学校立德树人的要求相符合的情况下，开展一系列活动，如参考咨询、资源推送、阅读推广等，对资源的配置情况进行优化，使文献信息的利用率得到进一步提升，根据学校对创新卓越人才的培养要求，努力发挥自身优势以及育人功能，帮助大学生更好地成长。

1. 实现数字阅读推广的多媒体化

数字化技术的发展给我们的生活带来了很多改变，大学生的日常生活也受此影响出现变化，需求也开始渐渐变得更加多元，对于现代大学生来说，单纯将文字堆砌到一起，并不能使他们的需求得到真正的满足。大学生越来越喜欢那些能够借助于多媒体技术来展现的各种不同类型的资料，如视频、声音、图画等。因此，在面向大学生进行推送时，高校图书馆要对相关的数字化资源进行一定筛选，并进行恰当搭配，为读者提供一些具有个性化的精品资源，使他们对数字化阅读产生更加浓厚的兴趣。在进行具体实践时，对于格式转化这项技术，高校图书馆要紧紧抓住，并以此作为突破口，使数字化资源最终能够很好地呈现在平板电脑、电子书、移动电话等读者所拥有的移动阅读终端上，使读者不论何时何地，都能够方便快捷地享受到数字化阅读的相关服务。

2. 利用高新技术服务方式

我们正处于“互联网＋”的时代，可谓处处都是生机活力，在服务方式方面也变得更加高科技，同时，随着“互联网＋”概念逐渐深入人心，服务也开始不断地进行升级。因此，高校图书馆也要在这方面下功夫，对于“互联网＋”技术的相关特点进行充分了解和掌握，在进行数字阅读推广时，对其进行充分、合理的运用，使自身的服务水平得到提升。依靠“互联网＋”技术搭建起的数字服务平台综合性更强，在数字图书馆的建设以及数字阅读的推广服务过程中，对各种技术，如云计算技术、大数据分析技术、物联网技术等进行充分利用，使它们能更好地结合，并安排相对专业的人员在此基础之上进行服务，对阅读相关服务进行及时的升级优化，使数字阅读服务逐渐实现跨越式创新发展。

3. 构建适用于数字阅读推广的信息共享空间

信息共享空间是目前最新型的一种信息服务模式，它不仅仅是一种服务空间，对于资源还具有高度整合能力。信息共享空间的建设主要依靠的是互联网技术以及各种软、硬件设备，借助它们，在一个虚拟空间或者是实体环境中将丰富但有些杂乱的资源信息融合到一体。在这个过程当中，我们对建筑空间的构建要进行合理地安排和布局。在这个信息空间中，媒体从业人员、出版商、作家、专家学者以及读者等，都会相聚在一起，并在此进行交流和沟通，对自身所有的阅读资源进行共享，这对阅读资源的有效利用和传播具有一定的推动作用。

除此之外，对于大众来说，通过数字阅读推广这种形式对信息共享空间进行建立是十分新颖的，这也是我国高校在以信息共享空间为基础对图书馆进行建设方面所涉及的一个主要领域。因此，图书馆要紧紧抓住这个机遇，占据先机，不断进行创新探索，把信息共享空间的建设和数字阅读推广结合到一起，使其得到更加充分地发展。

4. 拓宽多维化数字阅读推广服务方式

在图书馆数字阅读推广过程中，对“互联网 +”技术进行利用时有两点措施需要特别注意：第一，加强基础设施建设，对数字资源进行丰富和补充，对网络环境进行进一步强化；第二，进行数字阅读推广时，以人为本应成为自身的指导思想，对于服务内容，也应借助创新的形式进行发展和完善。

“互联网 +”的时代进行数字阅读推广，对于高校图书馆来说并不是一件十分容易的事，需要长久的努力和坚持。其中最为重要的一个环节，就是要以图书馆本身的条件为出发点，在工作方案的制定方面要更加注重其科学性、合理性，并在工作中认真执行。将来，图书馆在进行数字阅读推广时，一定会创新地将“互联网 +”技术应用进去，使读者能够在更加优质的环境中享受数字阅读服务。

第二章 公共图书馆阅读推广综述

本章综合叙述了公共图书馆的阅读推广，主要从四个方面进行阐述，分别是公共图书馆与全民阅读、公共图书馆阅读推广的历史与发展、公共图书馆阅读推广的特点、公共图书馆阅读推广的主要方式。

第一节 公共图书馆与全民阅读

一、公共图书馆与全民阅读的关系

（一）公共图书馆是全民阅读推广活动的主要阵地

公共图书馆是人们获取知识的主要渠道，也是文化和各种信息交流的重要场所，馆内收藏的数字资源丰富，而且是经过筛选和专业化整理的，还有大量实用性强的文献资料，如各种期刊、报纸、经典名著等，可以满足不同读者的阅读需求。阅读可以丰富思想，提高国民素质，读者如果能够坚持长期阅读，就会形成良好的阅读习惯，具有终身阅读的意识。公共图书馆是公益性质的机构，不仅有丰富的文化资源，而且为人们提供了良好的阅读环境，在号召大家多读书、推广全民阅读方面具有重要作用。此外，公共图书馆还承担着一定的社会责任，作用无可替代，在推广全民阅读的活动中，公共图书馆是组织领导者。

我国公共图书馆在推动全民阅读的活动中已经迈入了一个高潮阶段。各地的公共图书馆纷纷设立了专门的机构，负责全民阅读的宣传推广工作，并聘请专业人员精心策划和执行相关活动。这些活动涵盖了多种形式，旨在激发民众的阅读兴趣，使读者通过参与活动，亲身感受阅读的魅力，自觉养成良好的阅读习惯，培养终身阅读的理念。当前，阅读环境呈现出纸质图书和电子图书共存的格局。在这种情况下，公共图书馆有着独特的机会，可以缓解多种阅读方式并存所带来的不良影响。为了更好地满足读者多样化的阅读需求，公共图书馆积极改进并提供更为多样化的阅读服务。这种积极探索不仅有助于改善阅读环境，还有助于在全社会范围内推广阅读，使公共图书馆逐渐成为越来越多人关注的焦点。

（二）公共图书馆承载践行着全民阅读的文化精神

公共图书馆为人们呈现了一座丰富的知识宝库，便于人们深入、系统阅读，其作用是不可替代的。公共图书馆集中了不同地区的重要信息，人们可以从中获取各种所需的知识和信息。与此同时，图书馆可以无差别地向所有人提供需要的服务和知识，不论年龄、国籍、社会地位等。读者可以从公共图书馆中获取完整的文献资料，享受全面且系统的文献服务，公共图书馆对所有的读者开放，人们可以从中了解到完整的知识体系。

近年来，我国不断强调构建学习型社会的目标，致力于加强文化基础设施建设。在这一背景下，公共图书馆的设施得到了明显的改善，尤其是馆藏文献数量显著增加，各类应用软件水平也在不断提升。

二、公共图书馆推广全民阅读的重要性

公共图书馆在全民阅读的推广中发挥着不可或缺的引领作用。其创新服务模式经历了从被动服务到主动服务的演进，这一转变激发了公民学习的主动性，显著提高了整体阅读率，与社会创造学习型社会的紧迫需求相契合。这种变革不仅仅是一种服务模式的更新，更是对知识传递方式的深刻思考，有助于个体知识积累和社会文化素养的全面提升，为构建知识社会奠定了坚实的基础。在这一不断发展的过程中，公共图书馆以维护读者权利为己任，特别关注弱势群体，为他们提供了阅读的基本保障。

全民阅读活动的目标是提升整体阅读能力和信息素养，促进地区的和谐发展，同时也需要承担更多社会责任。为实现这一宏伟目标，公共图书馆需要通过深入的理论研究，制定出切实有效的阅读推广模式。这些模式不仅要建立全面的交流平台，更要使全民阅读成为社会共同关注的焦点。

为了加速学习型社会的建设，我国提出了全民阅读这一关键措施，全民阅读在国家公共文化服务体系建设中发挥着至关重要的作用。阅读推广工作就是以图书馆及相关组织为单位，引导读者养成良好的阅读习惯，培养阅读兴趣，提升我国国民阅读水平，最终实现全民阅读的目标。

《公共图书馆宣言》中明确指出，公共图书馆的使命是开展广泛的阅读活动，

而《图书馆服务宣言》则强调图书馆应推动整个社会形成全民阅读的风气[①]。公共图书馆以其丰富的馆藏资源、专业性和权威性的特点，在全民阅读事业中发挥着核心作用。公共图书馆最主要的功能之一就是推动社会阅读，这是其自身应该履行的职责，是由其存在价值决定的。作为社会性质的文化服务机构，公共图书馆在传播文化知识、提升公民文化素养方面具有非常重要的职能，因此，应在提升全民阅读能力方面起带头作用。从公益性文化组织的角度来看，公共图书馆满足了读者多样化的需求，形成了良好的社会阅读氛围。

《中华人民共和国公共图书馆法》的出台，确定了公共图书馆在推广全民阅读活动中的地位，未来也将发挥更大的作用。[②]《中华人民共和国公共图书馆法》于 2018 年 1 月 1 日正式施行，其中有一条规定，公共图书馆是社会主义公共文化服务体系中的重要组成部分，应该将推动、引导、服务全民阅读作为重要任务。全民阅读中的重要活动都是在公共图书馆开展的，由此可见其在推广全民阅读活动中的重要性。有国家法律的支持，公共图书馆应该把握好时机，认真研究读者对于不同资源的需求、阅读服务等，做到理论与实践相结合，开展丰富多样且具有吸引力的推广活动，为公共阅读服务提供保障，在全社会形成阅读的良好氛围，为建设全民阅读推广服务体系保驾护航。

目前我国正在大力提倡全民阅读，在这一发展背景下，作为公益文化组织的公共图书馆，应该立足当前实际，不断发展创新，为读者提供更优质的服务，将自身打造成全民阅读推广活动的重要推动力。公共图书馆应该对自身服务水平有明确的认知，在全民阅读的过程中进行创新，使其更加多样化，提升公共图书馆在社会服务中的水平。同时，积极探索提高服务效能的方法，明确自身的责任，为民众提供更加优质的文化服务，从而更进一步推动全民阅读活动的开展。

图书馆是进行全民阅读活动的关键平台，阅读推广旨在培养广泛的阅读习惯，这被认为是公共图书馆的主要任务之一，也是各个公共图书馆共同努力的目标。在一定程度上，以公共图书馆为基础展开全民阅读推广活动，对于推动社会主义核心价值观在整个社会的传播、满足人们对文化的渴求、使现代公共文化体系更加规范等方面都具有关键的作用。同时，这也使得公益文化单位焕发出新的活力。实际上，国家倡导全民阅读理念与图书馆阅读推广活动相互配合，二者共同发挥

---

① 李国新．《公共图书馆宣言》在中国的时代际遇 [J]. 图书馆建设，2019 (6)：4—12.

② 李洋，温亮明．《中华人民共和国公共图书馆法》相关研究综述 [J]. 图书馆学研究，2022 (10)：2—14.

作用。首先，在全社会推广全民阅读，为图书馆阅读推广活动的创新和不断进步注入了新的活力；其次，全民阅读的内涵也随着阅读推广活动的发展不断完善和丰富。图书馆开展的阅读推广活动与全民阅读发展的趋势要保持一致，从纵向深入挖掘阅读推广活动的潜能，推动图书馆阅读推广活动进一步发展。

第二节　公共图书馆阅读推广的历史与发展

一、我国公共图书馆阅读推广的发展历程

在 20 世纪 90 年代中期，我国全民阅读活动开始兴起，与此同时，公共图书馆的阅读推广活动也应运而生，为全民阅读推广注入了新的活力，使图书馆在这一领域逐步确立起领导地位。

（一）公共图书馆阅读推广活动的兴起

1994 年，广西壮族自治区率先发起了“知识工程”。这项社会文化系统工程于 1997 年扩展至全国范围。在 1997 年 1 月，中共中央宣传部（中宣部）、中华人民共和国文化和旅游部（文化部）、中华人民共和国教育委员会（国家教委）等 9 个部委联合发布了《关于在全国组织实施“知识工程”的通知》。通知提出了实施“以发展图书馆事业为手段，以倡导读书、传播知识、推动社会文明与进步为目的”的“知识工程”。其中，中宣部和文化部牵头，具体执行者为文化部图书馆司。这标志着全国范围内的全民阅读推广工作已上升到国家文化政策的层面。公共图书馆在这一工程中也得到了支持和鼓励。2000 年，作为全国“知识工程”的重要项目，全国知识工程领导小组将每年 12 月定为“全民读书月”，并开展了多姿多彩的阅读活动。活动以文化企事业单位为主力军，也没有忽视以此为基础提升公共图书馆系统的服务能力和质量。自 2004 年起，为响应“世界读书日”的呼吁，“全民读书月”定于每年 4 月举行。

2004 年 4 月 23 日，中国启动了“世界读书日”宣传活动，主题为“倡导全民阅读、建设阅读社会”，由全国知识工程领导小组和文化部主办。此举标志着我国的“全民读书月”与“世界读书日”实现了有效衔接，推动了全民阅读与国际接轨的进程。在“世界读书日”前后，中国图书馆学会组织规模宏大的公益活动，激发全国各地图书馆多彩的阅读推广。值得注意的是，2005 年初，中国图

书馆学会首次召开“新年峰会”，并正式确立“图书馆与社会阅读”为重要议题。这一举措标志着图书馆界从全民阅读活动的参与者向引导者的角色转变。此次峰会明确了图书馆在全民阅读推广中的组织、引导和实施任务，突显了图书馆在社会阅读活动中的引领作用。这种转变不仅提升了图书馆的社会责任感，也推动了图书馆在全国范围内更加积极地参与和引导全民阅读活动，为建设阅读社会贡献积极力量。这十年，各图书馆尤其是公共图书馆积极参与、推动全民阅读。仅就公共图书馆而言，《中国图书馆年鉴》的数据显示，1995 年全国公共图书馆共举办读者活动 21 232 次，参加人次为 9 316 千人次，在其后的十年里基本呈上升态势。①

自 1989 年开始的“图书馆服务宣传周”活动自开展以来，已经呈现出多样化的趋势并取得了显著成果。这一活动的举办不仅是图书馆事业的宣传推广，更是为广大读者提供全方位服务的有力举措。各地图书馆通过多种手段，如优惠办证、送书活动、文化展览、公益讲座、电影展播、好书导读以及读者调查等举措，不仅将服务和资源拓展至城乡各个角落，而且服务对象逐渐扩大至社会各阶层的读者。值得注意的是，此阶段，公益讲座逐渐兴起：2000 年以前，讲座仅在政治经济较为发达的地区如京津唐、长江三角洲、珠江三角洲等地的个别图书馆零星举办；2001 年以后，公益讲座渐次发展到越来越多省份的图书馆，并逐渐形成一定的规模和特色；2005 年，随着两场全国性的图书馆讲座会议的召开，讲座如雨后春笋般在全国图书馆如火如荼地开展起来，并逐渐成为图书馆阅读推广的常规项目。

1995—2005 年是我国公共图书馆阅读推广理念的起始阶段。在此之前，我国图书馆界的阅读推广既非独立的业务，也没有相应的理论支撑，处于理论无意识阶段。21 世纪初，学界兴起了第二次“新图书馆运动”，这场对图书馆权利、图书馆精神、图书馆核心价值的讨论洗涤了旧的理论系统和理论观念，倡导公共图书馆回归免费、开放、包容、平等的基本精神，为公共图书馆开展阅读推广找寻到了本源和意义所在，推动了我国公共图书馆阅读推广理念的起步。

（二）公共图书馆阅读推广工作的发展

2006 年以来，我国全民阅读活动广泛开展并蔚然成风。而在各方助力及行业自身努力下，我国公共图书馆的阅读推广亦呈现出蓬勃发展的态势。这些阅读推

---

① 张丽丽，宋辰．中国国家图书馆年鉴资源的收藏利用：以中国国家图书馆中国年鉴阅览室为例 [J]. 图书馆界，2012（4）：58—61.

广活动举办得卓有成效。“2021 年底，全国公共图书馆实际持证读者数量超 1.03 亿人。2012 年，这一数据为 2 484.51 万人。10 年间，公共图书馆实际持证读者数增长超过 315%。”文化和旅游部公共服务司相关负责人表示，“数据增长的背后，折射出公共图书馆的覆盖面不断扩大、吸引力和服务效能不断提升，公共文化事业和全民阅读事业加速推进。”①

1. 公共图书馆阅读推广政策的发展

政府对文化建设日益重视，相继出台了一系列推广阅读的相关文件，逐步将全民阅读提升至国家战略的高度。2006 年 4 月，中宣部、文化部等 11 个部委联合发出《关于开展全民阅读活动的倡议书》，倡导在 2006 年 4 月 23 日“世界读书日”前后，在全国范围内开展“爱读书、读好书”的全民阅读活动。此后，2007 年、2008 年、2009 年，中宣部、新闻出版总署再次会同有关部门发出通知，倡议开展全民阅读活动。2007 年 3 月，新闻出版总署、中央文明办、国家发改委等八部委印发了《农家书屋工程实施意见》。2008 年初，中华全国总工会发布《关于开展全国工会“职工书屋”建设的实施意见》，开始在全国范围内建设“农家书屋”“职工书屋”，以满足工农群众的文化需要。②

各地方政府还出台了一系列文件、法规，从地区层面指导推进全民阅读：2012 年起，湖北、广东、江苏等省印发了开展全民阅读活动的相关意见；2014 年起，各地方积极促进阅读立法，《江苏省人民代表大会常务委员会关于促进全民阅读的决定》《湖北省全民阅读促进办法》于 2015 年相继施行，深圳市《深圳经济特区全民阅读促进条例》于 2016 年 1 月 1 日正式施行。

关于全民阅读，还有与公共图书馆界相关的政策性文件——《关于推进全国美术馆公共图书馆文化馆（站）免费开放的意见》的发布。该文件将公共图书馆定性为“政府举办的公益性文化事业单位”，明确提出与公共图书馆职能相适应的基本公共文化服务项目应免费向群众提供。这不仅是对 20 世纪 80 年代后期图书馆界开始流行的“有偿服务”在政策上的正式规定，明确了图书馆基本服务的公益化，同时提出的公共图书馆“是开展公共文化服务的重要场所，是保障人民群众基本文化权益的重要阵地”等内容亦明确了图书馆基本服务的普遍化、均等

① 人民日报．全民阅读高质量发展 公共图书馆实际持证读者超 1.03 亿人[EB/OL]．(2022-11-22) [2023-07-15].https：//www.gov.cn/xinwen/2022-11/22/content_5728191.htm.

② 许文强．乡村振兴战略视域下的农家书屋工程可持续发展问题研究[D]．大连：辽宁师范大学，2019.

化。这份文件标志着政府层面对图书馆全民阅读政策方针的形成，图书馆基本服务的公益化、普遍化、均等化由此成为中央和各地方政府进行图书馆服务的基本方针。

在党中央和国家政府层面，2011 年党的十七届六中全会决议提出“深入开展全民阅读、全民健身活动”；2012 年党的十八大报告明确提出“开展全民阅读活动”，并将其作为扎实推进社会主义文化强国的重要举措之一；2013 年，全民阅读立法列入国家立法工作计划，“全民阅读促进条例”亦开始拟议；2014 年、2015 年，“全民阅读”连续被列入政府工作报告，2022 年党的二十大提出“深化全民阅读活动”。这都表明促进全民阅读已成为重要的立国方针和治国方略。

2. 公共图书馆阅读推广活动的发展

各地方政府也积极推行全民阅读，组织开展区域性的各类读书活动。多个城市发起了“读书节”“读书月”等活动，并成立了相关指导机构，策划、组织和联合各界力量集中举办一系列推进阅读的文化活动。

领风气之先的是始于 2000 年的深圳读书月，其他较早的有始于 2005 年的东莞读书节、兰州读书节等。从 2006 年起，为响应《关于开展全民阅读活动的倡议书》，大批省市开始开展读书节、读书周、读书月、读书季的活动。较有影响的有苏州阅读节、福州读书月、湖南三湘读书月、广州南国书香节等。据不完全统计，目前全国已经有 400 多个城市有此类活动。

图书馆领域的专业性社会组织在阅读推广方面发挥着引导和积极推进的关键作用，将图书馆打造成阅读推广理论研究与实践活动的主力军。在这一发展进程中，中国图书馆学会发挥着重要的引领作用。2006 年 4 月，中国图书馆学会设立了科普与阅读指导委员会，旨在加强对阅读推广的专业指导和支持。随着工作的不断深入，该委员会于 2009 年更名为中国图书馆学会阅读推广委员会，进一步强化了其在推动全民阅读方面的使命。作为中国图书馆学会专门设立的组织机构，阅读推广委员会通过开展研究与实践活动，为图书馆提供了丰富的经验和理论支持，推动了阅读推广事业在中国的全面发展。

截至 2021 年底，我国公共图书馆体系已达到规模庞大的 3 215 个，乡镇（街道）文化站数量超过 4 万，村级综合性文化服务中心达到 57 万多个，农家书屋更是遍布全国，超过 58 万家，而且所有公共图书馆均实现了免费开放，为广大读者提供了广泛的文化服务。为了向基层延伸高质量的阅读资源，各地积极推动县级图书馆总分馆制建设，通过这一举措，原本单一供给的社区和乡村阅读资源得以转变为多元供给和交互供给的模式，图书资源在基层地区变得更加丰富且优质。截至 2022 年 6 月，已有 2 642 个县（市、区）建成图书馆总分馆制。[①]

全国公共图书馆在服务形式上持续创新，不断探索新的模式以提升服务质量和读者参与度。其中，“你看书，我买单”服务成为一项引人注目的举措。通过此服务，读者有权决定新书采购，这一举措不仅使读者在图书馆的选择权得到了充分尊重，更有效地提升了图书馆的人气。在一些城市，如青岛、成都等，文化超市的建设为公共图书馆的服务带来了新的维度。这些文化超市不仅提供了个性化服务，还实现了“订单式”服务，满足了读者的多元化需求。这种服务模式的创新，为图书馆打破传统阅读方式提供了有力支持，将文化服务更好地融入城市生活。北京、天津等地推行的“文化惠民卡”制度则通过将优惠文化产品打包，促进了文化产品的普及，为读者提供了更加多样化的阅读选择。这一制度的实施，不仅使文化产品更加贴近大众，也为公共图书馆发挥文化服务的社会责任提供了新方向。全民阅读活动的兴起，标志着公共文化服务理念在社会中的深入树立。中国图书馆学会阅读推广委员会的成立，进一步推动了阅读推广事业的蓬勃发展。公共图书馆作为阅读推广的主要阵地，通过积极参与全民阅读活动，不断创新形式多样的阅读推广活动，为社会创造了良好的阅读氛围，促进了阅读文化的传承与发展。

二、国外公共图书馆阅读推广的发展历程

英国、美国等国的阅读推广在法律法规的制定、设立国家读书节（读书年）、以政府为主导联合各相关部门开展丰富多彩的阅读推广活动等方面，都取得了丰富的经验，值得我们学习参考。

近代最早的公共图书馆发端于 19 世纪的英国。1850 年，英国议会通过了世界上第一部《公共图书馆法》，授权地方议会为免费图书馆征税，它标志着公共图书馆制度的正式确立。

被称为“现代公共图书馆之父”的英国图书馆学家爱德华兹依据这一法案于 1852 年创建了曼彻斯特公共图书馆。学界普遍认为，这是世界上首座现代意义上的公共图书馆。爱德华兹设想的免费、平等、开放和平民化的价值观，构成了公共图书馆基本精神的一部分。此后，19 世纪后期至 20 世纪初期，欧美各国公共图书馆开始在数量上有了空前的发展。在英美图书馆出现的早期，图书馆业务活

① 人民日报．全民阅读高质量发展 公共图书馆实际持证读者超 1.03 亿人[EB/OL].（2022-11-22）[2023-07-15].https：//www.gov.cn/xinwen/2022-11/22/content_5728191.htm.

动的重点是馆藏建设及对馆藏文献的管理。但在图书馆这样一个以“阅读”为主要标志的人群聚集的场所，一切有利于促进民众阅读的活动都是必不可少的，这些活动被认为是图书馆的“扩展活动”。这些“扩展活动”几乎都具有文化与教育性质。如在公共图书馆里成立文学社团和机械研究社团，以此为阵地开展各类公益讲座、科学与艺术类课程，以及各种颇具地方文化特点的活动等。在1851—1888年的英国，公开讲座是公共图书馆十分热衷的一项活动。此外，阅读和音乐演奏活动也经常举办。而日本在第二次世界大战前就兴起了阅读推广活动，不过其内容仅仅是读书指导，较为常见的形式是读书会、巡回文库等，主要由各公共图书馆推广开来。1924年，日本图书馆协会发起“读书周”活动，并于1933年更名为“图书馆周”。

虽然阅读推广活动在图书馆建设较为发达的国家已经出现，但在20世纪20年代末以前，建立在现代阅读研究基础上的阅读推广是匮乏的。

1930—1939年，欧美图书馆界的阅读研究获得快速发展。尤其是美国，图书馆界的研究热情空前高涨，其影响力逐渐辐射至欧洲。这十年的研究内容涉及哪些人在阅读书籍或杂志、人们的阅读动机是什么、阅读习惯和兴趣如何、对资源的需求及阅读的效果如何等。其中，“芝加哥学派”的韦普尔斯是图书馆界阅读研究的代表人物，他在1931年出版的《人们想阅读什么》一书中着重关注了“读者”和“读者想要阅读的读物”。[①] 这些研究对于改进图书馆服务尤其是指导读者的阅读活动大有裨益，直接引发了图书馆读者咨询业务的开始。但随着第二次世界大战的爆发，各国图书馆界的阅读推广实践和研究都进入了相对停滞的阶段。

1945年，第二次世界大战结束后，国际社会对阅读的关注度日益提升，国际性的阅读组织开始出现并引领和倡导全球阅读活动。同年，联合国教育、科学及文化组织（简称联合国教科文组织）成立，它是促进全民阅读的全球性机构，倡导和组织了关于包含阅读推广的很多活动。在这些活动中，各类图书馆被赋予了重要使命，作为重要的教育和文化机构发挥了极其重大的作用。1949年，联合国教科文组织起草和发布了《联合国教科文组织公共图书馆宣言》，国际图书馆协会联合会（IFLA，以下简称国际图联）一直参与其中。[②] 此宣言正式表达了

① 陈玲．莫基人韦普尔斯的传播思想研究[D]．重庆：四川外国语大学，2021．

② 范并思．认识公共图书馆的制度意义：重读《公共图书馆宣言》[J]．图书馆建设，2019（3）：8–13．

世界文化知识界和图书馆界对公共图书馆的基本立场，后在1972年和1994年做了两次修订，但其主要精神是一以贯之的。它指出“公共图书馆是传播教育、文化和信息的一支有生力量”，并强调为儿童和残障人士提供服务。1970年，联合国教科文组织将1972年定为“国际图书年”，主题口号为“书为人人”，重要内容是倡导人们养成良好的阅读习惯，促进图书馆的发展。1982年，联合国教科文组织在世界图书大会上正式提出“阅读社会”的概念，希望建设一个人人有书读、个个爱读书的社会，即“走向阅读社会”项目。

成立于1956年的国际阅读协会（IRA）是一个专门从事阅读推广的国际性专业组织，有100多个国家参与，并且有来自世界各地的10万多名会员，它是一个致力于全世界扫盲的非营利性组织。协会由教师、阅读专家、顾问、行政人员、高校教师、研究员、心理学家、图书馆员、媒体专家、学生及家长组成。IRA支持扫盲专业人员通过利用各种各样的资源进行相关的宣传工作、志愿服务和专业发展活动。IRA的宗旨是借由研究阅读过程及教学方法提升全民阅读质量，使每个人都拥有阅读的能力，并鼓励终身阅读。国际阅读协会每年都会为国际扫盲日举办庆祝活动。国际扫盲日始于1965年，定于每年9月8日，旨在唤起全球对文盲问题的关切，推动初等教育的广泛普及。其主要目标是确保适龄儿童接受教育，实现基本识字目标，促进人际沟通，消除歧视，推动文化传播和社会发展。为了表彰在扫盲和阅读推进中的杰出贡献，国际阅读协会于1979年设立了多个奖项，其中之一为国际阅读协会扫盲奖，奖金为1.5万美元。该奖旨在激励和表彰在扫盲事业中作出卓越贡献的机构。这一奖项的设立不仅在形式上为优秀贡献者带来荣誉，更在实质上推动了国际社会对文盲问题的深刻关注和积极行动，为建设更为文明、平等的全球社会迈出了重要一步。

国际儿童读物联盟（IBBY）成立于1953年，总部设于瑞士苏黎世，在全球69个国家和地区设分支机构。作为非营利组织，与联合国教科文组织合作，IBBY致力于推动全球儿童接触高水准文学艺术作品。该组织支持各国出版高质量儿童图书，提供援助、培训从事儿童文学事业者，推动领域研究。IBBY设立了“国际儿童图书日”于每年的4月2日，激发人们对阅读和儿童阅读的关注。通过与联合国教科文组织的合作，IBBY促进了国际文学交流，为全球儿童提供了更广泛的文学体验。通过推动国际合作、提高儿童文学地位，IBBY为全球儿童文学的繁荣发展做出了积极贡献。

国际图联亦长期致力于阅读兴趣的培养和阅读能力的提高。1989年，国际图联在巴黎召开的前期会议的主题为公共图书馆与素养问题，自此，素养成为国际图联大会的重要主题。同一时期，在美、日等阅读推广起步较早的国家，图书馆的阅读推广经历了再出发的过程，图书馆协会及专门的阅读推广组织逐渐成为阅读推广的重要力量，而图书馆在其中的主导地位是毋庸置疑的。第二次世界大战结束后，日本社会进行了民主改造，公共图书馆成了“民主主义的基础”，图书馆的阅读推广活动也在扬弃战前活动的基础上向着“读书普及运动”发展起来。1947 年，日本恢复战时废止的“读书周”活动，活动形式逐渐由传统单一的读书指导向多样化发展。1949 年，日本政府推出“读书周制度”。自 1959 年起，日本政府将每年 5 月 1 日到 14 日的两周定为“儿童读书周”。同年，日本创立了“读书推进运动协议会”，由图书馆、出版、文化等多个领域组成，旨在整合阅读资源，通过社会力量推动阅读的普及。这标志着日本图书馆阅读推广由团体向个人转变的历史性转折。该运动受到国际启发。1953 年，美国图书馆协会发布了《阅读自由宣言》。1958 年，美国全国“图书馆周”通过口号鼓励全民阅读，为国际图书馆推广树立了榜样。1958 年 3 月，美国华盛顿举办了全国性的“图书馆周”活动，“读到本书”“尽你所能阅读”“读书使你进步”等都曾成为鼓励全民阅读的主题口号。1977 年，美国国会立法通过成立国会图书馆阅读中心，以阅读推广为核心使命。从 1984 年起，国会图书馆阅读中心在各州设立了 52 个子中心，并从 1987 年起，发起“国家阅读推广伙伴”计划，吸收了众多组织成为它的阅读推广伙伴。国会图书馆阅读中心发起并组织了一系列有创意、影响深远的全国性阅读推广活动，早期的有 1987 年的“全国读者年”、1989 年的“青少年读者年”、1991 年的“终身读者年”、1992 年的“探索新世界——阅读！”等。英国是世界上图书馆事业最发达的国家之一，其阅读推广活动发端于 20 世纪 80 年代，兴起于 90 年代。在 20 世纪 80 年代，英国一些图书馆积极通过公共图书馆发展激励计划，以获取基金支持，并推广文学作品。这一努力在 1992 年达到里程碑的成就，由“阅读未来：公共图书馆中的文学场所”会议发布了首个图书馆基金，标志着英国图书馆阅读推广的重要转折。同年，英国图书信托基金会与伯明翰图书馆等携手推出了“阅读起跑线”计划，着眼于学龄前儿童的早期阅读。这一计划的实施不仅对于提升儿童文学素养具有积极作用，同时也强调了图书馆在社会中扮演的教育角色。图书馆是该计划的重要参与者，除了为婴幼儿办理图书馆卡，还将面向婴幼儿的“朗读时间”“故事时间”办成固定的服务项目。

全球范围内，全民阅读的浪潮始于 20 世纪 90 年代中期，其中具有标志性意义的事件发生在 1995 年，联合国教科文组织确立每年的 4 月 23 日为“世界图书与版权日”（亦称“世界读书日”）。此举旨在向为社会带来知识与力量的书籍及其作者们致敬，并强调阅读的重要性。特别是对年轻人，呼吁其积极发现并享受阅读的乐趣。有 100 多个国家参与了这项活动，许多国家如美、英、法、日、俄、新加坡等以这一天为核心，把其前后一周或一个月定为全民读书周或全民读书月，举办多种多样的阅读推广活动，而举办相应读书节庆活动的城市更是数不胜数。1997 年，联合国教科文组织号召发起国际“全民阅读”运动。这一号召得到了广泛响应，“全民阅读”项目在非洲多个国家、欧洲多个国家及澳大利亚开展，“全民阅读”的理念更是在全球范围内得到传播和认同，开展全民阅读活动成为世界各国文化发展的时代潮流。1995 年以来，不仅美、英、日等“老牌”阅读大国的图书馆推广阅读活动日渐兴盛，韩国、新加坡、俄罗斯等众多后起之秀亦开始涌现，并自 2005 年起愈发繁盛，在全球范围内形成热潮。这一时期，各国的阅读推广活动具有以下特征：一是各国相继颁布有关阅读推广的政策、法案或法令，以全国之力推广阅读；二是阅读推广活动越发成熟与系统化，陆续出现覆盖全国乃至辐射全球的大型阅读推广项目。

第三节 公共图书馆阅读推广的特点

图书馆的阅读推广活动在以馆藏为中心和以读者为中心两个方面均呈现出鲜明的特点，相较于其他行业的阅读推广，主要体现在以下四个方面：

一、全面性

阅读推广作为现代公共图书馆的基本理念，尽管在具体实践中可能针对特定人群和主题展开活动，但总体而言，其服务对象应涵盖全体公民，具备全方位、全覆盖的特征。这种全面性和均等性的普及原则在对特殊人群和弱势群体的强调和重视方面得到了明确体现。

二、系统性

公共图书馆以其有序的馆藏为基础，通过精心的筛选和加工确保资源的质量和权威性。这一特点不仅使馆藏具备丰富的知识关联，还确保阅读推广与馆藏发展保持一致，呈现系统性和规划性。阅读推广覆盖多学科领域，为不同类型和层次的读者，提供多样化的阅读体验。公共图书馆通过此综合性的策略，促进了知识的传播与社会文化的繁荣，为广大读者提供了深度和广度兼备的学术资源，促使个体和社会整体的知识水平不断提升。

三、职业性

公共图书馆作为一种制度设计，其存在的初衷就是为了提供阅读服务。虽然在过去并未着重主动进行阅读推广活动，但其长期存在体现了对阅读和知识的坚定信仰。然而，近年来，公共图书馆已经深刻认识到阅读危机与职业危机密不可分，因此积极主动地将阅读推广活动纳入其业务流程，将其视为基本服务的一部分。这一转变标志着公共图书馆正意识到阅读推广的重要性，并将其纳入到日常运营的核心服务之中。公共图书馆开始以更为积极的姿态履行其职责，将阅读推广作为一项战略性服务，充分依托整个事业体系的力量，释放公共图书馆的职业潜能。

四、专业性

公共图书馆作为知识传承和社会教育的机构，长期积累了图书馆学的专业知识，囊括资源管理、组织结构等核心领域。这奠定了图书馆学的基石，为公共图书馆在社会中发挥积极作用提供了理论支持。在阅读推广活动中，制定差异化推广策略至关重要。公共图书馆可充分利用图书馆学研究成果，全面评估推广活动，确保策略科学有效。数字媒体时代使阅读更为丰富，公共图书馆通过提供符合时代需求的环境、工具和材料，引导读者通过网络、软件接触数字环境，更好适应信息时代的变化。公共图书馆的责任不仅是提供数字环境访问，还包括促进读者交流学习、培养创新能力。公共图书馆可以开展学术讲座、读书会等活动，为读者提供交流和学习平台，建立互动学习社区，激发创造力和创新潜能。将阅读推广与公共图书馆服务有机结合，是促进全面发展的关键。通过精心设计的推广活动，提高读者对图书馆服务的认知和满意度，使阅读成为图书馆服务的重要组成部分，阅读推广活动才能真正融入公共图书馆的发展战略，为社会提供广泛深入的知识服务。

第四节　公共图书馆阅读推广的主要方式

一、传统的阅读推广方式

（一）流动图书馆

公共图书馆在人口密集市区的设立虽然为城市居民提供了便利的阅读服务，但由于城市布局的限制，往往未能覆盖偏远地区和特殊群体，造成了信息资源的不均衡分布。为了解决这一问题，流动图书馆逐渐成为基层服务的新趋势，其灵活的配置图书资源能够更好地满足不同群体的阅读需求。在农村地区，流动图书馆服务着当地的经济结构，提供有针对性和引导性的阅读服务。通过深入了解农村居民的需求，流动图书馆能够更好地满足其对文化和知识的渴望，从而促进农村社区的发展。而在中小学校服务方面，流动图书馆主要以青少年的健康成长和课外阅读为主。通过有机调配图书资源，为学生提供丰富多样的阅读体验，不仅拓展了他们的知识面，也激发了他们对阅读的兴趣。以首都图书馆为例，自2003年开始，首都图书馆每天派遣流动图书车去不同地区开展阅读推广活动，特别关注偏远山区。这一创新服务模式不仅拓宽了图书馆的服务范围，也使得基层群体都能够享受到高质量的阅读服务。通过流动图书馆的推动，馆藏图书资源的流通率大幅提高，使阅读变得更加普惠便捷，为社会各阶层提供了平等获取知识的机会。

（二）主题活动

公共图书馆在我国的阅读推广中普遍采用主题活动作为有效手段。这种推广方式通过充分利用图书馆的内部设备和人力资源，在特定的时刻，如世界读书日、中秋节、端午节等，组织形式多样的主题活动，如讲座、展览、公益活动、征文比赛等。以安徽省图书馆为例，其在“图书馆周”期间展开一系列主题活动。通过专家讲座介绍本省非物质文化遗产，举办展览展示国家级珍贵古籍，并提供免费古籍鉴定等服务，为读者提供了丰富的文化体验。这一举措旨在加强公众对文化遗产的保护意识，使读者能够深刻体会历史文化内涵，感受传统文化的魅力。主题活动的设计不仅注重内容的深度，还侧重于氛围的营造。通过图书馆内的主题环境的布置和现场氛围的烘托，参与者可以更好地沉浸在主题阅读推广活动中。

这种互动性的体验有助于激发读者的学习兴趣，使他们更愿意积极参与相关的文化活动。另外，公共图书馆还通过网络平台进行线上的活动预告和宣传，以吸引更多读者参与到馆内的阅读推广活动中。通过社交媒体、图书馆官方网站等渠道，图书馆可以迅速传达主题活动的信息，扩大活动的影响范围，使更多的读者能够了解和参与到这一系列的文化活动中来。

（三）图书推介

公共图书馆在阅读推广方面广泛采用图书推介的方式，以满足读者的多样化需求。首先，馆藏图书被精心分类，按主题进行整理，以便读者能够更轻松地找到符合个性化需求的图书。这种分类系统不仅提高了图书检索的效率，也有效地提升了阅读的质量。读者可以根据自身兴趣和需求，迅速找到适合的阅读材料，促进了知识的广泛传播。其次，图书馆通过新书推介进一步激发了读者的阅读兴趣。这一推介方式不仅包括线上渠道，如图书馆网页提供的便捷推荐平台，还涵盖了线下手段，如展示书名、文摘和书评等信息，这有助于读者更全面地了解图书内容，从而更有针对性地选择阅读材料。通过这些推介手段，读者能够及时了解馆内最新上架的图书，进而迅速产生阅读欲望。

二、新兴的阅读推广方式

（一）24 小时自助图书馆

在网络时代，数字和移动阅读的兴起对传统图书馆的时间和地点提出了挑战。智能设备和射频技术的迅速发展为此带来了解决方案，推动了 24 小时自助图书馆的兴起。这一创新模式使得办证、查询、借还书等功能成为随时可行的自主操作，打破了传统图书馆在时间和地点上的束缚。读者在这一新型模式下，能够更方便地借阅或归还图书，不再受限于传统图书馆的开放时间和具体位置。数字技术的运用使得图书馆能够提供高效便捷的服务，满足读者多样化的需求，为图书馆注入了创新的可能性。这种创新的阅读方式不仅提供了更灵活的服务，也激发了读者的阅读兴趣。读者们能够根据个人的时间和空间需求，在任何时候选择阅读，而不再受制于传统图书馆的开放时间。同时，24 小时自助图书馆的便捷性也大大增加了图书馆馆藏资源的利用率，为读者提供了更加丰富的阅读选择。

我国各省级公共图书馆中，24 小时自助图书馆尚未在广泛范围内推广，仅有少数几家图书馆，如首都图书馆等，提供这一便捷服务。内蒙古图书馆是其中的佼佼者，其楼前广场设有两处 24 小时自助图书馆，拥有 1 000 多本图书可供读者借阅，为读者提供了便利的图书获取途径。该馆不仅图书资源丰富，而且设有 24 小时汽车还书口，为开车的读者提供便捷的还书通道，极大地提高了图书借还的效率。此外，为了让需要全天候阅读的读者感受更好的服务，24 小时自助图书馆内还配置了舒适的阅览座椅。这种智能化的 24 小时自助图书馆通过技术设备的创新，打破了传统公共图书馆在时间和空间上的限制。在图书馆经费的支持下，这一趋势有望在更多地区得到推广和发展。

（二）读者荐购

读者荐购模式是一种在国内公共图书馆中兴起的文献资源建设模式，其基本理念是通过读者的主动参与和决策，满足个性化的阅读需求，提高馆藏图书资源的利用率。目前，已有 12 家公共图书馆采用读者荐购模式进行阅读推广活动，读者可采用多种荐购方式参与其中，如网页表单填写、电子邮箱或电话荐购，以及与书店合作等。这一模式的核心目标在于转变读者从文献资源的接受者到决策者，使他们更加积极地参与馆藏建设。内蒙古图书馆是其中的佼佼者，自 2014 年 5 月推出了“彩云服务”以来，为持有读者证的读者提供了更便捷的图书借阅方式。在规定的馆藏购书范围内，读者可以在内蒙古自治区的新华书店等实体书店中自主挑选图书，并在书店完成借阅手续，无需支付额外费用。

公共图书馆的读者荐购活动突显了以读者需求为核心的馆藏建设理念，是重要的资源建设模式。该活动通过提高文献资源获取效率，充分展示了公共图书馆为读者服务的职能。读者荐购的优势在于克服馆员知识限制，根据实际需求灵活调整馆藏，提高文献流通率。然而，在充分利用读者力量的同时，需谨慎掌握荐购在整体馆藏建设中的占比。过度采购非核心图书可能导致馆内图书资源结构的不均衡和质量下降，从而影响整体规划。因此，在实施读者荐购活动时，公共图书馆应该倡导并引导读者选择与馆藏建设目标相符的书籍，确保所增加的文献能够有机地融入馆藏体系，有助于维护馆内图书资源的结构和质量。这样的策略既能充分发挥读者荐购的积极作用，又能保持馆藏的整体协调性，使其更好地服务于广大读者。

第三章　全民阅读视野下公共图书馆阅读推广理论实践

本章主要介绍了全民阅读视野下公共图书馆阅读推广理论实践的相关内容，主要从公共图书馆阅读推广策略研究、公共图书馆多维阅读推广实践、公共图书馆与其他机构合作推广、公共图书馆经典阅读推广实践四个方面进行阐述。

第一节　公共图书馆阅读推广策略研究

我国公共图书馆阅读推广正在经历快速发展的关键时期，拥有着前所未有的机遇，同时也面临着前所未有的挑战。面对中国复杂而独特的政策体制、社会环境和读者群体，我国的公共图书馆在借鉴和摸索中，探寻适合自己的阅读推广策略。

一、阅读推广的个性化发展策略

个性，在心理学上指的是一个人区别于他人的语言和行为方式，是一种个人特质。个性化阅读推广就是指针对和利用不同读者的不同个人特质，为他们量身定制或者改造适合他们的阅读推广活动，使得阅读推广活动取得更好的效果。我国公共图书馆个性化阅读推广的发展方向包括以下三种类型：

（一）记忆型

在图书馆系统中建立专门的读者用户档案记录、管理、追踪和利用功能模块，当每一个读者首次来到图书馆时，就为其建立属于他的独立的终身阅读档案，登记读者的年龄、性别、学历、职业、爱好等基本信息，并持续记录读者到馆、借阅、参与活动等所有的图书馆相关信息。利用这些信息，一方面当读者下次到馆时，图书馆可以为他们量身定制适合他的阅读计划和图书馆服务；另一方面，图书馆也可以根据读者的阅读兴趣爱好和习惯，随时向读者推送他可能感兴趣的阅读推广活动或者图书，吸引读者前来图书馆阅读。将来图书馆还可以通过与其他图书馆或组织机构共享共建读者档案，在获取更加全面翔实的读者信息的同时，为读者提供多方位的、随时随地的个性化服务。

（二）引导型

在传统的图书馆服务模式中，无论是馆藏资源还是阅读推广活动，都是静态平面地罗列在读者面前，被动地供读者选择。很多读者一方面对图书馆了解不多，另一方面由于当局者迷，对自身的阅读兴趣和水平认识不清，从而对他们选择利用图书馆资源和服务带来了困难。在图书馆个性化阅读推广的发展中，根据读者需求，更加主动地引导读者选择和使用图书馆资源并参加图书馆活动的个性化服务模式将成为我国公共图书馆读者服务的新模式。将来，也许当读者走入图书馆时，就像走入高档酒店会所一样，一位热心的图书馆员将微笑着首先询问读者的姓名和来图书馆的目的，然后将读者引导到相应的阅览室、借阅点、活动场馆或是深度咨询台前。在这些地方，读者会接受更进一步的个性化阅读服务或是活动引导，使得读者能够顺利、便捷、愉快地实现其阅读需求。当然，图书馆的这种引导应当是适度的，以尊重读者个性和选择为基础的，既不能使阅读推广成为从“引导”到“辅导”的倒退，也不能“步步紧逼”“过度服务”，影响了读者的阅读体验。在数字图书馆服务中，为提高用户体验，图书馆系统和网站可以通过提供多样化的浏览选项，协助用户更快、更容易地获取所需信息。这种个性化服务不仅有助于增加用户的忠诚度，同时能够减轻用户在大型网站上面临的数据超载和信息迷航问题。

（三）定制服务型

由于读者个性各不相同，因此图书馆的个性化阅读推广必然导致了读者对阅读推广活动的类型、内容、时间、场地有不同需求，传统的集中式统一阅读推广活动无法适应这一需求，因此图书馆必将推出更加灵活、个性化的定制式阅读推广活动。当下图书馆比较容易实现的定制式阅读推广活动模式主要有两种：第一种是网络电子阅读推广活动点播。图书馆在图书馆网站或是图书馆内提供事先制作好的阅读推广活动点播，读者可以根据自己的需要，随时点播观看自己感兴趣的阅读推广活动。现有的图书馆网络电子阅读推广活动点播主要是讲座、培训和展览类阅读推广活动的文字、照片和音频视频点播，随着人机交互技术的不断进步，这种点播不仅能够以图像、声音，甚至气味、触感等多方位多感官，将阅读推广活动更加生动真实地呈现给读者，使读者更好地参与进来，实现互动式阅读推广活动的点播。第二种是分类阅读推广活动。图书馆根据读者的个性和需求按照某一标准将读者分为不同的类型，根据同一类型中读者相似的特点，制定组织开展适合这一类型读者的阅读推广活动。分类阅读推广活动是对完全个性化的个人定制阅读推广活动的一种过渡和近似。因为我国公共图书馆所要服务的读者数量众多，在相当一段时间内实现一对一定制的阅读推广活动尚不现实，因此采用分类阅读推广的形式，既能兼顾读者个性化阅读推广的需求，又能现实、有效地利用图书馆资源。

二、阅读推广的可持续发展策略

国内图书馆阅读推广的特点在于其由行政指令启动，常被视为亮点工程和非常规服务。即便是在读书月等重要活动中，由于指令的变化，推广规模和形式可能会有调整，这导致图书馆需要临时调动人员。这一模式下的推广活动存在一些问题。首先，临时调动可能导致资源的铺张浪费。推广活动的非常规性可能需要额外的人力和物力支持，引发不必要的资源浪费。其次，服务可能过度集中，影响其他正常业务的开展。另有一些图书馆设有专门的阅读推广办公室，将其视为基本业务，并在此基础上建立了稳定机构。这种机构化的做法有助于积累经验、提高效率，并实现推广活动的连续性。建立专业机构还有助于培养图书馆内部的阅读学专家，为阅读推广提供保障。这些专家能在推广活动中提供专业的支持和指导，为推广活动的成功贡献力量。同时，专业机构的存在为阅读推广的可持续发展奠定了坚实基础，使图书馆能够更好地适应社会和读者的需求，持续推动阅读文化的传播。

除了建立专门负责阅读推广的常设机构以外，加强图书馆阅读推广的制度化建设，也是保证图书馆阅读推广可持续性发展的关键要素之一。首先，从国家层面来说，对阅读推广的推动和支持，应该改一时的行政指令为稳定的长期政策和法规；制定长期全面的全国公共图书馆阅读推广发展战略；建立完善的公共图书馆阅读推广评价体系，并将这一评价体系纳入公共图书馆总体评分和评级之中。其次，从图书馆层面来说，各个公共图书馆应将阅读推广作为同图书借阅同样重要的读者服务列入图书馆章程之中，根据自身情况制定适合自己图书馆的阅读推广发展策略，调整图书馆组织结构和业务流程，保证阅读推广活动的顺利流畅开展，将馆员的阅读推广能力作为图书馆招募馆员和评定考核馆员的重要标准之一。

保证公共图书馆阅读推广服务长效性的另一个重要手段是进一步加强公共图书馆阅读推广的品牌建设。现有公共图书馆的阅读推广品牌主要集中在图书馆讲座、推荐书目评选和图书馆征文比赛等少数几个阅读推广类型中，这也是图书馆阅读推广持续性和周期性发展较好的几个类型，进一步扩大图书馆阅读推广品牌建设辐射类型，是帮助图书馆不断建设开发新的持续性阅读推广活动类型的重要力量。公共图书馆应该在不断开发建设阅读推广活动子品牌的过程中，发掘本图书馆阅读推广的独特风格和优势，逐步形成和建立一个能代表本馆的阅读推广总品牌。这个总品牌应该拥有自己明确的名称、标志、阅读推广目标、阅读推广口号，甚至是吉祥物。统一的阅读推广总品牌不仅能进一步保证图书馆阅读推广的持续性、规律性发展，更能够增加图书馆阅读推广活动，乃至提升图书馆本身在读者中的知名度，增加图书馆阅读推广活动影响力和效果。

三、阅读推广的“悦读”发展策略

我国的公共图书馆阅读推广在经历了从“辅导”到“引导”的转变之后，在当下正在迎来其第二次重要转变，从阅读到“悦读”的转变。阅读和“悦读”只有一字之差，前者表示一般性的读和看，而后者却在此基础上带入了读者主体强烈的主观感情，有着更加丰富的内涵。“悦”在《新华字典》中的解释有“高兴、愉快”。通常来说，图书馆对“悦读”的理解可以有两种：一种是“因悦而读”，就是图书馆利用阅读推广活动使读者喜爱上读书，从而自愿自主地进行阅读活动；一种是“因读而悦”，就是图书馆利用阅读推广活动塑造良好的读书氛围和环境，让读者在读书的过程中，不仅获取了知识，更享受到快乐。

图书馆的“悦读”理念最早起源于西方发达国家。在美国，一些图书馆工作者和研究学者曾发起了一场关于“星巴克和图书馆”的讨论。他们发现美国的许多年轻人，经常在星巴克等咖啡馆读书、学习、工作、聊天，甚至小组研讨，但是与这些咖啡馆只有一街之隔的免费图书馆却门可罗雀。在调查采访中，不少读者觉得咖啡馆能够一边聊天，一边享用茶点，一边阅读、学习或工作，更加自由、舒适和惬意。于是美国部分公共图书馆大胆地尝试将图书馆的某一层或者某一区域布置得更加随意和舒适，并在这一阅览区内摆放最新上架以及流行的图书和杂志，读者可以将咖啡、可乐等饮料，或者薯片、酸奶等零食，甚至是味道不太大的汉堡、三明治等食物带到这个阅览区，一边享用饮料、美食，一边看书，这个区域也允许读者进行小规模的小组讨论，或者接打电话等低音量的有声活动。一位馆员说：“图书馆的‘星巴克’区域总是聚集着很多读者，而不小心打翻的饮料和撒落的零食对图书的损害并没有我们想象的那么严重，读者很喜欢也很珍惜这个机会。”随着我国公共图书馆在阅读推广过程中对美国等发达国家经验案例的不断学习借鉴，“悦读”理念也正逐渐成为我国公共图书馆阅读推广发展的一个重要趋势。

（一）创造舒适、开放的图书馆阅读环境

“咖啡飘香、轻柔的音乐在耳畔响起。坐在舒适的沙发上，随手拿起身边的最新时尚杂志翻阅。”位于成都烟袋巷的锦江区图书馆新馆的家庭大书房式阅览室也许在不久的将来就会出现在我们身边的每一个公共图书馆中。图书馆的部分阅览室和读者活动空间将打破传统的僵硬的封闭空间模式，成为敞开式的轻松舒适的休闲阅读空间；在阅读的同时，图书馆还会为读者提供咖啡、甜点等茶饮小食，供读者享用；无线网络将会覆盖图书馆的每一个角落，读者可以利用自带的移动设备随时随地地接入图书馆网络，利用图书馆电子资源；图书馆将实现 365 天 ×24 小时的全年全天候免费开放，读者不需要任何证件，随时想要来图书馆读书就可以顺畅地进入图书馆进行免证阅览；全省市甚至全国的图书馆可以实现“一卡通”形式的“通借通还”。

（二）功利性阅读向休闲审美阅读转变

部分读者，虽然他在读书，却体会不到读书的快乐。因此，公共图书馆的阅读推广想要真正推动读者持续性、终身性阅读，必须给予读者新的阅读动力，帮助读者走向休闲审美阅读。首先，这类图书馆的阅读推广活动要逐渐改变自己的活动目的和宗旨，从知识文化普及转变为阅读兴趣培养；其次，这类阅读推广活动从前期宣传到场地布置、活动形式、主持风格等各个方面都要改变传统阅读严肃刻板的风格，塑造温馨舒适、休闲放松的活动氛围。例如，在不少图书馆阅读推广活动中，馆员会手工制作一些海报画板，作为活动场地布置，既亲切又可爱；在针对少儿的阅读推广活动中，尽量不用竞赛的形式，避免少儿读者间的竞争和压力。

四、低成本阅读推广发展策略

我国公共图书馆现在平均每举办一场阅读推广活动所花费的费用和资源要远远高于美国等西方发达国家的图书馆。哪怕是区县图书馆的一场小型讲座的组织

费用通常也在500元以上，而一般省市图书馆的阅读推广活动场均花费都在数千元。而美国大部分图书馆阅读推广活动经费都不超过100美金，折合成人民币也就是700元左右。近年来，不少图书馆更是提出了1美金阅读推广活动的理念，也就是组织一次阅读推广活动的图书馆额外花费仅需7元左右。由于公共图书馆作为非营利性的公益机构，其经费通常是有限的，当我国图书馆阅读推广活动频率逐渐增加时，有限的经费和资源必将成为制约其发展的重要因素之一。当前，我国一些公共图书馆面临经费问题，导致它们不得不限制或取消一部分阅读推广活动。在这一现象的背后，我们看到了对阅读推广成本进行有效降低、提高阅读推广活动的投入效果的迫切需求，这将成为我国公共图书馆阅读推广未来发展的重要趋势之一。

参考美国等西方发达国家低成本阅读推广的经验案例，我国公共图书馆发展低成本阅读推广的途径主要有以下几条：

（一）合理开发利用志愿者资源

在美国等西方发达国家，人力资源是图书馆最稀缺也是最昂贵的阅读推广成本资源。通常一个普通劳动者的人力成本是每小时10美金，折合成人民币约每小时70元，而一个活动策划者或是主持人等专业工作者的人力成本则通常超过每小时40美金，折合成人民币约每小时280元。如果每一场阅读推广活动按10小时普通劳动时间加3小时专业劳动时间来算，光人力成本就需要220美金，折合成人民币也就是约1540元。在这样的人力成本下，美国图书馆阅读推广活动的低成本就离不开其庞大完善的志愿者团队。美国图书馆的志愿者涉及图书馆服务的方方面面，从书刊上架，到读者咨询，处处都有志愿者的身影，而图书馆的几乎所有阅读推广活动都有志愿者的参与。通常来说，美国图书馆的一个普通阅读推广活动只有一到两名图书馆正式员工进行主导和发起，其余的参与者和工作者都是志愿者。这些志愿者分为两类。一类是图书馆阅读推广的专业志愿者。这些志愿者在图书馆登记志愿服务后，定期前来图书馆接受图书馆阅读推广志愿服务指导和培训，图书馆会定期向他们发布志愿服务需求信息，志愿者们可以根据自己的时间、喜好和专长，选择志愿服务内容。这些志愿者有着丰富的图书馆阅读推广志愿服务理论和实践经验，是图书馆阅读推广的中坚力量。另一类是图书馆为了某一次阅读推广活动临时招募的专项志愿者。这些志愿者在接受短时间的针对性宣讲培训后，在阅读推广专业志愿者的指导下，共同完成此次阅读推广服务工作。在我国，公共图书馆阅读推广所涉及的单位人力成本，尽管相对较低，但由于我国的阅读推广活动通常规模较大，耗费的劳动工作时间相对较长，因此，人力成本在整个图书馆阅读推广成本中仍占据一个重要的比例。我国公共图书馆阅读推广需求的人力资源主要通过专职图书馆员、图书馆临时雇员，以及外聘专业人员团队来满足，前一种人力资源构成形成了阅读推广活动和原有图书馆服务对图书馆本就很紧张的人力资源的竞争，后两种人力资源构成又给图书馆阅读推广经费造成了巨大的压力。我国也有些公共图书馆已经开始尝试利用志愿者来推动阅读推广服务，但是效果并不是非常理想，究其原因主要有三点：一是志愿者招募难度较大；二是志愿者素质参差不齐；三是志愿者责任感和持续性较差。针对这些问题，我国公共图书馆在大力开发利用志愿者资源的同时，要加强志愿宣传，完善志愿者长期招募体系，提升志愿者和潜在志愿者对图书馆的归属感和认同感；建立健全志愿者培训、培养和管理体制，在提升志愿者服务水平和专业素养的同时，帮助志愿者实现自身的不断学习和进步，实现志愿者和图书馆的双赢。

（二）控制规模，环保节俭办推广

降低图书馆阅读推广成本的另一个重要举措是控制阅读推广活动的规模。由于阅读推广的个性化发展趋势，未来同一个阅读推广活动所适用的读者对象必然会减少，因此，减小单场次阅读推广活动规模，有利于降低空间成本、人力成本、经费成本等多项图书馆成本，提高图书馆阅读推广活动的效率及效益。同时，现在我国部分公共图书馆的阅读推广活动还存在着过度铺张、追求面子工程的现象。这类活动的一大特点是开场即高潮，所有的精彩都聚集在开幕式，无论是隆重豪华的大型场地布置，还是邀请领导、名人、专家到场等，都是大戏，花费了高额的费用却在短短两三个小时的开幕活动结束后消失一空。媒体报道宣传，也都围绕开幕式展开，而后续主体阅读推广活动安排、内容和效果反而被掩盖和忽视了。为了彰显阅读推广活动的热烈氛围，图书馆通常动员学生、驻军、护士等团体读者参与。尽管国内图书馆通过行政指令启动的季节性阅读推广活动在征文等方面取得了积极效果，对一些读者产生了积极影响，甚至有助于培养终身利用图书馆的习惯，然而，这种做法却带来了一些问题。首要问题在于，这些季节性活动让常来图书馆的老读者感到被边缘化或受到干扰。由于这些推广活动的集中性质，图书馆可能需要临时调动人员和资源，导致常规服务中断或延迟，影响老读者的正常阅读体验。这对于那些长期依赖图书馆资源的读者来说，可能是一种不必要的干扰，使其产生一些不满情绪。另外，市民作为旁观者，对一切“盛大”

作秀活动的反感也影响了对阅读推广活动的实际效果的看法。这种反感可能源于对过度宣传和庞大活动规模的不信任，使得市民对活动的真实价值产生怀疑。面对这种情况，一些公共图书馆开始反思“嘉年华”式活动是否真正有助于实现阅读推广活动的本质目标。将阅读推广活动的资源集中利用于活动本身，而非过多花费在短暂的庆典性质上，是更加明智的做法。美国图书馆低成本阅读推广活动的另一经验是充分发挥、发掘馆员和志愿者的创造能力和动手能力，重复循环利用阅读推广资源，环保节俭办推广。美国的图书馆通常会有一个专门的储藏室，里面放置着每次阅读推广活动结束后可回收再利用的展板、装饰物、宣传材料等资源。每次图书馆要举办新的阅读推广活动时，馆员和志愿者会优先从这个储藏室里挑选可以被改造和重新利用的资源，这既降低了图书馆重复采购的成本，又坚持了公益机构的环保理念。例如，有的图书馆会将上一次阅读推广活动剩下的宣传单单面擦除后，在背面印刷新的阅读推广宣传内容；有的图书馆则将上次活动啦啦队使用的彩条球制作成花朵的形状，粘贴在图书馆墙壁上作为新活动的装饰。

五、阅读推广的平衡发展策略

我国的公共图书馆阅读推广普遍呈现东部沿海地区发展较快，中西部地区暂时落后，但步步紧跟的形势。首先，我国东部公共图书馆的阅读推广普遍来说起步要早于中西部公共图书馆：2000 年左右，东部的北京、上海、江苏、浙江、广州等地的大型省市图书馆已经开始重视和发展全民阅读推广，而中西部地区的图书馆阅读推广的全面发展基本集中在 2006 年之后。其次，我国东部公共图书馆举办阅读推广活动场次要多于中西部公共图书馆，无论是阅读推广活动的类型、规模还是内容，其丰富性和多样性都要高于中西部公共图书馆。最后，我国东部公共图书馆的阅读推广呈现立体式的网络化平衡发展：不同地理位置、不同层级、不同规模的公共图书馆根据自身的特点，成为东部公共图书馆阅读推广网络中或大或小的一个有机节点，各个节点之间互相联系、互通有无，在互助合作中协调发展。而中西部公共图书馆阅读推广的发展则主要依赖若干核心大中型省市图书馆的引导和带动：核心图书馆阅读推广发展较快，阅读推广水平基本持平于东部公共图书馆阅读推广平均水平；核心图书馆以外的公共图书馆阅读推广发展较慢，特别是层级较低、规模较小的基层图书馆和位置偏远、经济较落后地区的公共图书馆，阅读推广发展迟缓，甚至基本停滞；各个图书馆间阅读推广交流合作有限。

我国东部公共图书馆阅读推广发展较快的主要原因：首先，我国东部地区经济比较发达，为图书馆阅读推广的发展提供了良好的资金基础和资源保障；其次，我国东部地区自古以来就是我国文化发展的核心区域，社会文化底蕴深厚，大众阅读氛围良好，为图书馆阅读推广的发展提供了文化支撑和读者基础；再次，我国东部沿海地区是我国最早与世界范围内其他国家开展贸易和文化交流的场所，这为东部地区公共图书馆学习西方发达国家图书馆阅读推广理念和阅读推广实践提供了良好的条件；最后，我国唯一的中央级图书馆——国家图书馆（简称国图）在东部地区，作为我国公共图书馆阅读推广的总向导和总指挥，其榜样作用和资源共享作用更好更快地辐射了东部公共图书馆。

我国城乡公共图书馆阅读推广发展差距较大，城市图书馆全民阅读推广发展较快；农村和城市偏远地区图书馆全民阅读推广发展相对较慢，主要依靠城市图书馆的辐射作用，在邻近城市图书馆的带动下发展阅读推广。城市公共图书馆带动周边偏远地区和农村图书馆发展阅读推广的主要方式包括以下三个：

第一，城市偏远地区和农村分馆建设。城市公共图书馆通过总分馆的形式，在城市偏远地区和农村统一建设和管理分馆。分馆作为城市公共图书馆的一个有机组成部分，共同参与和承担城市图书馆的阅读推广，使城市图书馆阅读推广辐射读者和影响范围得以向城市偏远地区及农村延伸。

第二，阅读推广分站点的建设。城市公共图书馆在举办大型阅读推广活动时，积极联系和协同周边偏远地区和农村的图书馆，邀请和帮助他们在自己的图书馆建立阅读推广活动分站点，共同推动阅读推广发展。

第三，建设地区性图书馆阅读推广联盟。为了加强阅读推广的效果，倡导城市图书馆与周边地区的各级图书馆，尤其是农村图书馆，共同创建地区性阅读推广联盟。这一举措旨在通过协同合作，实现阅读推广活动的协调开展，并促进阅读推广资源的共建共享。城市偏远地区和农村公共图书馆可以通过分享该地区其他图书馆，特别是城市图书馆的阅读推广资源、案例和经验教训，有效提升自身阅读推广水平，降低阅读推广活动的组织难度和成本。

值得一提的是，无论是东部、中部、西部公共图书馆的阅读推广差距，还是城乡公共图书馆的阅读推广差距，在近年来都呈现明显的缩小趋势，不少中西部图书馆和农村图书馆除了学习和借鉴发展较快地区的图书馆阅读推广模式经验外，还根据自身特点，开发了不少新颖、独特的阅读推广活动，取得了良好的阅读推广效果。

六、弱势群体阅读推广发展策略

弱势群体，又称脆弱群体或弱者群体，是指因某些障碍，缺乏经济、政治和社会机会而在社会性资源分配上表现出经济贫困、生活质量低层次和承受力脆弱性的特殊社会群体。主要包括两大类群体，即生理性弱势群体和社会性弱势群体。生理性弱势群体主要由具有明显生理原因的成员构成，如未成年人、老年人和残疾人等。这些群体在社会中相对弱小，面临更多生理上的挑战，需要特别的照顾和支持。社会性弱势群体则主要受到社会原因的影响，如下岗职工、进城农民工、较早退休的“内退”人员以及“体制外”工人等。这一类群体通常表现出文化缺乏和经济贫困的特点，需要国家和社会提供针对性的援助和支持。这些弱势群体读者由于其自身的特殊性，无法和其他读者一样正常有效地使用图书馆资源、参与图书馆阅读推广活动、接受图书馆读者服务，但是他们和其他读者一样有着对阅读、对知识和文化、对精神生活的需求，他们的这些需求或许高于普通读者。公共图书馆作为公益性的社会文化教育机构，有责任和义务关注和关心这些弱势群体读者，为他们提供适应他们的阅读推广和阅读指导服务，满足弱势群体读者的阅读和文化需求，这是公共图书馆公益性和平等性的重要体现，也是帮助弱势群体切实享受社会文化福利，真正全面普及全民阅读推广，提高全民阅读水平的重要保障。

公共图书馆对弱势群体阅读推广的关注和重视首先体现在图书馆馆员服务于弱势群体的意识和素质的提高。图书馆馆员认识到，在为弱势群体开展阅读推广服务时，既不能因为爱心而显示出怜悯之情，也不能用居高临下的态度，而要学会尊重和善待弱势群体，把自己放在一个服务者的位置，而不是一个施舍者的角度，努力营造一个充满人文关怀而又温馨平等的文化阅读环境。其次，根据弱势群体本身的特殊性，图书馆为他们设计专门的阅读空间，设置便利的阅读辅助工具，规划特殊馆藏，在普通阅读推广活动中兼顾弱势群体的需求，并为弱势群体的特殊需求量身定制适合他们的阅读推广活动。例如，图书馆在举办演出活动时，在活动现场为老年和少儿读者设计前排的专属区域，方便视力不佳的老人和个子较小的小朋友观看演出；图书馆定期招募志愿者，为盲人读者读书念报，使盲人读者能够有更多的机会享受文字的魅力。

第二节　公共图书馆多维阅读推广实践

一、中国国家图书馆阅读推广研究

作为我国唯一的中央级图书馆，中国国家图书馆对全国图书馆的业务工作和读者服务起着指导和导向的作用。因此，中国国家图书馆的阅读推广，无论是形式还是规模，都在我国图书馆阅读推广活动中处于领先地位，其阅读推广的经验教训和发展方向，指导着我国各级各界图书馆阅读推广的展开和发展。

（一）中国国家图书馆概况

中国国家图书馆的渊源可追溯至1909年的京师图书馆，其发展历程饱含沧桑。在1928年，京师图书馆更名为“国立北平图书馆”，标志着其在国家文献收藏领域的重要地位。随着时间推移，该馆于1951年再度更名为“北京图书馆”，展现了其日益壮大的影响力。然而，真正的里程碑是在1998年12月12日，国务院批准将其正式更名为国家图书馆，成为我国唯一的中央级图书馆。国家图书馆兼具国家总书库、国家书目中心、国家古籍保护中心和国家典籍博物馆的职能。除了收藏和保护图书文献，它还引领全国文献保护，为中央和国家领导机关提供文献信息和咨询服务。国家图书馆是文献和知识宝库，积极参与国际组织，与国内外图书馆广泛合作，促进文献资源共享。国家图书馆不仅在国内有重要地位，在国际舞台上，也为全球文献和知识的发展做出了重要贡献。

根据《中国图书馆年鉴》，国家图书馆共有馆舍面积25.37万平方米。其中，书库面积为4.85万平方米，阅览室等读者活动空间为6.63万平方米，拥有座席4392个。国家图书馆的总藏量为3 137.01万册，其中图书987.77万册，古籍193.75万册，报刊1 381.6万册，电子图书142.7万册。国家图书馆的雇员有1 573人，其中，专业技术人才1 214人，高级职称32人，副高级职称173人，中级职称753人。持有有效图书证的读者1 326 672人，总到馆人次447.67万人，书刊文献外借49.01万册次。拥有电子阅览室终端236台，图书馆网站年访问量242 234 000页次。年度财政拨款66 424万元，总收入750 256万元，总支出74 179.4万元，其中购书经费16 500万元，基本支出23 959万元，项目支出55 056.5万元。①

① 中国图书馆学会，国家图书馆．中国图书馆年鉴 2020[M]．北京：国家图书馆出版社，2021．

可以看到，国家图书馆由于新馆的建成投入使用，馆舍面积有了大幅的增加，特别是读者可使用面积，从原来的2.1万平方米提升了三倍多，达到了6.63万平方米，为举办大规模阅读推广活动、对场地有特殊需求的阅读推广活动，或同时举办多项阅读推广活动提供了条件。国家图书馆拥有其他图书馆无法匹敌的丰富藏书、人员、经费、读者以及社会资源，这为国家图书馆全年、全面开展不同类型、不同主题、不同规模、不同对象的各类阅读推广活动提供了支持和保障。

（二）国家图书馆阅读推广发展历程

国家图书馆的阅读推广活动最早可以追溯到20世纪50年代。1952年，冯仲云出任当时的北京图书馆第一任馆长。一次，他在图书馆院内散步时，看到很多小朋友露天坐在图书馆院子里的树荫下看书，当时他既感动于小朋友对图书的热爱，又为偌大一个图书馆却没有合适的地方给孩子们看书而惭愧。于是，他即刻筹划，第一次在图书馆内设立了一个专门的少年儿童阅览室，并且安排馆员为小朋友们组织朗诵会、故事会等活动。这便是国家图书馆阅读推广的开端。1987年，国家图书馆白石桥新馆（现称总馆南区）建成，一批现代化的报告厅、教室及教学工具投入使用，并明文规定北京图书馆的十项具体工作任务之一便是通过举办图书展览、学术讲座等方式，向人民群众宣传马克思列宁主义、毛泽东思想，交流科学研究经验，传播科学文化知识。进入21世纪后，国家图书馆阅读推广迅速发展。国家图书馆成立社会教育部，下设讲座组、教育培训组、摄编组、展览组，专门负责国家图书馆阅读推广工作的组织、筹划和实施。

（三）国家图书馆阅读推广方式

1. 讲座与论坛

国家图书馆的讲座活动可溯源至1952年，当时由群众工作组具体策划组织，并在短时间内成为该馆最受欢迎的活动。1987年，国家图书馆进一步完善讲座服务，设立学术活动服务部，并指派两名专员专门负责讲座工作。随着时代的发展，国家图书馆于21世纪初再次进行机构调整，成立了社会教育部，该部下设专门的讲座组，负责规划和组织国家图书馆的讲座与论坛工作。

国家图书馆的讲座与论坛根据主题和周期性可以分为两大类。一类是国家图书馆的品牌讲座与论坛。这类讲坛一般有一个比较广泛的、贴近读者大众的主题，自开坛起，以每周、每月、每季度或者每年为周期，比较有规律地举办围绕该主题的讲座与论坛。这类讲坛主要面向读者大众，内容多围绕大众感兴趣的话题，讲解力求由浅入深，满足不同偏好和层次的读者需求，如文津讲坛、艺术家讲坛、科学家讲坛等。另一类是国家图书馆的专题系列讲座与论坛。这类讲座主题往往结合国家图书馆现阶段的文献收藏重点或者学术研究热点，内容有更强的专业性和学术性，但同时也兼顾普通读者的需求，主要面向这一专题领域的学者、研究者，以及对这一专题感兴趣的读者、爱好者，如“百年辛亥专题研究系列讲座”“敦煌与丝路文化学术讲座”等。

2. 展览与会展

早在国家图书馆的前身“国立北平图书馆”时期，文献展览就作为一种重要的图书宣传方式在图书馆出现了。《图书馆百科全书》中这样定义文献展览：图书馆宣传文献的一种方式，也是馆藏报道的一种形式。图书馆将馆藏中有特色的文献、珍本或者有关某一主题的文献集中起来，在一定时期内公开展示和陈列，以便向读者宣传、推荐文献，促进文献的利用。“国立北平图书馆”在1929到1936年间，共举办不同类型的展览14场，展出内容围绕古籍、珍本、善本和新型印刷科技两大主题，以文献展览为主，辅以实物、模型等展出形式。20世纪末，国家图书馆展览中心建成投入使用。作为国内第一个图书馆附属的大型综合性展览服务设施，占地1 300平方米的展览中心拥有完善的配套设施、灯光和安防系统，并配有会议室、贵宾室、报告厅等，为国家图书馆举办各种类型的展览、会展提供了理想场所。2008年建成开放的国家图书馆新馆，在扩大读者活动空间的基础上，同时规划、设计了新的展览空间，吸引了读者到馆参观展览。

3. 演出与电影

国图音乐厅的演出放送和电影展播是国家图书馆阅读推广的一大特色。国图音乐厅位于风景宜人的紫竹院公园北侧，拥有1 150座大厅、106座紫竹电影厅和187座文会堂三间主要厅室。国图音乐厅既是国家图书馆举办大型内部活动或者读者活动的重要场所，在场馆空闲之时，也为读者组织丰富的演出放送和电影展播。不同于其他文艺演出场所和电影院，国图音乐厅由于其机构属性和地理位置，决定了它所组织的演出与电影活动，主要是为了服务读者大众，扩大国家图书馆的知晓度和影响力；吸引读者大众走进图书馆，鼓励读者大众走近阅读；进一步丰富国图读者的精神文化生活，为到馆读书、学习的读者提供一个休闲、放松的场所。

4. 读者俱乐部与读者培训

图书馆的读者俱乐部一般是指图书馆将其读者根据他们的地理位置、阅读习惯、兴趣爱好或者其他属性组织成相对固定的阅读小组，图书馆鼓励小组内的读者互相交换图书、交流读书心得体会，提高小组内读者的读书热情和阅读水平。国家图书馆的中央图书馆属性，以及由此产生的庞大的读者群体，决定了国家图书馆的读者俱乐部无论是在组织形式还是读者活动上，都与一般图书馆的读者俱乐部有着较大区别。现在，国家图书馆最重要的读者俱乐部形式是“国家图书馆文津读书沙龙”。

大部分的读者认为“文津读书沙龙”就是一个讲座品牌，甚至在国家图书馆的官方网站上，也把“文津读书沙龙”活动分列在学术讲座栏目下。但是，在“文津读书沙龙”成立时，国家图书馆办公室宣传科是这样公开定义它的：“国家图书馆文津读书沙龙”是公益性的读者俱乐部，它以作者、专家和读者之间互动的方式，以历史文化题材为主，优先选择当今在社会上引起强烈关注和热烈讨论的书籍和相关话题，力求从现象入手，深入探讨其文化底蕴。

读书沙龙每月举办一次，每次两小时。文津读书沙龙面向国家图书馆所有的读者免费开放，并没有俱乐部会员登记、选拔或者收费等制度，而其主要俱乐部读者活动又采用类似“讲座”的形式，这是它经常被当作国家图书馆的一个品牌讲座的主要原因。但是长期参加文津读书沙龙的读者会发现，比起一般的讲座，文津读书沙龙更强调读者的主动性，其本质目的是形成以一位或者几位专家为核心讨论组，积极鼓励与会读者自由参与讨论，创建普通读者与作者、专家之间的沟通渠道，从而提高读者的阅读热情和阅读水平，构筑学习型的阅读模式。

但是，随着文津读书沙龙的影响力逐渐扩大，参与读者日益增多：虽然国家图书馆将文津读书沙龙的举办频率增加至每月两到三次，但是每次仍然有大量读者踊跃参加。一方面，文津读书沙龙作为一项读者阅读推广活动，国家图书馆希望能有更多的读者参与进来，从中受益；但是另一方面，众多的读者为原先这种以读者参与讨论为主的活动形式带来了巨大的挑战。两个小时的活动中，除去背景介绍、专家作者发言的时间，通常仅能允许十几名读者发言，每人发言时间也平均不到两分钟，有些时候读者为了争夺发言权和发言时间容易产生争执，如某位读者持续发言时间过长，或者发言表达不是特别清晰有序，其他读者可能会要求其停止发言。因此国家图书馆不得已增加了作者、专家的发言时间限制，虽然仍在活动最后给予读者发言提问的机会，却不再特别强调读者参与讨论这一点，这也是导致近年来文津读书沙龙在读者心中正逐渐失去其读者俱乐部的属性，成为一个普通品牌讲坛的重要原因。

在协调大规模读者参与讨论这一点上，国家图书馆倒是可以尝试向国内的一些电视节目学习。首先，在举办一场读书沙龙前，国家图书馆可以先在它的网站上，或其他社交网络主页上，或即时聊天平台上发布针对该场沙龙的讨论专题，邀请专家、作者，以及广大读者参与讨论，讨论内容既可以是对该专题背景知识的普及介绍，也可以向读者征集他们感兴趣的问题，专家、作者选择热点和重点问题在沙龙活动现场进行回答和讲解。其次，在沙龙举办过程中，国家图书馆可以鼓励参与沙龙的读者继续利用上述平台进行互动。国家图书馆可以在沙龙现场，用电脑现场投影的方式将读者的发言实时地显示在沙龙场地中的大型投影屏幕上，同时安排工作人员对这些发言进行收集和整理，在专家、作者每一节话题的讨论间隙，由这位图书馆员代表广大参与讨论的读者把其中具有普遍性、代表性，或者新颖、有意思的问题、评论和感想念出来。专家、作者在讨论过程中，还能利用这些平台向读者发起实时的投票、表决或者竞猜，增加沙龙的互动性和读者的参与感。

国家图书馆还在不断努力探索和扩展文津读书沙龙的其他活动形式。国家图书馆文津读书沙龙与北京京港地铁有限公司联合举办了“同享阅读快乐”特别活动。活动在北京地铁 4 号线国家图书馆站举行。活动以“图书漂流”的方式号召读者和乘客在乘坐地铁的同时，带上自己读过的或者喜欢的闲置图书来进行图书交换，每个前来现场参与活动的读者都有机会获得京港地铁纪念票一张和“国家图书馆文津图书奖”获奖图书一本。同时，国家图书馆还制作了精美的活动书签和活动印章，在活动现场设立了电子资源浏览咨询设备和手机移动服务体验专区，并开展了与图书相关的填字、竞猜等小游戏，吸引了大量读者以及路过的地铁乘客前来咨询参与。现场的部分读者和乘客们还就阅读和图书馆展开了讨论，交流自己的读书心得，互相推荐好书，以实际行动体现了“同享阅读快乐”的理念。

国家图书馆还在 104 年馆庆之际，推出了一系列读者服务的重要新举措。其中，完善读者服务培训，成为国家图书馆进一步加大服务模式创新、深化服务内涵、提升服务效能的重要方法。国家图书馆的服务体系中，读者培训处是一个专门机构，每日按时组织培训活动，内容包含对馆情、馆藏以及特色服务项目的介绍。这些培训活动旨在以多样化的形式和丰富的内容，为读者提供培训服务。国家图书馆 2013 年的首批读者培训活动以“数字资源与服务”为主要内容，以帮助读者有效使用国家图书馆数字资源与相关服务为目的，共开设了四个专题：数据库单库使用培训、综合性数字资源检索培训、特色资源揭示培训和数字图书馆特色服务培训。讲座主要针对从事科学研究和学习的读者，每期邀请一位专家学者或者研究馆员，就如何利用图书馆数字资源拓展科研视角、提升科研水平开设讲座。讲座结束后，国家图书馆还在网站上提供该讲座的详细讲稿和全程音频、视频记录。

由于国家图书馆的读者培训活动开设时间还较短，很多读者表示对“数字资源与服务”这个主题既不了解，兴趣也不大，不少读者认为图书馆数字资源就是电子化形式的图书而已。这一方面显示国家图书馆应该加强读者培训活动宣传、扩展读者培训活动主题，开发读者喜欢、需要和关注的培训活动；另一方面也显示了国家图书馆在数字资源的读者阅读推广利用方面尚需努力和加强。不过值得推荐的一点是，国家图书馆在读者培训活动中，特别关注和收集了读者对该活动的意见、需求和反馈。反馈内容包括读者的年龄、学历和职业，读者对现有培训的需求程度和满意程度，读者希望的培训主题、时间和方式，读者获取培训信息的主要途径等，这些信息将有效地帮助图书馆提升和完善其读者培训服务。

二、中国省市图书馆阅读推广研究

在我国公共图书馆阅读推广体系中，如果说国家图书馆起到了统领全局、引领方向的作用，那么国家级图书馆之下的大中型省级图书馆和市级图书馆则是我国图书馆阅读推广的实践主体和中坚力量。

（一）阅读推广的地区性差异

我国是一个经济发展水平很不均衡的大国，公共图书馆作为公共文化服务上层建筑，其所在地区的区域经济基础对公共图书馆的服务水平，包括阅读推广，起着决定性的作用。改革开放以来，国家计划委员会（简称国家计委）按照离海岸线的远近和经济发展水平的高低，将我国划分为东、中、西三大地带。其中东部沿海地区是我国经济最发达、科技水平最高的地区，也是知识创新的主要地域，包括辽宁、河北、山东、江苏、浙江、福建、广东、海南、北京、天津和上海；中部地区由黑龙江、吉林、山西、河南、安徽、江西、湖南、湖北省构成；其余省份和五大民族自治区及重庆市就划分为地区经济发展水平相对低下的西部地区。按这三大经济区域划分我国省市公共图书馆，它们的阅读推广也呈现显著的区域性特征。

1. 阅读推广基本要素比较

公共图书馆的阅读推广活动主要在馆舍内进行，而馆内的读者活动空间规划和大小直接影响了图书馆阅读推广活动的规模和形式。这一切都深受图书馆馆员的规划、设计和执行的影响。图书馆馆员的数量和素质直接影响和决定了图书馆阅读推广活动的规模和水平。我国公共图书馆阅读推广活动经费来源于图书馆的经费划拨，因此图书馆总收入的多少直接影响阅读推广的成本预算。

因此，东、中、西部地区图书馆场馆、馆员和预算三个基本要素的差异，是东、中、西部区域图书馆阅读推广呈现差异性的重要根源之一。

2. 读者阅读推广服务需求比较

我国东部与中西部省市公共图书馆的读者阅读推广需求差异主要有以下三条：

（1）对图书馆阅读推广服务角色期望的差异

当读者定义心目中的图书馆时，东部省市图书馆的读者更多地将图书馆理解为伙伴、书籍和社区中心，而中西部省市图书馆的读者则认为图书馆首先是书籍、教师和伙伴。因此东部读者更倾向于把图书馆的阅读推广服务认为是一种媒介和引导，连接读者与书籍、读者与专家、读者与读者，给予读者阅读的建议和意见，引导和帮助读者选择图书和阅读理解。而中西部读者则更多地期望图书馆的阅读推广服务拥有教育性和指导性，他们更加相信图书馆的权威性和公益性，希望能够通过阅读推广服务直接地提高自身的文化水平和阅读能力。

（2）对图书馆阅读推广服务主题内容需求的差异

文艺历史和图书推荐是东、中、西部读者普遍需求度最高的阅读推广主题。东部省市图书馆的读者对经济、管理、商业类主题阅读推广活动的需求和感兴趣程度明显高于中西部读者，而中西部读者对科学普及、农业技术类等阅读推广主题需求较高，这与东部省市浓厚的商业环境，以及中西部以工农业为主的产业结构相关。同时，东部读者更多地偏爱休闲娱乐类的阅读推广活动，而中西部读者则更加关注学习教育类的阅读推广活动，这与东部省市读者受教育程度、收入水平以及生活水平的平均值要高于中西部省市读者有关。

（3）对图书馆阅读推广服务形式偏好的差异

总体来说，东部地区读者更加重视图书馆的阅读推广服务，而中西部读者则更多地偏好图书馆传统的书籍、报刊借阅服务。东部读者希望图书馆阅读推广服务形式丰富多样，并且有新意，他们愿意尝试不同类型的阅读推广活动，甚至当在上海图书馆（简称上图）进行访谈时，一位读者看到报刊新闻中介绍的某个国外图书馆老年读者阅读档案计划后，特意找图书馆工作人员提出，希望本市图书馆也可以推出此类活动。而中西部读者对“正经的”图书馆阅读推广活动的理解多局限于讲座论坛、展览展出、培训指导等几种主要形式，对参与这几种形式的阅读推广活动的愿望也最高。

（二）省市图书馆阅读推广活动研究

我国省市图书馆举办场次最多、读者参与最多的阅读推广活动主要包括讲座论坛、展览展出以及各类培训班。前两者与国家图书馆阅读推广活动主要类型一致。国家图书馆也举办了大量的各类培训班，但其培训对象主要是我国的领导干部以及图书馆从业人员。而省市图书馆的培训班，特别是地市馆的培训班则主要是为普通的大众读者服务，因此纳入了省市图书馆阅读推广的讨论中。这里主要介绍两种推广活动。

1. 讲座论坛

讲座论坛类阅读推广活动，既能够充分体现图书馆大众文化教育与阅读推广的职能，又能发挥图书馆馆藏、场地、人脉等资源优势，同时在策划组织难度以及规模预算上又有较强的成熟性和可控性。近年来，文化部更是将图书馆年讲座论坛举办场次列入《文化部省、市级公共图书馆评估定级标准》之中，因此讲座论坛成为我国省市图书馆最普遍举办的阅读推广活动。

（1）讲座主题

我国省市图书馆的讲座主题主要可以分为以下七大类型：一是文学艺术类型，如名家解读名著、音乐欣赏、美术作品欣赏、文物欣赏等；二是科学普及类型，如气候环境、科技发明、世界地理等；三是政治历史类型，如中外历史、国际关系、世界局势等；四是经济法律类型，如宏观经济、市民与法等；五是热点时事类型，如奥运会、世博会、中国转型、抢险赈灾等；六是教育健康类型，如保健养生、儿童教育等；七是地方文化类型，如乡土课堂、都市文化、民族特色等。

就图书馆讲座论坛主题的选择和偏好来说，东部省市图书馆的讲座体现了图书馆所在城市的城市文化个性，而中西部省市图书馆的讲座则更多地彰显了当地的地域特色和民族特色。

首都图书馆地处皇城——古都北京，悠久的历史和威严的皇权使它的讲座也总带着那么一些昏黄的颜色、天桥的记忆、斑驳的琉璃和贵族的自豪感。

首都图书馆的“乡土课堂”是以北京乡土为主题的卓越讲座活动。通过请学识深厚、谈吐幽默的主讲嘉宾，以轻松幽默的方式叙述北京的文化历史、地理变迁、地方艺术和民间风俗，展现了鲜明的京味特色和丰富的文化内涵。活动涵盖了从天坛到鸟巢，从建城到建都，从帝王之家到胡同四合院的历史变迁。通过近三百期讲座，这一品牌以其独特的地域文化定位和引人入胜的内容，不断激发了北京市民对传统文化的兴趣和对城市的深厚热爱。这种活动不仅是对历史的回顾，更是对城市多元面貌的全面呈现，加深了市民对身处之地的认同感，为传统文化的传承与弘扬发挥了积极作用。而上海图书馆著名的“上图讲座”也因为上海这座兼容并包、与时俱进的国际化大都市而呈现海纳百川的文化精神、中西合璧的学术特色和摩登时尚的都市风格。“上图讲座”自 1978 年以“宏观信息讲座”始创至今，经过 40 多年的努力，已经形成了涵盖六大板块、十八个系列，每年举办讲座场次超过 150 场的大型综合讲座系统，诞生了涉及时政、文化、法律、社会、艺术、教育、科技、健康等各领域，包括“都市文化”“名家解读名著”“2010 年上海世博会”“上海发展讲坛”“世界与上海”“信息化知识”“知识与健康”“法律知识”“市民与法”“院士讲坛”“国际科学家讲坛”“青年讲坛”“学生讲坛”“新世纪论坛”等在内的一大批著名品牌讲座和论坛。“上图讲座”以“城市教师”和“市民课堂”为自身定位，邀请的主讲嘉宾既包括国内的优秀学者和文化名人，也有大量的海外学科领军人物。比较起北京和上海这两座超级都市，苏州图书馆的讲座一如这座有着 2 500 年悠长历史的姑苏古城，繁荣而内敛，小巧和精致，缓慢而安逸。苏州图书馆的“苏州大讲坛”的主题大致可以分为两类：一类是贴近市民生活的实用知识和信息，如健康养生、儿童教育等；另一类是苏州传统和市民艺术、文化和爱好，如苏绣、评弹、集邮等。“苏州大讲坛”的讲座内容并不会把这两类主题提升到专业学术理论研究的层面，而是力求站在一个关心这类信息的普通市民或者兴趣爱好者的角度，出于生活而服务于生活，循序渐进，谆谆诱导，透露着苏州这座城市精致慢生活的城市理念。

位于我国新疆的乌鲁木齐市图书馆，其“乌鲁木齐文化讲坛”以“新疆情”为主要讲座主题，内容围绕新疆历史文化、文学艺术、民俗民情等展开，邀请全国新疆研究领域的研究学者、新疆本地文人作家、经验丰富的新疆旅人，讲述丝绸之路、戈壁沙漠、维吾尔族、天山歌舞、楼兰王朝的历史风情，以及广大疆域内，东疆、南疆、北疆各异的气候、物产、自然景观和民俗风情。

广西壮族自治区图书馆“八桂讲坛”的重要主题之一是“广西文化”。“广西文化”讲座旨在为具备一定文化积淀和文化素养的听众提供一场深度的文化盛宴。通过对广西的民族精神、戏剧、艺术、文学以及文博领域的深入宣讲，进一步加深广大读者对广西本土民族文化的深刻认识。这一讲座的目标在于不仅要提供知识，更要激发听众对广西独特文化的兴趣，从而达到保护和传承广西民族文化精髓的目的。

（2）讲座形式

我国省市图书馆的讲座形式呈现出多样化和丰富性的特点，主要包括单人演讲、双人对话、多人讨论、演讲与艺术表演相结合、演讲与听众互动相结合等多种类型。这些形式不仅在个体层面上呈现出独特魅力，而且在相互组合的过程中形成更加丰富的讲座形式，如在单人演讲中加入观众提问、讨论环节，在多人讨论中加入现场朗诵与演唱环节等。

省市图书馆讲座最常采用的形式是单人演讲，配以多媒体课件，其优点是讲座主题内容明确、讲授清晰、重点突出，便于读者听众对知识的掌握和理解，同时讲座的策划组织也相对简单。随着省市图书馆讲座的发展，越来越多的读者听众希望图书馆讲座能在单向讲授的基础上，加入听众体验、提问的互动环节。而一些省市图书馆也寻求通过讲座形式上的创新，增加讲座活动、丰富讲座内容，吸引更多的读者前来听讲。

（3）读者参与方式

我国省市图书馆的讲座按读者参与方式大致可以分为开放式和预约式两大类。开放式讲座是指图书馆公开发布讲座信息后，读者可以根据这些信息，自由免费地到馆参与这些讲座，图书馆不会对前来参与讲座的读者类型或者数量进行限制。开放式讲座的好处显而易见，随到随听最大程度上降低了读者的听讲成本，但是增加了图书馆在策划、预测和管理上的难度。有些讲座由于参与读者过多，也影响了讲座的听讲质量和读者安全。预约式讲座是指图书馆公布讲座信息后，同时开放预约平台，读者如果想要参与某个讲座，必须在图书馆规定的时间内，在图书馆指定的预约平台上进行预约，得到图书馆的预约成功确认后，才能到现场参加讲座。传统的图书馆讲座预约方式包括提前领票、讲座现场先到先入等；现在部分省市图书馆还开通了讲座的网上预约、电话预约、短信预约等新型预约形式。图书馆通过预约系统可以更精确地管理讲座的读者参与情况，这既有利于控制参与人数，确保讲座的听讲质量和读者安全，也为评估讲座的受欢迎程度提供了有效手段，为未来讲座的策划提供了有益参考。目前，我国大多数省市图书馆采用开放式的讲座模式，其中南京图书馆、苏州图书馆等是代表性的图书馆。在这些图书馆中，讲座一般对所有读者开放，没有提前预约的要求。这种模式在一定程度上适应了较为宽泛的读者群体，为大众提供了更为自由的学术参与机会。然而，对于一些读者规模较大的省市图书馆，为了更好地管理场馆人数，部分特别受欢迎或者受特殊条件限制的讲座采取了预约制度。典型的例子有首都图书馆和广州图书馆等，这一模式在确保安全的同时，也能更好地满足读者对热门讲座的追求。在极少数图书馆中，如上海图书馆，其讲座全部采用预约式。

除此之外，上海图书馆的讲座还有一类独特的读者参与方式——会员制。上海图书馆讲座目前有两个会员制系列讲座——大型宏观信息系列和都市文化系列。这两个系列讲座每月举办 1～2 场专题讲座，仅讲座会员可以参加，其他读者希望参加会员系列讲座时，需联系图书馆付费购票。每年的 10 月前后，图书馆会组织办理下一年全年的会员报名和收费工作。读者成为会员后，不仅可以参加本系列的讲座，还可以收到上图讲座编辑的《参考文摘》《上图讲座专刊》等杂志；图书馆还会不定期地为会员举办沙龙活动；“都市文化”系列讲座的会员还可以免预约参加上海图书馆的其他公益讲座。在图书馆普遍倡导公益性和免费服务的当下，上海图书馆的会员制收费讲座尝试探索了图书馆以免费服务为基础，同时提供高端、专业的收费服务的分级化服务模式。同时，在讲座资源丰富甚至是溢出的当代都市，上海图书馆收费讲座的存在与发展也体现了图书馆讲座的独特优势以及优质讲座品牌的社会价值和市场价值。

（4）流动讲座与微讲座

我国部分中西部省市图书馆，由于服务的读者区域比较广泛，加上山地高原等交通条件限制，让所有读者到馆参与讲座活动既不方便，也不现实。因此，一些省市图书馆积极改变图书馆讲座活动理念，由将读者“请进来”，改为让讲座“走出去”。2007 年，四川省图书馆与多个机构合作，共同启动了“巴蜀讲坛”文化讲座项目，旨在在全省范围内推广文化知识。该活动涵盖了仪陇、南充、成都等地，由专家学者主讲 20 余场大型讲座，并在此基础上进行了小规模的座谈和书友会，累计覆盖了 10 万余名听众。这一系列讲座不仅仅局限于城市，更深入到革命老区、少数民族地区、军营、学校、基层图书馆以及灾民安置点，将知识普及的脚步延伸至社会的各个角落。通过这些讲座，专家学者传播了党的十七大会议精神，宣传了省委、省政府和省文化厅构建公共文化服务体系的相关理念。这不仅在思想上为听众提供了新的启示，也在实践层面推动了文化建设的进程。特别值得关注的是，该文化活动不仅仅满足于知识传递，更关注于服务普通老百姓。通过“巴蜀讲坛”，普通市民得以接触到专业的科普知识和实用技术，得到了学习的机会。

在东部省市图书馆，为迎合城市读者快节奏的工作与生活方式，近年来推出了创新性的“微讲座”项目。这一概念中的“微讲座”与传统的讲座形式有所不同，它以更为紧凑的方式呈现。与一般讲座视频的片花截然不同，这里的“微讲座”是对某个优秀讲座的核心内容进行提炼，将其分解为若干个 5 至 8 分钟左右的主题片段。随后，这些主题片段按照讲座的逻辑顺序巧妙地串联在一起，形成一部总时长在半小时左右的完整“微讲座”视频。“微讲座”大大提高了网上收看视频讲座的效率，更为移动网络终端用户能够在多种场合随时点播自己喜欢的讲座提供了便利。上海图书馆选取近年来“上图讲座”中获得听众广泛好评的讲座，已经制作完成了29项微讲座视频，在讲座图书馆网站上为读者提供点播。

2. 读者培训

我国省市图书馆的读者培训，根据目标读者受众的不同，大致可以分为以下三类：第一类是党政干部培训，即图书馆在建设学习型党组织的工作中，为省市党员干部、政治骨干开设包括个人修养、反腐倡廉、传统文化等多方面的培训课程；第二类是图书馆员业务素质培训，即省市图书馆为本馆以及下属图书馆馆员开设的包括读者服务、图书编目、参考咨询等多方面的图书馆专业培训；第三类是大众阅读推广读者培训，面向图书馆的读者大众，以提高读者大众的文化素养、知识水平、阅读能力以及图书馆的利用能力为目标，开设包括图书馆读者服务介绍、电脑网络以及数字图书馆使用指导、图书选择和阅读进阶等内容的培训课程。近年来，随着大众阅读推广的深入和普及，图书馆阅读推广读者培训发展迅速，成为省市图书馆读者培训的重要组成部分。

三、中国基层图书馆阅读推广研究

我国并没有关于基层图书馆的明确定义，但通常来说，基层图书馆是指更贴近民众生活，生长在广大民众身边的图书馆。基层图书馆主要是指市级以下的区县、街道、社区、乡镇以及村级图书馆。这些基层图书馆，大都规模较小，其各项图书馆资源和服务的读者群体也相对较小，因此它们的阅读推广也呈现出独特的优势、特点和局限。

（一）基层图书馆阅读推广现状

根据《中国图书馆年鉴》统计，我国共有区县级图书馆2 570所，是省市级图书馆和中央级图书馆数量总和的6.73倍。根据中国统计年鉴，我国共有镇、乡、街道40 466个，乡镇文化站34 139个，虽然没有关于乡镇、街道图书馆的确切数据统计，但是由于我国乡镇图书馆大多依附于我国乡镇文化站存在，因此我国乡镇、街道图书馆数量恐怕也是数以万计的。根据《全国“知识工程”实施方案》规划，我国要把每年发展1 000个标准社区图书馆纳入逐渐实现总体目标的一项重要内容。新闻出版总署宣布，农家书屋工程全面竣工，共建成农家书屋60万家，覆盖了全国有基本条件的行政村。[①] 可以看到，我国基层图书馆数量庞大，基本形成了由上至下的网络，为我国基层图书馆阅读推广的发展提供了必备的条件和基础。但是比起如火如荼的基层图书馆建设，我国基层图书馆的社会阅读推广发展却并不尽如人意。

1．“重建设、轻服务”，阅读推广总体发展缓慢

调查中发现，我国基层图书馆在一定程度上普遍存在着重视图书馆馆舍、资源建设，轻视图书馆读者服务，阅读推广发展缓慢的现状。总体来说，造成这一现象的原因可以分为两类：第一类是被动原因。近年来，我国基层图书馆数量飞速增长，一方面是图书馆遍地开花的喜人景象，另一方面则是学界在公共图书馆财政拨款僧多粥少现状下，对基层图书馆生存和发展的深深担忧。大部分基层图书馆存在不同程度的馆舍破旧、藏书少旧、设备紧缺等问题。在这样的现状下，用仅有的资金和资源加强图书馆基础设施、馆藏建设，满足读者的基本图书借阅需求，而放弃阅读推广等其他读者服务，也只能说是无可奈何的选择。第二类则是主动原因。也有一些基层图书馆，如较发达城市的社区图书馆、本地经济发展良好的县级图书馆，其资金和资源相对充沛，有的社区图书馆，其馆舍、设备和藏书水平甚至可以与西方发达国家的社区图书馆相媲美，但其阅读推广的发展却仍然驻足不前。造成这种现状的重要原因首先在于基层图书馆指导政策和评估标准的不完善。与中央和省市级图书馆相比，基层图书馆的宏观视野和长期视野较弱，其建设发展更加倚仗于图书馆政策的指导和图书馆评估标准的规范。早些年，无论是我国基层图书馆指导政策还是评估标准，都集中关注于基层图书馆的数量和规模。近年来，随着全国区县级图书馆评估标准中读者服务和阅读推广内容的加入和增多，不少省市在当地的基层图书馆建设指导和评估标准中也开始加入对开设和发展基层图书馆阅读推广的指导和标准，但总体来说，这些指导和标准仍然显得比较片面、笼统和粗糙。以深圳市文化局发布的《深圳市社区（村、居委会）图书馆评估标准》为例，该标准在社区图书馆评估中主要关注硬件方面，包括馆舍面积、藏书量、开放时间等方面，而对于图书馆服务的评估标准则相对较少。具体而言，评估标准中仅包含业务规范和读书活动两项内容，而且在读书活动方面的规定相对笼统，未能充分发挥规范和促进作用。其次，基层图书馆工作人员构成庞杂，专业水平偏低，也是阻碍基层图书馆阅读推广发展的重要因素之一。

① 中国图书馆学会，国家图书馆．中国图书馆年鉴 2020[M]．北京：国家图书馆出版社，2021．

“庞”是指队伍庞大，“杂”是指人员来源的杂乱性。通过深入的调研发现，一些县级图书馆的工作人员数量庞大，有的达到40多人，而这其中大多数是通过非正规途径进入的。一位县级文化行政官员坦陈，该县图书馆20多名工作人员中，实际具备从事图书馆专业工作业务能力的仅有1人。在县级公共图书馆，很少能够见到全日制大学本科毕业生。而且越贫困的县，挤进图书馆的人越多。基层图书馆人员的庞杂，不仅占据了图书馆大量的图书馆经费资源，压缩了读者服务和阅读推广活动可能得到的经费资源，“三个和尚没水喝”的现象滋生了基层图书馆懒散的风气和工作态度，降低了图书馆工作者的工作效率。同时，由于基层图书馆人员缺乏基础的图书馆专业素质和文化水平，既缺乏对读者阅读推广重要性的了解和重视，也缺乏开展开发读者阅读推广活动的素养和能力。

2. 农村以县级为中心，城市网络化发展

作为很多人眼中的“非传统”图书馆服务——图书馆阅读推广服务，其城乡发展差异更为明显。我国基层图书馆的阅读推广，在农村主要呈现为县级图书馆的单层次、单中心形式，而在不少大中型城市则已经逐步形成区、街道、社区的多层次、立体化图书馆阅读推广网络。我国基层图书馆阅读推广活动最主要的组织力量是区县级图书馆，而在继续往下层级的图书馆中，我国不少的大中型城市的街道、社区图书馆，也已经成为我国城市基层图书馆阅读推广的重要阵地，他们或与上级图书馆合作举办读者活动，或作为大型图书馆阅读推广活动的分站点，或独立组织小规模阅读推广活动，为城市图书馆阅读推广真正深入群众中间，随时随地出现在每一位读者身边作出了巨大的努力和贡献。上海殷行街道图书馆和杨浦区图书馆共同举办了首届“集结微力量阅读E时代”读书月——网上阅读推广活动。活动中，殷行街道图书馆一方面借助自己已有的社区微博基础，围绕“微书评”“微话题”“微相册”三大主题，组织社区“粉丝”读者在微博上就网络阅读话题展开了热烈的讨论。另一方面，殷行街道图书馆还在现实中发动社区力量，使更多的社区居民接触网络阅读和网络阅读推广。图书馆组织社区读书沙龙的成员为社区的老年人开展微博知识培训；发动街道团委组织动员辖区单位的青年团员参与网上阅读推广；组织居委会干事学习网络阅读，以干事带动身边群众的方式，推广网络阅读。殷行街道图书馆还给予热心参与网络阅读推广活动的读者表彰和奖励，并首发阅读推广活动纪念相册“我与杨浦的文化周末”相册。与此相比，我国乡镇图书馆的阅读推广活动主要局限在东部沿海经济发达地区的少数几个镇级图书馆，如张家港塘桥镇、张家港金港镇等，而其他大部分乡镇图书馆和农村书屋，则鲜有阅读推广活动举办的记录或报道。

3. 图书馆知晓度与阅读推广活动参与度较低

我国基层图书馆的读者普及度和知晓度普遍偏低，在这样的现状下，我国基层图书馆的大众读者阅读活动，也存在着影响范围有限和读者参与度较低的困境。以海淀图书馆为例，海淀图书馆每年都有十余场读者公益讲座，除了少数“名人”讲座，如“听严宽讲‘红楼’”，现场火爆外，大部分讲座读者寥寥，讲座现场显得冷冷清清。

（二）基层图书馆阅读推广的主要策略

1. 传统阅读推广

我国基层图书馆的传统阅读推广活动仍然以讲座论坛、展览展出、影视展播、读者培训、竞赛表演、推荐书目、读者俱乐部等形式为主，但是比较起省市图书馆，基层图书馆的阅读推广活动无论是在形式还是规模等方面都呈现出一些鲜明的特点。

（1）小巧玲珑，贴近生活

基层图书馆由于经费、场地、读者等资源的限制，其阅读推广活动总体上来说，在规模上要比省市图书馆的阅读推广活动小很多。

我国区县级以下图书馆大部分没有专门的办展空间，有的基层图书馆在举办相对规模较大的展览时会临时将某一读者阅览室或是会议室布置成临时展室，但更加常见的基层图书馆展览则是利用图书馆门厅、走道以及阅览室等公共读者活动空间，以展板和图书展示为主的形式，进行大众阅读宣传展示。但是规模小并不意味着阅读推广效果差。相反，不少基层图书馆正是利用其阅读推广活动小巧玲珑的特点，拉近了读者与图书馆以及阅读的距离，使阅读推广活动起到了意想不到的好效果。上海静安区图书馆讲座开办初期，由于组织、人员、知名度等原因，讲座规模较小，参与人数不过十几人。图书馆将读者听众的座位围绕主讲者的讲台环成一个半圆，主讲者也不站在讲台上，而是走到读者中间，每当主讲者讲到读者感兴趣的话题或是读者有疑问的时候，读者听众们就纷纷举手发言，如果言之有据、言之有理，主讲人还会对发言进行点评或是与读者辩上几句，现在虽然静安区图书馆讲座规模越办越大，但是一些老听众仍然很怀念当时规模虽小却热闹非凡的场景。

由于基层图书馆面向的读者对象主要是普通的居民读者，特别是县级以及乡镇图书馆，其主要的服务对象是农村居民，这些读者的平均文化水平不高，对专业性、文艺性过强的主题兴趣不高、理解力不强、接受度也不大，因此，基层图书馆阅读推广活动的主题大都贴近大众日常生活，以丰富读者精神生活，普及日常科学知识，解答读者关心的热点问题为主。

环渤海经济圈内的天津市宝坻区是天津市和北京市的肉、蛋、菜等副食品重要生产基地之一。宝坻区图书馆为了帮助当地村民更好地发展养殖业和种植业，实地采访了当地八个成功养殖、种植专业大户，学习经验，吸取教训，制作了图文并茂的“农村科学致富展览”送到每个乡的文化站，为村民进行巡展，还安排了专业大户到图书馆以及各村进行现场讲座。养兔专业户到林亭口镇作“养兔经验介绍”的专题讲座，主要讲兔子的饲养管理及防病治病，又结合病兔作了具体讲解，取得了很好的效果。2013 年，浙江省玉环市图书馆在 6 月高考志愿填报前夕，邀请了高考志愿资深专家、台州学院招生就业处处长来玉环为广大家长、考生指点迷津。讲座当日，许多考生和家长提前来到现场，下午讲座正式开始时，能容纳百余人的多功能厅早已座无虚席。近两个小时的讲座，讲师就“国内和浙江的招生形势”“如何科学填报志愿”“平行志愿的填报技巧和方法”等内容以通俗的语言、直观的展示，娓娓道来，一气呵成，考生和家长听得全神贯注，津津有味。现场互动环节的氛围和谐热烈，讲师针对学生和家长的志愿填报问题，与学生和家长进行积极交流，一一耐心解答。讲座受到学生和家长的热烈欢迎和一致好评。①

（2）形式多变，不拘一格

不少基层图书馆的阅读推广活动都存在着影响范围有限和读者参与度低的问题，而这个问题在主要面向农村读者的县级图书馆和乡镇级图书馆尤为突出。

寿县图书馆暨文化馆乡镇综合文化站开放之初，图书馆也曾学着上级图书馆举办过读书讲座、科普展览，但村民读者并不“赏光”，图书馆始终冷冷清清，无人问津。图书馆工作人员心急之下决定“放弃新模式，重拾土办法”。他们一方面在图书馆附近的县干道上拉起了一道道大横幅，红底黄字明晃晃地写着“文化新工程，全村来读书”等阅读口号；一方面每逢年过节，就在图书馆张灯结彩，将图书馆打扮得红红火火、喜气洋洋，还组织寿县的民间戏曲团、秧歌队来图书馆门口敲锣打鼓、载歌载舞。这下，寿县四面八方的乡亲们都知道镇上新开了个图书馆，附近的村民被吸引来到图书馆，体会了一把“免费空调阅览室”和“免费上网冲浪”后，纷纷赞不绝口，于是更多的村民慕名而来，寿县

① 肖三霞．图书馆全民阅读推广与服务模式构建研究[M]．长春：吉林出版集团股份有限公司，2020.

图书馆一下子热闹了起来。

除了“舍新还土”外，还有不少基层图书馆用自己的方式体现了图书馆阅读推广不能一味地用自己的模式去拔高要求读者，而更应该改变自己，甚至在必要的时候放低自己，去迎合读者的需求。毛泽东同志诞辰120周年期间，不少县级图书馆推出了与毛泽东同志相关的阅读推广活动，与之前类似纪念活动千篇一律的讲座和图片展活动不同，不少县级图书馆的阅读推广活动形式丰富有趣，受到很多村民群众的欢迎。安徽省金寨县位于皖西边陲、大别山腹地，是我国著名的革命老区。金寨县图书馆利用当地丰富的革命历史资源，将专家学者的毛泽东事迹、生平讲座改成了动员县里老人、老红军，讲述他们心中的毛泽东和毛泽东故事。熟悉的乡音和生动的故事吸引了老老少少的村民，图书馆工作人员还适时地增加采购了与毛泽东同志相关的连环画、故事书，在故事分享会现场提供给读者借阅，既推广了阅读，更拉近了村民间的距离。陕西省麟游县图书馆索性将毛泽东纪念日办成了节日。在图书馆前的广场上，图书馆组织了大型综艺表演晚会，邀请村民前来观看。馆员们在为前来观看演出的村民们送上瓜果茶水的同时，还贴心地附上了一张麟游县图书馆基本信息和近期其他阅读推广活动介绍，并热情地招呼和嘱咐村民们。在图书馆馆员的热情攻势下，很多村民就这样成了麟游图书馆的“常客”。

2．基层图书馆创新阅读推广列举

(1) 真人图书馆——宁波海曙区图书馆

“真人图书馆”活动最早起源于2000年丹麦哥本哈根的罗斯基德音乐节。5个“停止暴力组织”的年轻人在音乐节导演雷夫·斯科的鼓励下，在音乐节上组织了一起倡导反对暴力、鼓励和谐对话的大型面对面真人对话活动。活动以“真人图书馆”为名，分享“我们每个人的经历本身就是一本书”的理念，邀请了75位不同种族、不同地区、不同职业、不同信仰的真实人物扮演“图书”的角色，并鼓励现场的观众借阅、对话这些“图书”，了解对方的生活、经历和思想，出现了疯狂球迷与女性主权运动者平静沟通，街头涂鸦者与警察促膝长谈的和谐温馨画面，“真人图书馆”由此开始风靡全球。

宁波市海曙区图书馆、海曙区新闻中心和月湖街道联合组织并成立了国内的首家区县“真人图书馆”。今后，只要拥有海曙区图书馆借书证的读者，都可以免费下单“借书”。海曙区图书馆通过网络微博和图书馆现场两种方式招募“图书志愿者”，图书馆为这些“真人图书”制定了三条标准：热心投身公益事业，提供免费借阅；在某一领域拥有独到见解或者一技之长；“图书”宣传内容健康向上。

海曙区“真人图书馆”至今已经招募筛选出了11本“真人图书”，“图书”内容涉及经济、手工、社会科学、化学、设计等5大门类。想要借阅“真人图书”的读者可以通过海曙区图书馆现场或是网站两种方式填写“真人图书预约单”，预约自己想要“阅读”的“真人图书”和想要“读书”的日期，并留下自己的联系方式。

海曙区图书馆通过与“真人图书”和“读者”双方沟通协调，为他们“配对”，安排确定一个双方都能接受的“读书”时间和地点。在海曙区图书馆的读者大厅内，以及月湖街道的青瑜书吧、清源茶馆等场所，独特的“真人图书”服务形式得以展开。在这一服务模式中，成功配对的“真人图书”和“读者”会就座于桌子两端，这可以是一对一的形式，也可以是一对多。在这个互动的环境中，“真人图书”首先向借阅者介绍其所具备的专业知识或技能，这相当于“书本”的内容。接着，借阅者可以根据个人兴趣和需求，提出对于特定“段落”或感兴趣内容的阅读要求。“阅读”完成后，读者还会填写一张“书本读后感”，对本次“阅读”的体验进行评价。

海曙区图书馆表示，待“图书”形成规模后，计划建一个资源库，分门别类上架。每本“书”都可以列出内容简介，供借阅者按需下单。资源库内的“图书”也要实行淘汰制，被借出后，如果有多个借阅人反映效果不佳，就会被淘汰出库。

（2）“1+17+N”的图书服务模式——陇西县图书馆

近年来，陇西县图书馆按照“政府主导、社会参与、属地管理、共建共享”的原则，以“建设书香陇西、提高人文素养”为指导，倡导“阅读生活化、学习终身化”的学习理念，提出了“1+17+N”的图书服务模式，“1”是指县图书馆，“17”是指17个乡镇图书馆分馆，“N”是指图书流通点、城市智慧书屋、农家书屋和在新华书店、个体书店开辟的“阅享空间”，初步形成了便民快捷高效的阅读推广服务体系，进一步提升图书服务效能，全民阅读蔚然成风，为陇西注入了书香之气、发展之力。

①功能齐全的县级馆

多年来，陇西县图书馆坚持“读者至上，服务第一，勤奋求实，开拓进取”的服务理念，提升服务效能和管理水平，采取线上线下相结合的方式，不断优化服务模式。图书馆内设有图书外借室、成人阅览室、古籍·地方文献室、过期报刊室、特藏室、少儿借阅图书室、电子阅览室、采编室、多媒体室、自学室等10个业务科室，阅览座席300多个，共享工程网络节点80个，馆藏各类文献11万余册。年接待读者13万多人次，借阅量12万多册次。

②布局合理的乡镇分馆

2021 年陇西县在 17 个乡镇分别建成了图书馆分馆，健全上下联通、资源共享、服务优质的总分馆运行机制，配置双面书架 210 组，阅览桌椅 38 套，图书期刊 9 万多册，更好地满足了广大群众对基本文化的需求。

③自动化服务的城市智慧书屋

为持续加大书香城市建设力度，进一步拓宽阅读阵地、擦亮阅读品牌、营造书香氛围，2022 年，陇西县采取政府投资与社会支持的方式，投资 80 余万元建成城市智慧书屋 2 座，实现了办证、阅览、外借等 24 小时图书借还服务，为广大读者提供了更加高效优质的阅读服务平台。两个书屋总建筑面积 200 多平方米，书屋内自助借还机、RFID 防盗门、门禁系统等数字化设备和书架、阅览桌椅等硬件设施配备齐全，两个书屋共有图书 6 000 余册，内容涵盖政经、文史、少儿等多个领域，广大读者可持二代身份证刷脸进入书屋自主阅读，也可以凭借书证享受图书查询、自助借还等一系列服务，书屋可容纳读者 100 余人。

④高效便捷的馆外图书流通点

为进一步拓宽服务领域，让广大读者享受便民、高效、快捷的图书服务，陇西县图书馆在乡镇、村社、机关、学校、企业等人口稠密的地方建立馆外图书流通点。目前，已建成馆外图书流通点 43 个，2023 年建立人大办、机关事务中心、鹅鸭沟中队、李家营小学、文峰镇崇文小区、文峰镇综合养老中心、宏伟乡齐家渠村、齐心小学、实验小学、苟家门村等 10 个图书流通点，并配送图书 3600 余册。

⑤自主化运行的农家书屋

近年来，为满足农民文化需要，在行政村建立了农民自己管理的、能提供农民实用的书报刊的农家书屋，目前共建成农家书屋 215 个，实现了行政村农家书屋全覆盖。每个农家书屋藏书 2 000 多册，有效满足了群众多元化的阅读需求，进一步推动了乡村文化振兴。

⑥环境优雅的阅享空间

2023 年，陇西县图书馆积极探索推行“图书馆 + 书店 + 读者”的阅读服务模式，充分发挥各自品牌、资源等方面的优势，拓宽了阅读服务领域。先后在钟楼书城广场店、钟楼书城文峰店、渊博城关店、读来读去城关店、渊博文峰店、三味书屋、新华书店等书店开辟阅享空间 8 个，阅读面积约 1 130 平方米，阅览座椅 400 多个，免费阅读图书 3 万余册。

（三）基层图书馆阅读推广的定位与优势

中国有960多万平方千米的土地，超过14亿的人口，而我国中央及省市级公共图书馆仅有382所，因此，仅仅依靠大型的中央及省市公共图书馆阅读推广，至多也只能达到一个试点、示范的作用。而与此相比，我国拥有超过60万所基层公共图书馆，平均不到16平方千米就有一所基层公共图书馆，平均2 000名左右读者就拥有一所基层公共图书馆。[①] 因此，想要真正将公共图书馆阅读推广作为一项普遍的、长期的读者服务，帮助大部分读者切实地提高阅读水平，就必须仰仗于基层公共图书馆阅读推广的发展。

在美国等西方发达国家，基层图书馆一直都是国民阅读推广的主要力量。我国基层公共图书馆虽然由于资源、环境等原因，当下阅读推广发展总体较为落后缓慢，但是，只要我国的基层公共图书馆摆正定位、寻找契机、坚持努力，在未来的公共图书馆阅读推广中，基层图书馆的作用将会越来越凸显。

正确的定位不仅能为基层公共图书馆阅读推广提供一个明确的目标，更能使基层公共图书馆在有限的条件下，充分挖掘发挥自己的优势，为自身的阅读推广寻求读者市场和发展道路。虽然刚刚提到过在美国等西方发达国家，对基层图书馆的定位是阅读推广的主要力量，但是在当下的中国，在我国基层图书馆的发展中，考虑到条件和环境的多样性，不宜盲目模仿西方发达国家在阅读推广方面的定位。此举是为了避免出现过度追求规模而实际执行能力不足等问题。相反，更为合适的做法是在当前阶段将阅读推广的定位调整为生活化、补充性和需求型。

生活化可以体现在基层图书馆阅读推广的内容和形式两个方面。就内容来说，基层图书馆在文献馆藏和专家学者资源上很难与大型公共图书馆竞争，因此，与其花大功夫大价钱追求阅读推广内容的专业性、权威性，不如选择一些贴近读者生活的主题，如老年养生、家庭阅读等，凭借基层图书馆对当地社区文化和周边环境的了解，努力营造亲切、温馨的阅读推广氛围。就形式上来说，基层图书馆的阅读推广在场地选择和布置时，比起设备先进的大型报告厅，也许社区公园的凉亭，加上几把椅子更适合，这既方便读者前往，也显得轻松随意，还节省了场地费用。而在阅读推广宣传时，动员馆员和图书馆热心读者在日常生活中多多口耳相传，或者再配上几张馆员亲手制作的宣传海报或是亲手送上的宣传单，显得用心而且诚意十足。在邀请阅读推广主持人或者嘉宾时，基层图书馆则可以多从

① 肖三霞．图书馆全民阅读推广与服务模式构建研究[M]．长春：吉林出版集团股份有限公司，2020.

馆内人员着眼，发掘基层图书馆工作人员的阅读推广兴趣，开发培养馆员的阅读推广专长，或是关注发现热心读者中的“专家”“能手”，邀请他们前来分享阅读经验、交换阅读感悟，这既能增进读者对阅读的积极性，还能拉近图书馆与读者的距离。

补充性定位是指基层图书馆的阅读推广可以是对大型图书馆阅读推广的一种补充。这种补充包括内容上的补充，如当地省市图书馆举办敦煌艺术常识展，受到市民读者的关注和热议，基层图书馆就可以适时地推出关于敦煌艺术的科普讲座或是背景介绍，帮助读者更好更容易地欣赏和理解大型图书馆的展览。

这种补充也可以是功能上的补充，如省市图书馆由于读者数量众多，无法为读者提供一对一的、详细的阅读咨询服务，而基层图书馆则可以设计为它的每一位读者建立阅读档案、制定个性化的阅读计划、提供定期的专业一对一阅读咨询和阅读辅导。这种补充还可以是时间上的补充，如省市图书馆的阅读推广活动大都集中在周末举行，基层图书馆可以尝试在工作日或是晚上组织阅读推广活动，适应不同类型读者的需要。这种补充同样可以是地点上的补充，如作为省市图书馆阅读推广的分站点，分流省市图书馆的读者压力，为读者节省了前往较远的省市图书馆的时间和精力。

需求型是指基层图书馆的阅读推广应该以本馆读者的需求为出发点。基层图书馆的资源非常有限，如果想要全面地涉足阅读推广的方方面面，往往容易导致阅读推广徒有形式、浮于表面，很难做到真正有效的阅读推广。基层图书馆的阅读推广应该紧盯读者需求，抓住本馆读者最重要最迫切的阅读需求点，深度挖掘开发，集中用力，汇集资源，策划组织相应的一到数个经典、亮点阅读推广活动，用点睛之笔吸引读者，建立基层图书馆阅读推广的声望和影响力。同时，基层图书馆要不断关注读者阅读需求的变化，利用自身小巧灵活的优势，一旦发现大规模的读者需求转变，要果断调整阅读推广的策略和资源分配，以最快速度开发出适应新需求的阅读推广活动。

第三节 公共图书馆与其他机构合作推广

一、阅读推广的相关机构

阅读推广主体是指阅读推广活动的具体发起者、组织者、策划者、实施者和管理者，是推动阅读推广活动进行和发展的核心要素。本书聚焦于中国阅读推广领域最为重要、最为普遍、发展最为迅速且完善的主体——公共图书馆，对阅读推广活动中的要素、策略和发展进行了深入讨论。然而，值得注意的是，中国阅读推广活动的主体并不仅限于公共图书馆。各级政府、出版机构、书商书店、院校社区、民间团体等，根据自身职能和特点，充分利用各自的独有资源和优势，积极开展多样化的阅读推广活动，成为中国阅读推广阵营中独具特色、各有侧重、相互分工合作的重要有机组成部分。

我国的阅读推广主体，根据其职能和特点的不同大致可以分为以下五类：

（一）图书馆

图书馆作为一个机构，其使命在于搜集、整理、收藏文献资源，以向读者提供浏览和参考服务。除此之外，图书馆还肩负着保存人类文化遗产、开发利用信息资源，以及进行全民社会教育的使命。正因为其多重功能，图书馆不仅仅是一个知识仓库，更是一个推动全民文化素养和知识水平提升的重要社会文化机构。

在全民阅读推广中，图书馆扮演着重要的主体角色。其使命不仅仅局限于传统的文献收藏和读者服务，还延伸到培养全民阅读习惯、提高全民阅读水平等方面。中国阅读推广的图书馆主体既包括公共图书馆，也包括大中小学各级学校图书馆，企事业单位、民间团体组织的机构图书馆，以及私人图书馆、民营图书馆等。图书馆作为阅读推广主体的优势在于其丰富的文献资源、广大的读者群体、专门的阅读空间和专业的馆员群体。因此，以图书馆为主体举办的阅读推广活动具有形式多样、内容丰富、规模齐全等特点。各类图书馆在开展阅读推广活动时，均根据其主要服务的读者群体需求，开展多样化的活动，提供专业的阅读指导，以激发读者的阅读兴趣，使读者充分获得所需的阅读资源和服务支持。

（二）政府

阅读推广作为一项全民性的社会活动，其发展和完善离不开政府的大力倡导和有效支持。除了建设完善的阅读推广政策法规，给予阅读推广适当的行政、财政扶持，宣传提倡阅读推广等方式外，政府部门直接参与发起组织阅读推广活动，也是我国政府支持发展阅读推广的重要形式。在我国，经常作为阅读推广主体举办阅读推广活动的政府部门主要是各级文化部门、教育部门和广电新闻部门，外交部门、体育部门、旅游部门等其他政府部门有时也会参与相关阅读推广活动的组织。政府作为阅读推广主体的优势在于其广泛的影响力和巨大的号召力，以政府为主体举办的阅读推广活动通常规模较大，涉及读者范围较广，阅读推广活动的宣传和影响力较大，常常能够引领该政府辖区内阅读推广活动的举办热潮，在民众间形成良好的阅读氛围和风尚。

（三）出版发行机构

出版发行机构是指从事纸质、音像、数字等公开出版物出版和发行工作的企业和组织。在我国，作为阅读推广主体组织参与阅读推广活动的出版发行机构主要是指传统的纸质出版物，包括图书、报纸、杂志等的出版发行机构，主要包括各大出版社、书店、报社、杂志社、报刊亭等。这些出版发行机构的工作与图书、阅读密切相关，它们一方面拥有最新、最快的图书信息和图书资源，另一方面钟情图书、热爱阅读是它们企业组织文化的共同重要组成部分，因此比起其他企业组织，这些出版发行机构更有动力，也更有资源作为阅读推广主体发起组织阅读推广活动。同时，作为以制作、出版和售卖图书、报纸、杂志为主要盈利方式的企业组织，出版发行机构推动大众阅读的发展与普及，营造良好的阅读氛围与阅读风尚，提高全民阅读参与度和阅读频率，也与其企业利益与组织成长发展目标相一致。

出版发行机构作为主体举办阅读推广活动，其优势是活动内容丰富新颖、活动形式灵活多变，其阅读推广与图书销售相结合的形式能够为阅读推广活动带来“趁热打铁”的直接效果——让读者购买图书。但是，也正是这种以销售本机构图书为目的，或者至少是目的之一的阅读推广活动，导致了出版发行机构的阅读推广活动常常会有失公正性，而且在过分引导和冲动下购买图书的读者，也很容易因为购买后发现图书内容并不适合自己或其他种种原因而闲置图书，造成了图书资源以及图书购买力的浪费。

（四）大众媒体

大众媒体作为大众信息传播的媒介，一直以来都是阅读推广活动最重要的宣传者。近年来，随着阅读推广的热潮和风尚不断涌起，一些大众媒体开始利用自己的受众优势和宣传优势，直接参与到阅读推广活动的发起与组织中来，成为我国阅读推广的又一个重要主体。作为阅读推广主体的大众媒体主要包括都市、教育类电视栏目，文学、阅读类报纸杂志，以及网络、手机等新媒体。

大众媒体作为主体举办的阅读推广活动通常内容时尚、形式轻松，通过大众媒体原有的渠道和受众群体，这类阅读推广活动更加容易贴近广大民众，大众媒体先进的包装和宣传手段也通常容易使这些阅读推广活动成为热点话题和风尚，被更多的民众了解和接受，但是大众媒体的阅读推广活动由于缺乏专业的知识背景，质量参差不齐，缺乏权威性，也更偏向“浅阅读”和快餐文化。

（五）协会和民间机构

1991 年 5 月，中国写作学会阅读学专业委员会在重庆成立。作为国际阅读协会的团体会员，该学会是我国国内第一个以阅读学为主要研究对象的协会组织。中国图书馆学会在建会初期主要专注于中外阅读基础理论的研究、交流、教学和实践，而对于阅读推广的关注相对较少。然而，随着时间的推移和社会的发展，尤其是在成功举办了 2004 年和 2005 年两届“世界读书日”活动之后，图书馆学会逐渐认识到全民阅读的重要性，因而有了建立专门机构的迫切需求。2005 年，学会着手筹建科普与阅读指导委员会，聚集专业人士共同策划和制定全民阅读方案。该委员会的设立基于对图书馆与阅读文化关系的深入研究，同时秉持“爱读书、读好书”的宗旨，致力于推动并有序开展全民阅读活动。在 2006 年 4 月 23 日，也是联合国教科文组织设立的第 11 个“世界读书日”，该委员会在东莞图书馆正式宣告成立。初期，该委员会定名为科普与阅读指导委员会，后来更名为中国图书馆学会阅读推广委员会，更准确地突显了其使命和职责。

中国图书馆学会阅读推广委员会是一个旨在动员图书馆系统内外力量，专注于阅读推广和研究的机构。其使命在于通过深入的阅读文化和阅读推广的理论研究，积极探索创新策略，推动全国范围内图书馆和各界阅读活动的全面展开。该委员会设置了秘书处和 15 个专业委员会，以涵盖广泛的阅读领域。这些专业委员会包括阅读文化研究、推荐书目、藏书与阅读推广、图书馆与社会阅读、阅读与出版、儿童与青少年阅读推广、大学生阅读推广、经典阅读推广、数字阅读推广、阅读与心理健康、图书评论与阅读推广、图书馆讲坛与培训、社区与乡村阅读推广、科普阅读推广、残疾人阅读等多个方面。目前，已增至 21 个专业委员会。这些专业委员会的委员包括全国各地图书馆的工作者，图书馆学、阅读学学者和研究者，来自不同企业、组织、机构的出版人、书商、媒体人、教育者等。他们利用自身的优势和特长，在秘书处的带领、协调和组织下，一方面积极推动阅读推广研究工作的发展，为全国的阅读推广实践提供指导，另一方面也作为阅读推广活动主体，开展了丰富多彩的阅读推广活动，为推进全民阅读做出了卓越的贡献。

除此之外，在我国积极参与阅读推广研究，发起组织阅读推广活动的协会和民间组织还包括中国儿童读物促进会、南方分级阅读、上海市振兴中华读书指导委员会、福建省阅读学会等。这些以阅读和阅读推广为专业的协会和民间组织，拥有相对丰富的阅读推广理论和实践经验，以其为主体的阅读推广活动无论是在权威性、专业性，还是在阅读推广的深度上，都具有显著的优势。但是，这些协会和民间组织的经费大都比较有限，有些小型的阅读协会和民间组织甚至是昙花一现，不出一两年就消失了，因此，以他们为主体的阅读推广活动通常形式比较朴实，规模较小，受众范围有限，缺乏持续性和稳定性。

二、公共图书馆阅读推广的合作

公共图书馆的合作阅读推广是指包括公共图书馆在内的两个或者两个以上的阅读推广主体，互相协作、共同组织完成的阅读推广活动。在合作阅读推广中，不同阅读推广主体发挥各自的优势和特长，交流阅读推广的经验，共享阅读推广的资源，携手共建“$1+1\geqslant 2$”的阅读推广模式。

我国公共图书馆的合作阅读推广大致可以分为以下两类：

（一）不同公共图书馆之间的合作阅读推广

不同公共图书馆之间的合作阅读推广其实在前文已经多次提到过，总的来说，主要呈现为以下两种形式：

其一，上级公共图书馆与其属域内的下级公共图书馆进行合作阅读推广，如国家图书馆与省市图书馆合作，或是省市图书馆与街道图书馆合作等。通常来说，在这样的模式中，上级图书馆提供阅读推广活动的总体方向、内容、形式、框架和目标，而下级图书馆则配合上级图书馆共同进行阅读推广活动的具体组织工作。这种合作一方面能够扩大上级图书馆阅读推广活动的影响力和普及度，使其阅读推广服务能够惠及图书馆所在地以外的更大范围内的读者，更好地实现图书馆阅读推广的平等性；另一方面对下级图书馆来说，则可以降低了图书馆阅读推广组织难度，迅速提升阅读推广能力和经验，为其将来的阅读推广独立发展和持续发展提供了重要的保障。

其二，同级公共图书馆之间的合作阅读推广，如江苏省图书馆与浙江省图书馆合作，苏州金阊区图书馆与平江区图书馆合作。在这种合作模式中，通常各个公共图书馆处于平等的地位，共同策划、组织和实施阅读推广活动，合作组织的阅读推广活动一般在各个公共图书馆同时或者轮流举办。有时，也会出现以某一个公共图书馆的成功阅读推广案例模式为核心，其他同级图书馆学习模仿或是开设活动分站点的合作模式。如苏州独墅湖图书馆的“晒书会”活动，由于其形式新颖，读者反应热烈，苏州平江区图书馆、金阊区图书馆等多个同是苏州区级的公共图书馆纷纷主动要求与其合作，开设“晒书会”分会场。在我国，同一级别的公共图书馆通常拥有相对类似的规模、组织结构、资源和读者群体，

同一级别的公共图书馆之间的合作阅读推广具有显著的战略价值。通过建立紧密的合作关系，这些图书馆能够最直接地实现信息、资源的交流与共享，共同构建丰富的阅读推广资源库。这种协作机制不仅在理论研究上有所突破，更在实践中有效地降低了阅读推广的运营成本，为更广泛的公众提供了高质量的服务。

（二）公共图书馆与其他阅读推广主体的合作阅读推广

我国公共图书馆与之前提到的五大阅读推广主体都有着频繁而密切的阅读推广交流合作。

第一，就图书馆而言，我国除了公共图书馆以外的机构图书馆、学校图书馆、私人图书馆和民营图书馆等其他类型的图书馆大都规模较小，资源有限，全民阅读推广发展较慢。公共图书馆在与这些图书馆的合作中，主要以资源共享和组织指导为主。在合作中，公共图书馆利用这些图书馆独特的地理位置优势和读者受众优势，或者由这些图书馆配合将读者组织引导到公共图书馆参与阅读推广活动，或者直接由公共图书馆共享自己的阅读推广项目，指导这些图书馆将公共图书馆的阅读推广项目搬入自己馆中。如学校图书馆由于通常在学校内部，图书馆本身与教师和学生间又有着长期密切的互动，因此更加容易接近和发动学生读者，公共图书馆在组织青少年比赛活动时，就常常与本地的学校图书馆合作：由学校图书馆负责宣传、材料分发、作品收集等工作，动员组织本校学生参加，有的大型比赛还会在学校图书馆安排分赛点或是预赛点，方便更多的学生参与。在我国，这类的合作阅读推广主要由公共图书馆主动推动和联络，而机构图书馆、学校图书馆、民营图书馆等大都处于被动接受的地位，甚至有时会听到由于这些图书馆的消极被动而使合作难以进行。而在美国等西方发达国家，处于阅读推广较弱地位的这些非公共图书馆都非常重视和珍惜与拥有丰富资源的公共图书馆合作的机会，积极主动地向公共图书馆提交策划和提案，争取共同举办阅读推广活动。因此，总体来说，我国公共图书馆这一类的合作阅读推广发展相对缓慢，合作形式保守有限，合作频率较低，要积极推动此类合作阅读推广的发展，不仅公共图书馆要更多开发合适的阅读推广活动项目，积极抛出“橄榄枝”，其他图书馆也要加强对阅读推广的重视和调整图书馆的政策和组织结构，首先做好迎接合作的准

备，再逐步从被动接受向主动争取发展。

第二，近年来，随着我国建设学习型社会目标的确立，我国政府对阅读推广的重视与日俱增。作为我国公共图书馆的义务投资主体，我国政府的大部分阅读推广活动都与其辖区内相应级别的公共图书馆合作举办，如国家文化部与国家图书馆合作，广东省教育厅与中山图书馆合作。我国公共图书馆与政府的合作阅读推广大都规模较大，影响力也较大。政府在合作阅读推广中一般担任方向指导和资源组织的角色，而公共图书馆则负责阅读推广活动的具体实施。活动一般会在开始或是结束时，邀请政府相关人员到场，虽然一方面容易造成此类阅读推广活动重于形式、铺张浪费的现象，但是另一方面也在活动中显示了政府对图书馆以及阅读推广活动的重视。这类的合作阅读推广有时能为公共图书馆带来财政拨款、政策支持或是资源分配上的有利条件，还能扩大图书馆的影响力，帮助图书馆在之后的阅读推广活动中更容易地汇集资源、争取赞助和合作。因此公共图书馆通常对此类合作阅读推广非常积极，常常主动制作提案策划，争取与当地政府部门的合作，相关政府部门近年来在中央政策的推动下，也常常策划阅读推广活动，邀请公共图书馆参与合作举办。但是，这类合作阅读推广通常具有集中性和不稳定性的特点。在每年 4 月 23 日“世界读书日”附近，或是中央有关支持阅读和图书馆的政策和指导意见发布后，公共图书馆与政府的合作阅读推广通常会集中出现。但是一波风潮过去后，公共图书馆往往要等上一整年，才会有一次与政府合作的机会。同时，在部分这类合作中，政府的参与度较低。因此，要推动此类合作阅读推广发展，需要各地政府真正认识到阅读推广的重要性，不仅要将阅读推广作为一项教育社会、造福群众的基本政策长期坚持，还要更加积极地参与到合作阅读推广中来，在合作中发掘和体现自己的职能和价值。

第三，在阅读推广中，出版发行机构拥有三大独到的优势：最新最快的图书资源、遍布全国的网点和渠道、掌握当下畅销书和读者阅读喜好的第一手信息。因此，公共图书馆与出版发行机构的合作阅读推广也主要围绕着三个方面来进行。首先，由出版发行机构向图书馆提供图书资源是二者合作阅读推广的最常见形式。出版发行机构或者向图书馆提供他们本年度最受欢迎的畅销书或是即将出版的新书，支持图书馆组织各类图书展览活动，出版发行机构向图书馆捐赠图书作为图书馆阅读推广活动的礼品或者赠书，有时在图书馆的大型阅读推广活动中，出版发行机构会派遣人员带着本机构的图书和宣传材料，布置展位展台，直接向读者介绍图书、推广阅读。其次，由于我国公共图书馆数量有限，不能够最广泛地接触到所有读者大众，而各类书店，特别是新华书店，不仅遍布各大城市的各个主要商业街道区域，更深入郊区、农村等偏远地区。因此，把书店这样与图书密切相关的场所作为公共图书馆阅读推广活动的馆外延伸、分站点和宣传场所，也是公共图书馆和出版发行机构合作阅读推广的形式之一。最后，出版发行机构实时掌握着丰富的第一手图书销售情况和读者购买、阅读情况。在当下中国，由于购买图书仍然是读者获取图书资源的最主要方式，因此，在合作阅读推广中，出版发行机构的这些信息对于公共图书馆了解掌握我国大众读者阅读最新现状，更好地制定相应的阅读推广策略，有着重要的作用和意义。目前，我国公共图书馆与出版发行机构的合作阅读推广仍主要限于第一种形式，即图书资源的合作，而对于后两种更加深入和全面的阅读推广合作形式，仅偶见雏形。造成这一现象的主要原因很可能归结于我国图书馆与出版发行机构间奇怪而尴尬的关系。一方面，这两者同在图书阅读领域，以为读者提供良好的阅读环境和阅读内容而努力，两者互相合作、互相依赖的关系由来已久，图书馆依赖出版发行机构提供图书资源，而对于出版发行机构而言，图书馆是他们非常重要的持续稳定的大客户。而另一方面，误解却也始终存在于他们之间。有的出版发行机构认为，图书馆在一定程度上“抢了他们的顾客”“读者都去图书馆借书了，就没人买他们的书了”，因此，“帮助图书馆更好地宣传推广，等于是帮助自己的竞争对手砸自己的饭碗”。而不少图书馆馆员也认为，“某些出版发行机构现在出的书字体越来越大，行距越来越宽，就是为了卖得更贵”“知道这种工具书的主要顾客是图书馆，定价高得离谱”“电子书更过分，卖图书馆是卖普通顾客价钱的好几倍”。因此，想要更好更深入地发展公共图书馆与出版发行机构之间的合作阅读推广，就要先消除公共图书馆与出版发行机构之间的误解。让出版发行机构认识到，正是图书馆对读者阅读习惯和社会阅读风气的培养，才能为他们带来更多的读者和更好的图书销售。让图书馆也理解，出版发行机构在作为一个文化单位的同时，更是一个以营利为目的的企业。工具书定价贵，可能是因为销售量少；电子书的定价是纸质书的数倍，是因为电子书允许图书馆同时向读者提供多个电子副本借阅。

第四，大众媒体与公共图书馆的合作阅读推广主要有两种：宣传推广合作和合作栏目制作。随着公共图书馆读者服务理念的转变和阅读推广的发展完善，越来越多的公共图书馆认识到，原来的“酒香不怕巷子深”的大众阅读服务和推广方式，已经无法适应新世纪的读者需求，公共图书馆不仅需要扎实地做好阅读推广内容，更需要提升阅读推广宣传，让更多的读者有机会接触和了解公共图书馆与公共图书馆阅读推广。图书馆阅读推广的宣传不仅要在图书馆内做，更要在图书馆外做，宣传也不能只是信息的告知或者发布，更要注重宣传形式和宣传内容对读者的吸引力。做一个不是特别恰当的比方，国内的电影上映，不论内容如何，都要做足宣传，因为只有吸引观众的眼球，观众才会去电影院看电影，至于表扬或是批评这部电影，那都是看了电影之后才能有的感受。因此，吸引读者前来图书馆参与阅读推广活动，也是公共图书馆阅读推广最重要的一步。在树立了阅读推广的积极宣传态度后，我国公共图书馆的阅读推广宣传还面临着两个现实的问题：技术和资金。在媒体技术丰富发达的现代，宣传推广早已成为一个专门的领域和行业，需要专业化的技术和人才，一套成熟、完善、优质的宣传推广策划方案及其实施已经远远超出了普通图书馆馆员的能力范围。而现在众所周知的，无论是纸质媒体，还是电视媒体、网络媒体，其宣传广告费用大都动辄以万元、十万元计，通常也不是公共图书馆阅读推广活动能够负担的。因此，国内开始有公共图书馆将目光转向我国的大众媒体。由公共图书馆主要负责阅读推广活动的策划组织，由大众媒体负责阅读推广活动的宣传推广，共同作为主体发起阅读推广活动的合作方式，正逐渐成为我国公共图书馆合作阅读推广的一种新形式。大众媒体具有专业的宣传推广团队、丰富的宣传推广经验，经过他们策划包装的公共图书馆阅读推广活动主题鲜明、形式新颖、内容动人，吸引了大量的读者关注和参与；并且，由于大众媒体拥有自己的宣传平台和渠道，大大节省了阅读推广宣传的费用。而作为大众媒体，借由公共图书馆的阅读推广活动，既扩大了自身的影响力，又提升了媒体的文化形象和公益形象，也是一举数得。大众媒体与公共图书馆的另一种更为长期、深入和全面的合作阅读推广形式是合作栏目制作。大众媒体和公共图书馆共同策划制作一个阅读推广栏目，以文字图片专栏或是影音节目等形式，在大众媒体平台上放出，向读者进行阅读推广。如北京歌华有线电视网络公司与国家图书馆合作推出的国家图书馆专题频道。这类阅读推广栏目使得读者可以足不出户，就能方便地通过电视、网络接受阅读推广服务，也可以在上下班通勤途中、排队等候时等碎片时间随时随地通过移动设备参与阅读推广活动，很好地适应和迎合了当下快节奏的便捷生活方式。同时，以大众媒体为平台，不受地理位置限制的阅读推广活动也更好地体现了阅读推广的平等性和普及性特点。不过这一类的合作阅读推广通常项目规模较大，战线较长，项目资金投入也较大，在国内暂时局限于北京、上海等少数一线城市的大型大众媒体和图书馆，如何在全国的大众媒体中合作推出阅读推广栏目，如何能够使阅读推广栏目成为大众媒体的一项长期栏目，还有待我国的大众媒体和公共图书馆共同努力。

第五，在中国公共图书馆的合作阅读推广中，与阅读推广相关协会和民间组织共同合作举办阅读推广活动是起步最早、最常见，也是发展最完善的合作类型。2003 年，我国文化部发布通知，将每年 12 月份举办的“全民读书月”活动交由中国图书馆学会组织实施。[①] 从此正式拉开了我国公共图书馆与中国图书馆学会的全面合作阅读推广进程。在 2003 年的“全民读书月”活动中，中国图书馆学会积极响应并成立了“全民读书月”活动组织委员会，该委员会以学会理事、公共图书馆高层管理人员以及文化部领导为核心成员。为全面推动这一活动，学会向全国公共、高校、专业等八个系统的图书馆发布了《中国图书馆学会关于开展 2003 年“全民读书月”活动的通知》。通知中强调了各地图书馆应根据不同人群的需求和不同地域文化的特色，举办多样化的读书活动。该通知旨在为公众提供条件和指导，促进阅读文化的传播。为确保活动的顺利进行，学会还特邀全国图书馆、中国阅读学研究会、出版界及各界著名专家学者组成“阅读指导委员会”。“阅读指导委员会”在负责全国范围内的评选、推荐和指导阅读工作，旨在引导全民培养阅读习惯，选择优质图书。此外，该委员会的工作还包括为全国图书馆等文献信息资源收藏机构的采选入藏提供专业咨询和参考依据。就具体的合作阅读推广活动而言，在这一届“全民读书月”活动中，中国图书馆学会与我国公共图书馆的合作主要集中于三个方面。第一个方面是与国家图书馆合作举办全民阅读推广活动。包括与国家图书馆合作成功举行了第四届“全民读书月”启动仪式，邀请了 200 余位各图书馆代表、各界人士、媒体朋友参加仪式；与国家图书馆合作组织了“中国文化风”系列讲座，包括特邀写书人、读书人、出书人、教书人等从不同角度谈“读书”的“书缘”系列和特邀藏族和蒙古族的四位专家学者在“格萨尔史诗”文化周上作的专题讲座等。第二方面是支持西部和贫困地区公共图书馆阅读推广，包括联合清华同方光盘股份有限公司，向内蒙古图书馆、甘肃省康县图书馆、敦煌市图书馆等西部贫困地区图书馆赠送了 18 万册期刊，6 000 套综合性、学术性期刊光盘和中小学教学辅导课件等，以增强西部图书馆文献资源的储备，提高其提供服务的能力。实施“给西部一个支点——西部图书馆信息化示范”项目，为敦煌市图书馆建立电子阅览室，资助搭建卫星接收系统，并提供图书馆专业技术培训，改善当地读书场所的条件等。第三方面是促进阅读推广文化交流，包括中国图书馆学会、中国国家图书馆合作和德国歌德学院北京分院联合在中国国家图书馆紫竹厅举办的“1989 之后的柏林建筑”幻灯片展览，展出

① 王京生．“书香城市”与全民阅读推广 [J]. 图书馆杂志，2017，36（3）：14–18.

超过 450 幅异彩纷呈的欧洲建筑图片。参与北京师范大学和美国伊利诺伊大学共同举办的“分享阅读”和中美阅读活动比较研讨会，与北京市石景山少儿图书馆一同接受了美国阅读学会赠送的幼儿读物，并把“分享阅读”的精美图书送给资源缺乏的西部图书馆。

2004 年，中国图书馆学会在与我国图书馆各界协商讨论后，为了进一步激发全民阅读的热情，推动学习型社会、学习型组织、学习型家庭的建设，让全国公众都了解“世界读书日”，决定将原来每年 12 月举办的“全民读书月”大型系列阅读推广提前至每年的 4 月 23 日“世界读书日”前后。协会同时公开征集和评选，并与我国各公共图书馆共同推出了中国阅读推广的专属标志——“全民阅读”徽标，今后中国图书馆学会和公共图书馆阅读推广的宣传活动中，统一采用这一具有特定含义的标志，使“全民阅读”更加深入人心，更具社会感召力，并向深度和广度发展。就具体的阅读推广活动而言，在过去合作讲座、展览的基础上，中国图书馆学会还与国家图书馆合作，在国家图书馆前的文津广场举办了大型活动“经典美文百人接力朗读会”，是我国大型广场式阅读推广活动的重要尝试，中国图书馆学会还与各界图书馆、相关单位合作，开展了“我最喜爱的一本书”青少年和儿童读物评选活动，在广大青少年和儿童中掀起了多读书、读好书、好读书的热潮。

2006 年，中国图书馆学会改组扩大原有的“阅读指导委员会”，成立“科普与阅读指导委员会”，后又正式改名为“阅读推广委员会”，并形成由“阅读推广委员会”牵头，协会其他部门、委员会全力配合的协会阅读推广模式。全国图书馆学会热忱邀请来自图书馆、文化、出版、图书和媒体领域的杰出人士加入阅读推动工作，共同致力于有组织、有计划、有步骤、可持续地推进全民阅读的事业，为公众提供有益的引导，深入研究阅读方法，并在弱势群体中提供实质性的阅读支持。

为更好推进图书馆分级阅读工作，持续提升图书馆阅读推广专业化水平，推动全民阅读工作高质量发展，营造“爱读书、读好书、善读书”的浓厚氛围，中国图书馆学会阅读推广委员会分级阅读论坛于 2023 年 6 月 26 日至 28 日在山东淄博举办。论坛由中国图书馆学会阅读推广委员会主办，淄博市文化和旅游局承办、淄博市图书馆协办。本次论坛为期 3 天，规格高，规模大，汇聚了来自全国 26 个省市 240 余名图书馆学及分级阅读领域的知名专家学者、各级各类图书馆馆长及阅读推广工作人员参加。

中国图书馆学会阅读推广委员会与我国公共图书馆的合作阅读推广的广度、

深度不断加强，除了又相继推出图书捐赠、图书馆开放日、读书评选、歌唱比赛、诗歌朗诵等多种形式的合作阅读推广活动外，也开始尝试推出针对少年儿童、残疾人等特殊群体的合作阅读推广。同时，中国图书馆学会阅读推广委员会与我国公共图书馆合作阅读推广的社会辐射层级和面积不断扩大，学会每年合作的公共图书馆数量不断增加，合作推出的阅读推广活动数量也逐年增长。学会从一开始的主要和国家图书馆和大型省市图书馆合作，发展成为与东、中、西部各地区，国家、省市、区县、街道各级公共图书馆的全面合作。中国图书馆学会与我国公共图书馆的合作阅读推广正逐渐成为我国公共图书馆阅读推广发展的重要影响因素和指导力量。中国图书馆学会通过把各地公共图书馆的活动汇聚起来，形成行业实力，进一步显示公共图书馆在推动社会阅读中的整体性作用；学会通过组织公共图书馆开展馆际交流，总结经验，共享资源，使得全国公共图书馆能够更加迅速、健康和平衡地发展；学会通过与公共图书馆广泛的阅读推广合作，致力于营造良好的社会阅读生态环境，让环境有利于公众的阅读，有利于图书馆履行推动阅读的行业职责。

（三）公共图书馆与阅读推广委员会

在公共图书馆的合作阅读推广中，与中国图书馆学会阅读推广委员会的合作是最全面、最稳定、最密切，也是最独特的。阅读推广委员会的 15 个专业委员会除了阅读与出版专业委员会和阅读与心理健康专业委员会 2 个委员会因为自身研究特点挂靠专业出版社和医学院外，有 1 个专业委员会挂靠我国大学图书馆，其余 12 个专业委员会均挂靠我国公共图书馆，并由各挂靠公共图书馆领导担任该专业委员会主任，负责统领委员会的阅读推广工作。这些专业委员会选择挂靠与自身研究方向和推广特长相契合的公共图书馆，一方面能够依靠这些公共图书馆现有的阅读推广实践经验、推广资源和读者受众，通过与这些公共图书馆合作，更加快速有效地展开阅读专题研究和推广工作，另一方面也能运用委员会的研究成果和专家资源指导这些图书馆更好地开展与发展阅读推广工作。

阅读文化研究专业委员会挂靠山东省图书馆，旨在以社会历史的整体环境为背景，对国内外受社会意识和环境制度等因素影响而形成的阅读价值观和阅读文化活动进行系统研究，加强跨学科、跨行业的阅读研究合作，进一步推动全民阅读。与山东省图书馆合作，重点开展了“全民阅读推广活动经典、创新案例”征集、“图书馆与多元化阅读”研讨会征文、“图书馆阅读影响因素”和“县级图书馆核心书目”等课题研究活动。积极参与、指导各地图书馆开展阅读活动，深入研究、探索阅读文化。山东省的各级公共图书馆在阅读文化研究专业委员会的影响下，已将推广全民阅读活动作为一项常规工作，建立了长效工作机制，常抓不懈。

推荐书目专业委员会作为中国图书馆学会阅读推广委员会的附属机构，依托苏州图书馆，以“为人荐书、为书荐人”为核心目标，通过推荐书目的方式，集结专业人士的力量，致力于向社会各个层面以及不同年龄段的公民提供有针对性的阅读指导和服务。该专业委员会的工作重点包括推荐书目的编纂、收集、整理以及宣传推广。通过这一途径，委员会旨在积极促进阅读推广工作的展开，为学会和上级委员会的相关工作提供全方位支持。同时，推荐书目专业委员会积极协同阅读推广委员会旗下的其他专业委员会，展开各个领域的书目推荐工作，确保在不同领域、不同主题下为读者提供多元化的阅读建议。委员会积极参与“文津图书奖”等图书评选工作，组织参加包括中国图书馆年会、全国阅读推广高峰论坛等专业会议论坛，并开设“推荐书目与阅读推广”分会场和《服务创新转型发展——全国图书馆服务创新成果展示》展览。

推荐书目委员会通过与《图书馆报》的合作，制定了《全国图书馆年度推荐书目》和“全国图书馆 50 种重点图书”，为提高图书馆馆藏的科学性和合理性提供了专业建议。在中国图书馆学会的指导下，编制《中国基层图书馆基本藏书推荐书目》，为基层图书馆馆藏配置提供了科学依据。推荐书目的广泛阅读推广包括“经典推荐书目”“快乐推荐书目”“亲子阅读顾问”等，服务社会大众。这些推荐书目不仅优化了馆藏结构，还培养了阅读兴趣，促进了知识传播与共享。图书馆作为文化传承的中心，通过委员会的服务更好地履行其教育和文化使命，为社会提供广泛的知识服务。推荐书目专业委员会的工作在提高图书馆服务水平、优化馆藏结构、促进社会阅读方面发挥着关键作用。通过专业化的推荐和广泛的推广活动，该委员会为图书馆事业的发展和读者的知识获取提供了有力的支持。

藏书与阅读推广专业委员会挂靠温州市图书馆，以宽视野、多载体、大创意的文献资源建设内涵，来支持、匹配和丰富全民阅读推广；以更多层次、更多方式的阅读推广来促进藏书建设。藏书与阅读推广专业委员会与温州市图书馆合作，组织筹办了全国首届中国藏书文化学术研讨会，围绕“图书馆与民间文献”这一主题，展开了“温州市图书馆民间文献征集收藏情况”“当代中国家谱：收藏现状及价格趋势”等专题讨论。

图书馆与社会阅读专业委员会挂靠东莞图书馆，旨在开展社会阅读理论研究和学术交流活动，构建学术交流平台，组织社会阅读活动，推动图书馆事业不断走向社会，促进图书馆更好地承担社会责任、履行社会职责、实现社会功能。

推荐书目专业委员会根据图书馆的实际需求，积极参与了面向大众读者的读书类杂志《悦读时代》和《易读》的筹办工作。同时，在图书馆学专业刊物《高校图书馆工作》上设立了《图书馆与社会阅读》专栏，以深入剖析图书馆在社会阅读推广中的角色与影响。为了深入了解图书馆与社会阅读的状况，推荐书目专业委员会与东莞图书馆合作，共同开展了“图书馆与社会阅读状况的调研”项目。选定东莞市为调查样本城市，通过系统的抽样调查及对调查数据的统计分析，形成了翔实的《东莞地区图书馆与社会阅读调查报告》。这一研究成果为图书馆界和阅读推广领域提供了有价值的实证数据。推荐书目专业委员会还承办了第十届全国民间读书年会暨“图书馆与社会阅读研讨会”，积极参与了中国图书馆学会年会，并主办了《全国图书馆未成年人服务展》。通过这些活动，委员会集中展示了我国图书馆在未成年人服务方面的优秀成果，促进了行业内关于图书馆与社会阅读的深入讨论与交流。①

阅读与出版专业委员会作为中国图书馆学会阅读推广委员会的一部分，挂靠在《图书情报工作》杂志社。其职责是提升媒体宣传平台，并开展与阅读服务相关的深入研究。通过充分发挥推广、宣传和组织等手段，该委员会致力于构建一个服务平台、信息平台和相互交流学习的综合平台，以促进媒体与阅读服务的有机结合。委员会与甘肃省图书馆等公共图书馆合作，举办“媒体与阅读委员会”系列讲座，围绕“让杂志丰富您的世界”等主题展开阅读教育和学术交流。

儿童与青少年阅读推广专业委员会是中国图书馆学会旗下的专业工作委员会，挂靠在中山市图书馆，致力于推广青少年阅读。作为一个专注于青少年阅读领域的机构，该委员会承担着理论研究和实践推动的双重任务。其使命在于培养青少年的阅读意识和阅读习惯，提升他们的阅读理解能力，同时深入开展阅读研究，推动青少年阅读运动，营造有益的阅读环境。该委员会与中山市图书馆合作，成立了国内第一支青少年阅读推广专业团体——“树精灵使者团”。“树精灵使者团”由热爱阅读、热心阅读推广工作的40位中小学优秀语文教师组成，以保障青少年的阅读权利，培养青少年的阅读意识、阅读习惯、阅读方法为己任。该委员会还专门为团员举办了一系列青少年阅读推广培训活动，帮助他们了解青少年阅读，提高青少年阅读推广水平。该委员会还与中山市图书馆合作举办了经典诵

① 冯玲，黄文镝，廖小梅，等．东莞地区图书馆与社会阅读调查报告[J]．高校图书馆工作，2013，33（1）：28—36．

读大赛、读物情景剧大赛、全国青少年故事大赛暨征文活动、少年儿童童谣绘画大赛等一系列针对少年儿童的阅读比赛。

大学生阅读推广专业委员会挂靠郑州大学图书馆，旨在提高大学生阅读文献数量和质量，提升大学生文化素养和信息素养，通过对大学生群体的阅读行为和方式的持续、深入研究，制定有效提升大学生阅读兴趣的阅读推广计划，开展丰富多彩的阅读推广活动，引导大学生回归阅读，热爱阅读，享受阅读。该委员会与郑州大学图书馆、中原工学院图书馆、南京理工大学图书馆、南阳师院图书馆等多个高校图书馆合作，为在校学生举办了名家讲座、爱心图书漂流、美文吟唱会、世界图书日等一系列阅读推广活动，受到广大师生的青睐，并被校内外媒体广泛关注。

经典阅读推广专业委员会挂靠河北省图书馆，其职责是让广大读者通过阅读经典图书，广泛了解全人类所创造的灿烂文化，提高全民文化素养，加深对中华五千年文明的认识，增强民族自豪感。该委员会先后与宁夏图书馆、江阴图书馆等图书馆合作，召开经典阅读工作会议；组织开设中国图书馆学会年会经典阅读分会场；与儿童与青少年阅读推广专业委员会和凯里学院合作，举办“西部大学生经典阅读推广论坛”，并在会议上发表了《阅读是天职、推广是使命》《经典阅读与推荐书目》《经典阅读与人生》等报告。

数字阅读推广专业委员会挂靠深圳图书馆，旨在促进数字阅读推广领域的研究与交流，打造图书馆阅读推广的信息发布与互动平台；探索以新媒体网络化方式推广阅读的方法和手段；促进图书馆数字资源的流通和利用，帮助拓展数字阅读人群；开展数字阅读相关课题研究，特别是数字阅读服务与平台的标准规范及相关评价指标体系方面的研究；发掘和培养数字阅读推广专门人才，普及新媒体阅读知识与技巧；承担阅读推广委员会技术支持工作，打造阅读推广委员会的交流平台。该委员会与全民阅读网及深圳图书馆共同合作，举办了“新阅读·新体验——网络与数字阅读体验周”活动，邀请了汉王科技、中国移动等在内的多家数字出版企业参与展出，旨在引导与培养用户良好的网络及数字阅读习惯，增强用户的网络与数字阅读意识，推进网络与数字阅读健康发展。

阅读与心理健康专业委员会挂靠泰山医学院，致力于阅读与心理健康领域相关议题的研究与实践，倡导人们通过阅读来关爱心灵，拥抱快乐。委员会围绕阅读疗法的研究和实践工作，先后与苏州卫生职业技术学院图书馆和北京大学图书馆合作推出“4·23 我们在做快乐的事”和“读书读出好心情”世界读书日系列阅读推广活动，以读书日为契机开展推荐图书展览、经典电影展映、网上图书展览、主题读书讲座等活动，注重人文关怀，图书馆馆员本着“快乐”的目的选书荐书，帮助大学生找到适合自己心灵成长的“第二种书”，让大学生借助阅读得到更完满的学业和人生发展。

图书评论与阅读推广专业委员会挂靠金陵图书馆，通过指导、协调、鼓励、帮助全国各级各类图书馆大力开展馆员书评、读者书评、好书分享、协作学习等活动，加强有关理论研究和实践探索，以图书评论和阅读共享空间建设为抓手，推进图书馆的制度创新、管理创新和服务创新，推进图书馆建设“注重阅读体验、适合群体研习、鼓励知识创新”的文化创意空间和精神地标，丰富全民阅读的内容和形式，巩固、拓展各级各类图书馆在全民阅读中的地位、影响和成效。该委员会先后与海宁市图书馆、淮阴师范学院图书馆、温州市图书馆、金陵图书馆等多家图书馆合作，举办征文评选活动；该委员会与温州市图书馆合作，深入全市各学校、社区、农村、企业、机关事业单位，围绕“读书与治学”“读书与事业”“名著评析”“国学经典”等主题举办百场巡讲；该委员会协助南京市鼓楼区图书馆举办“书香鼓楼”第三届鼓楼区社区全民阅读节。

图书馆讲坛与培训专业委员会挂靠广东省立中山图书馆，旨在利用国家图书馆讲座联盟开展公共图书馆公益讲座资源共建共享；建立全国公共图书馆专家数据库，并编辑公益讲座名录和年度报告，促进公益讲座品牌化进程，打造有行业代表性的文化品牌；搭建全国公共图书馆网上公益讲座平台，组织优秀讲座在全国图书馆在线视频直播，同时，建立公益讲座优秀视频资源库，利用新媒体技术进一步丰富讲座形式，实现优秀讲座的有效传播；加快讲座资源的二次开发，推出系列公益文化产品；评选年度十大公共图书馆公益讲座品牌。该委员会参与建设、组织和管理全国公共图书馆讲座联盟，并与国家图书馆、广东省立中山图书馆合作，围绕“基于数字图书馆推广工程平台讲座及展览资源共建共享的框架与总体设想”“广东省公共图书馆讲座及展览资源的共建共享”等专题进行了通气交流。

社区与乡村阅读推广专业委员会挂靠宁波图书馆，承担着理论研究与实践推动的双重任务，在阅读推广委员会的指导和工作部署下，以全力推动基层民众阅读为己任，致力于有目标、有计划、有步骤、多方面、连续性地开展社区与乡村图书馆的建设研究及社区乡村阅读活动的广泛实践，培养阅读习惯，创造阅读条件，营造阅读氛围，开展阅读活动，推动书香社会、和谐社会的建设。该委员会先后与湖南图书馆、宁波图书馆、宁波市鄞州区图书馆、虎门图书馆等图书馆合作，举办了一系列包括“读书增智，欢庆世博”图书进社区、三湘读书月、“阅读虎门历史、放飞心中梦想”虎门读书节等在内的针对社区和乡村的阅读推广活动，并先后牵头组织开展了2011年和2013年两届“社区乡镇阅读推广活动优秀案例”征集评选活动，评选出了社区乡镇优秀阅读推广案例近百种，为社区与乡镇阅读推广发展提供了重要的经验总结和实践参考。

科普阅读推广专业委员会挂靠江苏省太仓市图书馆，主要负责开展图书馆与科学普及阅读研究与研讨工作；在全国公共图书馆推动科学普及与阅读活动开展；开展图书馆进行的科学普及和阅读活动项目搜集整理工作；在阅读推广委员会网站建立“图书馆科普阅读”板块；与其他科普或者阅读机构开展合作，推动公共图书馆科学普及与阅读工作进展。该委员会与太仓市图书馆、连云港市图书馆合作，针对不同年龄层次的读者，分别推出了科普阅读书目和科普读物推荐书目；该委员会与太仓市图书馆合作，开展以“节约能源资源，共建绿色太仓”为主题的全国科普日活动，通过向20多个相关单位发放宣传册、现场讲授知识、现场免费检查等形式面向公众宣传节能环保的理念；该委员会响应中国科学技术协会“科普宣传周”号召，与太仓市图书馆馆刊《尔雅》合作，推出科普阅读推广专号。

残疾人阅读专业委员会挂靠国家图书馆，委员会以服务特殊群体、服务社会、服务政府决策为需求，旨在搭建起相对完善的特殊群体阅读服务体系，以相关基础理论研究为依据，以信息无障碍标准规范体系建设为准则，以共性关键技术为支撑，以核心服务平台为基础，提供完善的数据资源保障，建设完善的应用示范和推广机制，努力提升我国特殊群体的整体素质和科学文化水平，促进特殊群体平等参与社会生活，在切实保障特殊人群的文化权益，推进特殊群体文化事业的可持续发展方面发挥更加积极的作用。该委员会与国家图书馆、中国残联信息中心合作，推动了中国特殊群体数字图书馆的建设开通，为特殊群体提供了丰富多彩的知识信息服务，以消除特殊群体利用文化资源的时间与空间障碍，保障他们能够均等地享受到公共文化服务。该委员会还与国家图书馆、中央电视台合作，推出“牵手残疾人、走进图书馆”公益文化系列活动，并拍摄视频“阅读点亮希望”，展现了我国公共图书馆特殊群体服务的新面貌。

阅读推广委员会所采用的阅读推广专业委员会与阅读推广实践单位挂靠合作的阅读推广方式，很好地解决了专业委员会有理论却缺乏实践经验和机会，而实践单位，特别是图书馆，虽然想发展提升阅读推广水平却缺乏指导的矛盾，推动了我国阅读推广的发展和进步。

第四节　公共图书馆经典阅读推广实践

一、经典阅读的推广途径

人文教育旨在培养人们正确做人和处事的观念与态度，包括培养世界观、人生观和价值观等素养。这是一个长期积累的过程，受到家庭、学校、社会等多重环境的深刻影响。在人文教育中，经典训练显得至关重要，需要多方合作。然而，推动经典阅读的普及不能过分依赖行政力量，也不能完全交给以利益为导向的商业机构，更为可取的是充分发挥具有公信力的公益机构的作用，使经典阅读融入大众文化生活，成为人们的自觉行为。这样的举措不仅能够促进文化传承，更有助于培养社会成员的思辨能力和审美意识。在形式上，倡导经典阅读不应该仅仅依赖于补课性质的教育形式，而应通过营造经典阅读的氛围，创造良好的外部环境，并提供适当的引导。这样可以引导读者自发地走上经典阅读的道路。这种自发性的阅读体验更有可能在个体中产生深远的影响，从而更好地达到人文教育的目标。

（一）经典阅读的目标群体

经典阅读作为社会阅读的重要组成部分，近年来在人文教育中备受关注。其价值在学校、家庭、企业以及党政机关等各个领域逐渐得到认可。不仅文化机构，许多专业人士也纷纷通过多种途径深入挖掘传统经典资源，以满足社会不同层次群体的阅读需求。

当前经典阅读推广的目标群体主要为青少年，表现为体制内教育及社会教育两种途径。在教育体制内，教育行政部门通过发布中小学语文“新课标”提出课外阅读经典篇目的建议，《义务教育语文课程标准》中明确提出“要重视培养学生广泛的阅读兴趣，扩大阅读面，增加阅读量，提高阅读品位。提倡少做题，多读书，好读书，读好书，读整本的书”的建议[①]，而且对于阅读做出了量化要求，其中要求1～6年级学生背诵古今优秀诗文160篇（段）。高等院校则以通识教育的形式，开设面向全校学生的素质教育通选课，将文化的经典导读作为核心，引

① 杨晓娟. 义务教育阶段语文新课程标准的五种打开方式[J]. 安徽教育科研，2023（26）：51-53.

导学生直接与本专业和相邻专业的经典作品相沟通。21世纪以来，还有部分高校尝试开设各种国学班、国学所推广传统经典专门教育，如武汉大学高级研究中心及人文科学学院出台“国学试验班本科培养方案”，成立“国学班”。该班由知名学者任教，实行多语种教学，学生必须精通两门外语，既要学习中文元典，也要熟读中文元典的外文译著。这种关乎学位的经典教育，在招生、课程设置、就业上往往存在一些问题，不少国学班和国学研究所并没有真正实现其教育的初衷。在“国学热”的风潮下，各种国学班、私塾、书院以及学堂纷纷涌现。其中虽不乏以弘扬中华传统文化为目的的公益组织，但大部分是商业性质的社会教育机构，不仅师资水平参差不齐、课程设计缺乏系统，还存在盲目夸大教学成效，甚至将学员引入歧途等问题。但无论是官方的经典教育，还是那些形形色色的“读经班”“国学补习班”，均不可避免地存在一定的功利性，其实际效果并不理想。

另外，还有针对企业和党政领域的经典阅读推广，其形式主要是短期的经典培训和讲座。这类经典阅读推广的组织者往往是政府或者企业，希望利用中华传统的人文道德精华培训政府和企业管理者，促进其人文素养、道德标准和管理水平的提高，但是因为组织的随机性和功利性，不可避免地流于形式，缺乏持久和深入的影响力。

（二）推广经典阅读的作用

1.有助于民族文化的传承，国民素质的提高

经典是民族精神的源头，人类文化的瑰宝，千古传承记录着中华民族的最高智慧。中国社会经历了“五四”时期对传统文化的冲击，人们学习马克思主义与西方先进文化，改革开放后市场经济发展和消费主义盛行，学校和家庭教育中经典教育欠缺，从而导致中华传统文化的发展受到阻碍。从当前国民阅读的大环境来看，网络阅读、浅阅读当道，阅读渐渐沦为娱乐的附庸，一些人缺乏思考的动力和能力。图书馆开展经典阅读活动，通过提倡有思想的阅读，可以校正社会的阅读偏差，引导人们领会经典的价值，汲取思想的营养，这对于启迪民智、提高民族素质有着潜移默化的作用。

2.有利于当前全民阅读的国家政策的顺利推行

国民阅读率的持续下降已经引起了全社会的广泛关注，目前国家采取了各种措施来提倡阅读，并将以立法的形式来调动各种资源，服务于全民阅读。国家和地方层面的阅读立法已处于酝酿阶段，各层次的《全民阅读条例》陆续面向社会发布，其中不可避免地会涉及图书馆的建设和服务。图书馆作为全民阅读活动的

组织者，对于阅读推广具有相应的义务和职责。开展经典阅读推广，在全社会营造良好的阅读氛围，顺应了社会发展的潮流，是对国家政策的积极响应。

3. 是发挥图书馆社会教育职责、提升服务水平的表现

《公共图书馆评估标准》对“服务工作”进行全面关注，将“社会教育活动”定为一个关键子项，其中包括多种形式的阅读推广活动，如讲座、培训和展览等。具体量化指标包括每万人平均参与活动次数、图书馆服务宣传和读者评价等。在这一框架下，图书馆通过开展经典阅读推广活动，不仅弥补了家庭教育和学校教育在经典阅读方面的不足，同时也优化并激活了现有的馆藏资源。此外，这一举措有助于提高图书馆馆员的服务意识和业务水平。

（三）推广经典阅读的方式

经典文献因其深刻的普适性和广泛的引用，常常引发读者的思考和争论。这一现象激发了人们分享和交流的欲望，也扩大了经典阅读的影响。然而，随着时代的演变，现代经典阅读逐渐演变为一种集体行为，形成了多样化的共读形式，这不仅令经典文献更具互动性，也推动了读者对公共阅读空间的需求。在当代社会，图书馆被视为最理想的公共阅读空间，承担着汇聚不同读者经典阅读需求的责任。由于经典作品的多样性和不易理解的特点，图书馆在弥补家庭和学校无法提供全面文献资源以及读者对经典阅读指导的不足方面发挥了关键作用。在图书馆这一公共场所，读者得以接触到丰富的经典文献，不局限于特定学科或流派，从而拓展了他们的知识视野。图书馆还通过提供专业的阅读指导服务，帮助读者更好地理解和解析经典文献，使得那些晦涩难懂的作品变得更加平易近人。这种服务形式不仅有助于提高读者的阅读水平，也促使更多的人参与到经典文献的共读活动中。通过讨论、研究和分享，读者在图书馆中建立了一个共同的学术社区，推动了经典阅读的深入发展和广泛传播。

图书馆在社会公共文化服务体系中扮演着关键的角色，拥有丰富的资源和优势，适宜展开广泛而深入的阅读推广活动。其中，传承民族文化传统的经典阅读推广应成为图书馆公益文化服务的核心内容。为实现这一目标，图书馆有责任结合自身的资源优势，积极整合各类相关资源，成为经典阅读推广的重要基地。

二、开展经典阅读推广的具体举措

图书馆致力于吸引读者进行经典阅读，需关注科学收藏、整理标引、书目编制、经典阅览室建设、智慧书架、导读与推荐等方面的内容。服务需考虑不同层

次和社群的不同需求，包括宣传推送、支持活动、扩大范围、积累和分享经验。通过引导读者有意识地参与推动经典阅读文化，实现全面而有针对性的服务，培养读者对经典文化的兴趣，提高图书馆的影响力，促进社会对知识的传承与发展。目前图书馆开展经典阅读的措施主要有以下几个：

（一）推荐书目与导读

推广经典阅读，首先是让读者明白什么是真正的经典，激发读者对经典的阅读兴趣。目前无论是家长、教师，还是普通读者，在经典阅读上往往陷入选择的困境：不知道读什么经典，也不知道如何读经典。因此有针对性地编制推荐书目并开展相应的导读活动就显得十分必要。图书馆编制经典推荐书目，一方面可以为今后的经典读物馆藏建设提供借鉴，另一方面也可以为家庭经典阅读、个人经典阅读提供指引。图书馆在精选书目时，要遵循以下几个原则：

1．客观性、公正性

书目的研制是提供精神的藏宝图，需要科学严谨的态度和方法。目前有一些图书馆，尤其是中小学图书馆的图书采购由教育行政部门统一招标，因为牵涉各方利益，目录中混杂高价低折扣书以及内容完全偏离学生需求的书等此类的推荐书目，不仅起不到任何的指导作用，还会对中小学生的阅读倾向产生误导。因此，图书馆作为非营利性质的独立机构，自己在编制经典推荐书目时，要多方参考目前已有的推荐书目，坚持客观公正的原则，消除商业化的影响和个人主观性倾向。

2．注重差异性和类别细分

首先，要突出图书馆自身性质的差异性，如高校图书馆、公共图书馆和少儿图书馆的经典推荐书目应该有所不同，省市级图书馆、基层图书馆的经典推荐书目因区域读者情况和经费的不同在编制上亦应有所区别。其次，要注重不同读者群体的差异性，如区分针对青少年群体、白领阶层、学生群体、女性群体、老年群体等的经典推荐书目。还可以按照阅读的时间段细分，如个别图书馆就曾针对儿童读者睡前的阅读需求在网站上列出了“图书馆经典书目之儿童经典睡前读物”，供家长下载。最后，要注重学科差异性，虽然我们讨论的经典并非专业层次的经典，但是对一些读者面比较广、适合初学者扩大知识面的学科经典亦可以适当推荐，如“经典小说书目”“传播学最有价值的十大经典书目”等，以满足读者开拓知识面的需求。

3．动态开放性

可以根据不同的节日（如世界读书日、教师节等）和活动要求动态地发布一些经典书目，并注重书目的开放性，可在图书馆、网站主页上设立推荐书目互动平台，以方便读者下载。图书馆网站上的推荐书目应该具有全文链接功能——读者点击相应的推荐书目名单即可自动跳转至该书相应的馆藏信息。另外，网站还应该具有互动的功能——读者能实现轻松一键转发到相应的通信工具，还能方便地留言和发表评论。图书馆可以吸收读者意见，及时更新完善推荐书单。如广州图书馆在该馆网站主页上设置了《新书推荐》栏目，下设《新书廊》《猜你喜欢》《借阅排行榜》等多个子栏目，并在教师节、寒假、全民读书月等不同时期，优选适合各类群体的推荐书目及时发布。

4. 可操作性和复制性

经典图书的珍贵性在于它们承载了深厚的文化内涵，但往往因出版时间较长而在市面上供应不足，甚至部分品类可能在出版社库存中已经枯竭。在编制经典推荐书目时，有必要认识到这一现实，并采取相应的策略以确保读者能够获取到所需的经典著作。部分图书馆编制出推荐书目后，不仅可以作为本馆进行经典阅读推广的指南，还能分享给其他图书馆，以供他们在经典馆藏建设时作为参考，甚至可以作为读者选购家庭藏书的依据。

5. 引导读者阅读原本，并提供阅读指导

要引导读者阅读原汁原味的经典，而不是改编删译后的经典。在精选图书的分配比例上，尽量多选原本，适当选择一些改编本。每一种推荐图书下可以附带概括性的导读，汇聚各种精辟的分析和评论，帮助读者领会经典的精华所在，引起读者深入阅读原著的兴趣。同时推荐书目中要对经典的类别、内容有着明确的认识，辨别各种版本的优劣，推荐参考书目的版本。

图书馆编制推荐书目有三个步骤：精选、编排和评注。在图书的选择上，图书馆可以采取以下方法：

第一，借阅排行榜取样法。以图书馆的借阅统计排行，结合当地大书城、网络书店的图书销售排行，筛选出经典图书。

第二，网络甄选法。可以由图书馆事先提供经典书目样本，发动社会征集、通过网络投票来海选出读者心目中的经典，或者直接发布调查问卷，通过邮件、微信、微博等平台来征集读者意见。

第三，统计法。依托前期已经公布或者出版的推荐书目，进行计量统计后得出新的推荐书单。如王余光先生的《中国读者理想藏书》即精选了历史上有名的推荐书目 80 种，按照推荐频次的多少，统计出各类排名靠前的中外名著，编制出书目提要供读者参考。

第四，综合法。即综合以上各种方法，并参考各类获奖图书名单选定最终推荐书目。如孙义清的《20世纪中国百部名著扫描》就使用了王余光先生“中外名著排行榜”的统计和计量方法，将其《中国读者理想藏书》中外名著排行榜、《中华读书报》读者调查“我心目中的20世纪文学经典”、《出版广角》举办的“感动共和国的五十本书”评选结果及《全国新书目》开列的“新中国五十年最具影响的100本书”等资料，按中国20世纪名著获得推荐、收录次数由多到少筛选出了“20世纪中国名著100部”。

第五，名人推荐法。图书馆可以广泛邀请动员当代名人等罗列推荐经典阅读的书单，并向社会发布。如台北市“国家图书馆”邀请台湾地区社会各界贤达人士20人共推荐了116种图书，包括文学类（53种）、社会科学类（16种）、史地类（15种）、哲学类（11种）等10余类，其中很多人都推荐了经典名著。

另外，已有的推荐书目和已经出版的经典丛书，亦可以作为图书馆选择的依据。具体有如下几类：

（1）出版单位策划的经典书系

近年来出版机构对经典的推荐异常热衷，许多传统经典不断重版，旧书新出层出不穷。虽然不乏滥竽充数之作，但也有一些精心策划、创意营销的系列图书。版本学专家认为，能流传久远的书籍一是靠它本身的质量，二是靠出书的规模。如丛书，规模大的书，不易散佚，便于长久流传。如商务印书馆的《万有文库》《汉译世界名著》。在对经典的再版上，多数也采取丛书、套书的形式。如湖北少儿出版社推出的“百年百部”中国儿童文学经典书系，通过严格的筛选，精编20世纪初至今100年间100位中国儿童文学作家的100部优秀儿童文学原创作品，以统一的装帧、整体的设计、合适的价格，将这100部作品作为一个整体来整合资源，使儿童文学精品重塑新生。台湾知名出版人郝明义率领十多位知名作家学者组成“经典3.0”宣讲团，通过三个阶段全方位的宣传推广，希冀以此掀起重读经典的热潮。第一阶段，即1.0的行动，在海峡两岸及香港的4个城市4场书展上展开一系列的演讲，邀请海峡两岸及香港著名学者来导读经典，分享阅读经典的经验。第二阶段，即2.0网络播放，充分利用现代网络播放功能，搜集大家的反馈与讨论，参与出版过程。第三阶段，即3.0出版，内容以“导读＋漫画＋原典”，综合文字、图像、图解表等多种元素，加上漂亮的装帧设计，结合“书＋网络＋旅行”的立体互动式阅读推广模式，用现代的方式解读经典，使大众更好地理解经典，爱上经典。

（2）图书馆界已有的推荐书目

国家图书馆出版社出版的《亲子阅读》附录中推荐了亲子读物100种。推荐书目的编制是一项复杂而严谨的过程，其基础构建于首都图书馆少儿综合借阅中心提供的书单。在此书单的基础上，国家图书馆出版社结合童书出版资讯，经过增减筛选，形成初步了300种书目。为了确保书目的质量和适应性，出版社进一步邀请两位专家级的读者妈妈进行审阅，通过专业的角度和亲身经验，最终将推荐书目的数量精简至100种。这100种推荐书目被划分为六大类别，包括图画书、故事书、桥梁书、小说、科普读物和综合读物。每个书目都详细地列出了书籍的封面图片、书名、作者、译者、出版社、适读年龄以及定价等信息，以便读者能够更全面地了解书籍特点。在推荐书目的制定中，出版社以儿童读者的借阅情况为出发点，通过多方合作、层层遴选，确保了书目编制的客观公允性。这一过程中，借助专业委员会和图书馆学会的力量，出版社得以依托行业专家的意见和经验，使得推荐书目更加符合实际需求，提供更优质的阅读体验。

《中国基层图书馆基本藏书推荐书目》由中国图书馆学会阅读推广委员会推荐书目专业委员会主任郭腊梅女士牵头编制。此书目涵盖约4 000种中文图书，包括外国图书的中译本，专为基层图书馆的读者设计。在多方意见征集的基础上，集中收纳了基层读者需求的卓越图书，为我国基层图书馆的馆藏建设和阅读推广提供了有益的指导和参考。通过精心策划，该书目不仅对基层图书馆提供了有力支持，更为广大读者提供了优质的阅读资源。郭腊梅女士的主持确保了该书目的权威性和可信度，为推动基层图书馆事业的发展贡献了积极力量。

（3）学者提供的推荐书目

学术界有不少人曾根据个人读书经历提出过各种推荐书目，如胡适、梁启超、章太炎的推荐书目。不少推荐书目已经结集出版，这些出版的书目多是以书目加导读的形式出现，有的还提供了参考版本，如朱自清的《经典常谈》《北京大学教授推荐我最喜爱的书》，全面综合的经典阅读指导书目有《中国读书大辞典》《读好书文库》《中国读者理想藏书》等。20世纪90年代初问世的《中国读书大辞典》是我国第一部以指导阅读为要义的辞典式百科型工具书，[①] 其中的3 700余条词目均与阅读和书籍相关，前置七个大类，分别以“名人读书录”“读书知识录”“读书环境录”“读书博闻录”“读书品评录”和“读书解疑录”为主题，后加“中国古典名著导读”“中国近现代名著导读”“汉译世界名著导读”三个导读篇章。该书资料丰富，通过各类专题循序渐进地引导读者，既为读者提供了读书方法和理论的指导，也能激发读者的阅读热情和兴趣。

① 凌鼎年．《中国读书大辞典》出版[J]. 写作，1995（3）：20.

（4）民间推荐书目

民间推荐的书目包括各类媒体、阅读推广人、组织机构、民间读书会等各种主体和渠道推出的推荐书目，如《中国图书评论》《博览群书》等读书杂志和各类报纸均有推荐图书的专栏，而腾讯、新浪等门户网站的读书频道和豆瓣读书社区所分享交流的网络书单也可以借鉴。另外，各种形式的民间读书会（如社区读书会、读书活动）、实体和网络书店的推荐书单（如开卷发布《全国图书零售市场图书排行榜》），都可以有选择地采用。

总的来说，图书馆精选经典阅读推荐书目，应具体问题具体分析，尽可能地客观公正，在参考现有推荐书目的基础上可以约请相关的专家学者以及本馆资深专业人员共同制定。

精选了推荐书目，第二步就是编排了。科学地编排图书，有助于读者集中精力有系统地阅读图书，充分发挥推荐书目的教育作用。张之洞的《书目答问》在叙略中说："今为分别条流，慎择约举，视其性之所近，各就其部求之。又于其中详分子目，以便类求。一类之中，复以义例相近者使相比附。再叙时代，令其门径秩然，缓急易见。凡所著录，并是要典雅记，各适其用，总期令初学者易买易读，不致迷惘眩惑而已。"[①] 这里张之洞谈到了编排的重要性。他在书目中将书分成经、史、子、集、丛书五类，另附"别录"一类，专录"初学读本"，使读者可以由浅入深，渐识途径。

胡适的《一个最低限度的国学书目》，贯穿其中的一个线索就是文学史和思想史。其"文学史之部"，按历史的先后顺序排列，先《诗经》，次之《楚辞》，再是汉魏晋南北朝、唐宋元明历代诗人词曲、文论等书逐次排列；清朝以戏曲、古文专集、诗分别录其后，最后列出明、清两朝小说，线索十分清楚。该书目前言指出："在这个没有门径的时候，我曾想出一个下手方法来，就是用历史的线索，做我们天然的系统，用这个天然继续演进的顺序，做我们治国学的历程，这个书目便是依着这个观念做的。这个书目的顺序是下手的法门。"这样我们就明白《一个最低限度的国学书目》按历史顺序编排图书的目的和作用了。此外，明、清两朝小说单独列出，是由于当时古典小说尚不被人重视，这样安排不仅可以引起人们对明、清小说的重视，同时还为专门研究古典小说的人提供了方便。

第三步是提要和评注。提要是简要说明图书内容的一种方法，即对一本书的内容概要、中心思想、作者情况、创作时间、意图以及该书的内容特点的分析与

---

① 房亮．张之洞《书目答问》学术思想研究[D]．扬州：扬州大学，2024.

介绍。推荐书目提要的特点是要适合读者的知识水平。有些推荐书目没有提要，而有一些短小的评述和注释。评注是对每一本具体的书的揭示，使读者能了解这一本书的内容、版本等情况。这些评注的内容是多方面的，有图书内容的得失、版本的优劣、地位与价值等，它对初学者认识图书、探索读书门径很有帮助。在古代，书籍因印刷方法的不同而分为铅印本、石印本，因内容的不同而分为标点本、删节本，还有私刻、坊刻、官刻本，现在则有初版、再版、重印、影印本。有不同的注本，要选择比较权威的。对于译本要注明出版单位和译者，因为翻译水平的高低在很大程度上影响了读者对正文的理解。

除了传统的基本评注信息外，图书馆可以根据读者对象、馆藏经典文献资源自身的特征，在推荐书单上附上一些有吸引力的说明。费迪曼在《一生的读书计划》中对作者的介绍就非常生动多元，如“歌德不是人，而是一种大自然的力”“托尔斯泰是位伟人，读他的时候，我们必须挺直腰杆”“但丁的一生和他的时代一样混乱，这也许可以说明为什么但丁的杰作会成为现存诗篇中最整齐的长诗”等。评注还可以在推荐书目上选择出核心性的经典文本，并根据所选择的核心文本，追踪与其相关的名家评论或作者的自我评价等相关材料。如推荐陶渊明的作品时，可以在陶渊明的选文后附上朱光潜评陶渊明、鲁迅谈陶渊明等文章，通过不同的评论让读者更全面地理解文本的内容。除了基本的信息如作者、版本、馆藏号、内容提要外，亦可以根据读者对象的个性化需求来写评注。可按照每本经典的内容难易，提供一些量化的建议，如“每天读 5 000 字”“建议 5 天读完”等；也可按照阅读的场景，提供一些有意境的注语，如“黄卷青灯卧床读”“焚香饮茶慢慢读”“咖啡厅里悠然读”等；甚至可以根据阅读的心态和目的，加注“研究考证系”“消磨时光系”“情感疗愈系”等不同的读法。

推荐书目编制出来后，要有一定的宣传展示，才能让读者知道。可以分为对内和对外两种宣传途径。在馆内可以在咨询台或者阅览室放置免费的推荐书目的小册子或小书签，让读者自由取阅。小册子和书签的摆放可以设计成各种形态，形成视觉冲击力，时刻表达经典的感召。有的图书馆设立了推荐书目导读展架，定期根据不同的主题陈列不同种类的推荐书目。对外宣传可以通过媒体来发布本馆的推荐书目。传统的途径包括：本馆的馆刊（报），高校内部面向学生赠阅的各种报刊，都市报纸的文化版、副刊等，读书类报纸或图书馆界的报纸期刊等。另外图书馆的网站主页、微博、微信，各类读书论坛（如豆瓣）等都可以作为发布推荐书目的新型媒体。

成功编制的经典推荐书目不仅是满足馆内阅读需求的工具，更是提高馆藏利用效率的战略途径。将精选的经典书籍送到社区，特别是中小学校园，为少年儿童提供更广泛的经典阅读平台，是图书馆积极参与社区文化建设的一项重要举措。如沧州市图书馆开展了设立经典图书荐读示范点的创新活动。通过与市教委的紧密合作，在运河小学和路华小学设立了两个经典图书荐读活动示范点，并为每个示范点提供了60部精心挑选的优秀图书，激励孩子们积极参与阅读。在示范点活动中，沧州市图书馆不仅仅是提供图书，还积极引导同学们培养良好的阅读习惯。通过举办文学经典亲子共读活动，以填写亲子阅读卡的形式，让孩子和家长一同沉浸在阅读的乐趣中。这一亲子共读的形式既加深了家长与孩子之间的情感纽带，又培养了孩子对经典文学的浓厚兴趣。武汉图书馆在经典推广方面采取了独特的方式，即通过“中外名著上街头”“人文经典上街头”等活动，将优秀读物主动推送到市民面前。每次活动，25台自助图书馆陈列100册人文经典，以此引导市民主动参与阅读，提升阅读品位。

最后是开展经典的导读工作。经典导读涉及具体的参与读者群体，结合读者兴趣和方向来设计导读方案。导读的内容包括推荐书目、阅读内容、阅读方法、阅读效果等，采取推荐、导读、交流、座谈、讲座、定期评估和总结等多种方法。它要求馆员首先自己要爱读经典，熟悉所选择的经典文本，并掌握一定的阅读技巧，了解读者的阅读背景，馆员对于开展导读所需经典的文本内容进行分级，分层地向不同阅读背景的读者提供阅读指导和建议。

（二）经典阅览室

图书馆的一个重要职能就是文献保存，而将经典集中起来保存、展示和利用则有助于更直观、更全面地推广经典。目前很多经典著作往往分散在图书馆的不同区域，其流通率和借阅率非常低下。有条件的图书馆可以根据馆舍规模以及馆藏经典数量的具体情况，特设经典文献阅览室或阅览专架，集中向读者呈现馆藏经典文献，引导读者阅读经典。经典阅览室可谓是推广经典阅读的必要硬件保障。北京大学的王余光教授谈到了设立经典阅览室的5点理由：文化传承；价值的选择；写作与气质；对传统的尊重；教养。① 公共图书馆、高校图书馆和少儿图书馆因为主要读者对象的不同，在经典阅读推广的策略上也有所不同。在经典阅览室的设置上也要根据图书馆的性质来设立，如针对少儿的儿童经典阅览室、针对专业人员的学科经典阅览室、针对一般大众的中外经典阅览室。

国外的许多大学图书馆、公共图书馆有专门的经典文献阅览室，而且对经典

① 陆滢竹．图书馆设立经典阅览室的现状与思考[J]．图书馆建设，2020（5）：9—13．

阅览室的收藏、宣传等活动都进行了细分。

在国际范围内，一些著名的图书馆，如英国牛津大学的博德莱安图书馆等，致力于收藏希腊文、拉丁文的古代精品，历史、哲学和神学等相关典籍。这些图书馆具有丰富的馆藏资源，其中包括许多珍贵的手稿和古老的印刷版书籍。为了更好地服务读者，这些馆藏都设有固定的开放时间，由专职馆员负责管理、咨询、宣传和推广，为社会提供了一个全面深入的学术资源。这种专业化的馆藏和服务机制为全民阅读提供了积极的示范作用，推动了学术文献的广泛传播和应用。此外，一些图书馆还设立了具有特色的经典阅览室，以满足不同读者群体的不同需求。例如，英国诗歌图书馆就设有专门收藏经典诗歌的阅览室，为那些对特定经典领域有着浓厚兴趣的读者提供了专门的学术交流和活动中心。这种差异化的服务使得图书馆的特殊文献资源得到最充分的利用，各类读者都能够在馆内找到满足其独特需求的学术资料。图书馆通过提供这样的专业化服务，不仅扩展了读者的知识领域，也使图书馆的职能得到最充分的体现。

设立经典阅览室有助于形成严肃阅读、深度阅读的风气。虽然图书馆应该是一个自由的空间，读者有选择各种读物的权利，但是图书馆更重要的一个使命是引导人们热爱阅读，养成阅读的习惯，而经典阅览室的建设提供了这么一个独特的空间，通过对视觉效果和氛围的营造，吸引读者驻足停留，享受经典阅读。

经典阅读场所的形式设计是营造雅致氛围的关键环节。从内部装修陈设的角度出发，精心安排的元素可以深刻地展现出经典的雅趣。例如，在阅读场所内，可以摆置古色古香的阅览桌椅，搭配雅致的花草，通过这些细腻的设计元素为读者打造一个愉悦而舒适的阅读环境。在墙上布置与经典阅读相关的内容标语也是一种有效的手段，如励志名言、经典著者介绍、经典创作背景、名人阅读语录等。这样的布局不仅能够给阅读者提供更多的背景信息，也为阅读者创造了一种沉浸于经典世界的氛围。这样的环境设计不仅仅是简单的场地规划，更是一种对经典文化的尊重和传承。有学者这样描述在清华大学的老图书馆阅读的感觉："那个地方真漂亮，宽大的落地窗、古典的书柜、宁静的氛围。坐在那明净宽大的玻璃窗下，看阳光柔和地洒落在书桌上，或听着雨点垂落在树叶上的声音，我们不仅感受到书的魅力，也在体悟着时空的静谧。我觉得这就是我理想中的读书环境。"可见，布置得当的阅读环境不仅仅能刺激人的阅读欲望，还能给人带来精神上的愉悦，与读者展卷而读的经典著作相得益彰。

从馆藏建设来看，一部分可以通过对旧有馆藏的挑选、整理，选择一定的副本纳入经典阅览室，还有一部分可以通过重新采购实现，采购时精选权威版本，保证经典读物的质量。对一些公共图书馆或中小学校图书馆，还可以从社会公益机构或者读者的捐献、寄存中挑选出经典等。经典阅览室的图书应采取大众经典与学科经典相结合模式，分区陈列。大众经典是面向社会大众的，如中外文学名著、中国传统经典等均属于此类。对于语言比较艰深的传统原典，可以配套陈列一些权威性经典名著导读本和注释本，包括一些解读、述评、介绍和研究的衍生品。学科经典文献是指某学科的权威著作，是指导学习者学好本学科专业的必读文献。当然，由于经典图书将长期在架，受阅览区架位数量的影响，经典阅览室在选书方面应该有适当的类别比例和总量控制，根据图书馆的性质和读者需求优化和平衡人文社科与自然科学、古今中外经典的比例。

结合现在图书馆的数字化战略，有条件的图书馆可建立经典阅读全文数据库，精选权威版本，供读者免费下载，随时阅览。如清华大学文科信息中心建设的本校 80 种经典必读书目的导读数据库，就把名著分为中国文化、中国文学、外国文化和外国文学四类，并提供名著简介和全文阅读。但由于涉及知识产权的问题，或者图书馆自身资源条件的限制，不少经典阅读数据库大多比较简单，格式上也缺乏统一的标准，有的甚至只有题录信息，没有全文。这种情况下可以采取折中的办法，如图书馆不单独建设自己的数据库，而是把经典名著书目进行分类排序，然后直接链接到超星等数字图书馆实现全文阅读或下载。

目前国内公共图书馆界开辟经典阅读专门空间的有中国国家图书馆、深圳图书馆、南山图书馆等，还有一些图书馆设置了经典书架。

1. 中国国家图书馆经典图书区

该区设在总馆北区一层，收藏的经典图书包括获得著名奖项的图书、名家名著、国学经典、对人类思想和科技史及生活产生重大影响的图书、目前出版的比较有影响力的丛书、各学科学术史中所提到的经典名著等，藏书量达 4 万余册。经典图书区打破了图书馆内传统的按分类法排列的原则，图书摆放时首先考虑到丛书、系列、全集这些概念，弱化了出版年份以及分类号对排架的要求，让读者可以专注于畅游经典的乐趣之中。从视觉角度上来说，同一印刷风格的图书集中摆放时也确实会给人以或震撼或舒适的感觉，这在一定程度上也会提升读者，特别是视名著为高山的年轻读者的阅读兴趣。同时国家图书馆古籍馆还在网络上注册了经典文化推广组官方微博，与公众分享古今中外的典籍文化，定期发布古籍馆展览、讲座等信息。

2. 深圳图书馆特色阅览室——南书房

该阅览室以推崇全自助服务为特色，创设了一个面积达 350 平方米的开放式阅读空间，旨在倡导“扬经典阅读之风，弘优秀文化之善”。此空间配置了超过6 000册中外经典图书，无需馆员介入，全面实行自助服务。作为一个与读者进行互动、宣传推广图书馆资源和服务的场所，这个阅览室为读者提供了一种独特的体验。该阅览室实施免费自助服务，读者需凭借“图书馆之城”读者证刷卡进入，服务时间甚至延长至晚间23：00，以满足不同读者的需求。空间设计融入中国风主题，巧妙地搭配橘色灯座和朱砂色墙壁，营造出古典的氛围。同时，白色书架和绿色植物的巧妙搭配则带来了清新时尚感，经典与现代在这里相得益彰。这一设计理念为读者提供了宜人的阅读环境，使其在阅览中既能感受到传统的韵味，又能体验到现代的时尚气息。因此，该阅览室不仅是一个知识的殿堂，更是一个交汇传统与现代、提供愉悦阅读体验的空间。设计者别出心裁地用楼梯把空间一分为二，走上南书房小阶梯，一侧是栏杆和座椅，另一侧是五层放满了书的书架，架子上放着外文书籍、港台书籍、史学书籍和哲学书籍等读者平时难得一见的珍贵书籍。历史求真，哲学求善，文学求美，南书房的藏书全部为“文史哲”方面的书籍，试图通过传递经典，激发人性的真善美。

南书房以《四库全书荟要》和《丛书集成初编》为代表，由吉林出版集团和中华书局影印，涵盖了20世纪30年代至90年代的4 000册原书，包括哲学、宗教、社会科学等十类古籍。其独创的“图书馆＋社会合作”模式，汇聚了图书馆精选和市民捐赠的文献。为突显特定主题，南书房设置专题书架，向读者集中展示相关经典，提供便捷阅读环境。这种创新模式既方便读者查找感兴趣的书籍，又有助于深入挖掘特定主题下的经典文献。南书房的经典藏书不仅是知识的宝库，更是一个展现历史文化、传承人类智慧的重要场所。

但总体来看，国内图书馆中专门开辟经典阅读专区的并不多，即便设有专区的，也多是在探索阶段，无论是硬件、馆藏、人员、宣传都还不够成熟。由于经典阅读专区多为后来开辟，面积有限，经典文献的采购、整理、分类、宣传等业务流程还需要摸索和完善。如深圳市南山区图书馆的经典书屋设在图书馆的四楼，不仅收藏中外经典图书，还有画册、南山地方文献、外文报纸期刊等，文献的形式和内容略显散乱。在图书馆的主页和图书馆内亦没有明显的标识介绍或者引导读者如何到达经典阅览室。

建立经典阅览室只是第一步，有了场地、图书等实体资源的保障，不能被动地坐等读者上门，而应主动组织、策划，建立经典阅读的圈子，提高读者的黏性。在读者自愿的前提下，可吸收为经典俱乐部会员，并建立读者信息数据库，通过微信、微博等平台发布经典阅览室的开放信息、馆藏更新信息、经典讲座信息等，并共享讲座的照片、文档等。依托经典阅览室可开展经典图书展览、读书报告会、新书发布、名家讲座等活动，让读者可以共同直观地感受经典，交流阅读经典的体会。这些活动应该具有长效性和持续性，并采取一定的奖励措施，提高读者的参与性和主动性。对于有需要的读者，还可以帮助他们建立有针对性的经典阅读规划。通过线上线下的读书会、笔谈会来了解读者的阅读进度，适时评估导读效果，引导读者不断修正阅读方向，还要在读者心目中树立这样一种观念，即经典是需要反复阅读的书，每一次阅读都是新的发现。

（三）经典讲座

近些年来，随着公共文化服务体系的建立和完善，公办图书馆的市民服务意识逐渐提升，开始重视和开展各种类型的讲座和读书活动。图书馆举办经典阅读有关的讲座主要有两个目的：一是引发读者阅读经典的兴趣，即为什么要读经典的问题；二是指导读者欣赏领会经典的价值，即怎样读经典的问题。图书馆的经典阅读讲座往往根据本馆规模和资源的不同，有的是与其他各类讲座融汇在一起，有的是关于经典文化和阅读的定期讲座，还有的图书馆积极将本馆的经典阅读推广融入当地的政府文化工程，以扩大影响力。

当前，一些图书馆通过举办经典讲座已经在文化传承和知识普及方面取得了显著的成效，其中一些讲座已经成为市民接触经典的重要场所。国家图书馆的文津讲坛就是一个具有显著品牌效应的案例。文津讲坛象征着“传承文化的枢纽”，是国家图书馆为社会大众举办的周末学术文化系列演讲。自 2001 年创立以来，文津讲坛已成功举行近 600 场高水平、高质量的学术演讲，为大众提供了一个深入了解传统文化和学术研究的平台。文津讲坛秉承了老北图讲座“保国粹而惠士林”的文化传统和人文精神，致力于介绍、推广传统文化的精华，以传承和传播文化与文明为己任。通过讲座，图书馆希望能够引导听众更好地理解传统文化的内涵，促进听众深入学习，并引导他们主动走进图书馆，深入阅读经典原典。为实现这一目标，国图工作人员在每场讲座中都精心准备了详尽的讲座材料，每位听众都能获得一份内容丰富的材料。这份材料不仅包括主讲题目和内容提要，还涵盖了相关的推荐书目，为听众提供了进一步深入学习和阅读的指引。文津讲坛还精选部分讲座内容，汇集成《文津演讲录》加以出版，进一步深化和扩大了文津讲坛的影响和作用。

自 2001 年 5 月 17 日起，国家图书馆启动了“中国典籍与文化”系列讲座。通过邀请专家学者和善本特藏部的广泛联系，该系列深入阐述中华经典典籍的文化内涵，展示馆藏珍贵文献，成为吸引读者的阅读活动。例如，《论乾隆》讲座中生动地展示了乾隆皇帝在《四库全书》中的文治成就，给观众带来深刻的文化震撼。在关于民族典籍的讲座中，展柜中的民族古籍让读者边听边看，效果更为直观。为推广经典讲座，国图提出“星期日到国图听讲座”的设计思路，致力于培养喜爱中国传统文化的固定听众。至今，“中国典籍与文化”讲座已举办100多期，吸引了许多固定听众，呈现了强大的影响力。这一系列讲座不仅提升了国家图书馆在学术研究和文化传承方面的地位，也为培养和传承中国传统文化作出了积极贡献。展望未来，国家图书馆将继续致力于“中国典籍与文化”讲座系列，通过深入挖掘典籍的内涵，为广大读者呈现更多精彩的文化盛宴，促进中华传统文化的传承和发展。

2009年，由共青团上海市委员会发起、上海图书馆与其他文化部门合作举办的“我爱读经典”——上海市大中学生经典读书工程显示了各方面联动开展经典阅读推广的成效。该工程包括论坛、竞赛、荐书、出版等子项目，覆盖上海各大专院校，是沪上规模最大的市级公益青年读书项目。工程依托沪上各高校学生人文社团和中学兴趣小组组织“经典名著书友会”，邀集人文领域权威专家开设围绕人文经典的讲座，组织以研读经典为核心目标的“人文经典阅读大赛”“经典征文演讲赛”等活动。为加大宣传和推广力度，还配套建成了“我爱读经典”网站作为网络根据地，以实现信息发布和资源共享。该网站积累了经典阅读讲座和经典再现表演的视频，并利用经典阅读虚拟课堂展开引导性的网络学习，建立了网上人文经典自学自测平台及网络竞赛报名系统，以方便发起和组织相关的人文经典竞赛。网站上既挂出了经过专家审核的推荐书目，每种书目附上简单提要和版本，同时每月上传与讲座配套的电子期刊《青年艺术人文》和特刊《经典》，供不能前往现场聆听讲座的读者免费下载。近几年来，还根据讲座内容出版《先典新识》若干辑，使得经典讲座的生命力得以延续。

作为国家图书馆旗下公共文化场馆社会化运营领域的跨界整合平台，国图文化立足北京，辐射全国，以全民阅读为引领，以书为媒，涵养城市文化，大力营造终身学习的良好社会氛围。围绕举旗帜、聚民心、育新人、兴文化、展形象，持续打造书香社会，播撒人文精神的种子，让高质量公共文化服务成果惠及更广泛的市民群体。2023年4月1日下午，“三山讲坛”的首场讲座在三山经开区文化中心开讲，讲座围绕“国防教育”展开，吸引了来自三山经开区龙湖中心小学、芜湖市第三十九中学、江南实验中学、芜湖机电职业技术学院的师生代表与当地各镇、街道综合文化站及现场读者近300人参与。党的二十大报告提出，“深化全民国防教育”。公共图书馆在全民国防教育方面应发挥重要作用。本期讲座，国图文化特邀知名军事专家、中国国防政策研究会研究员王云飞进行宣讲，旨在普及军事知识，推动全民国防教育模式创新发展，营造关心国防、热爱国防、建设国防、保卫国防的浓厚氛围。作为“三山讲坛”品牌系列的首场讲座，本期讲座是国图文化以公共文化服务促进国防教育创新的一次实践，也是国图文化立足新环境新起点，承担新任务新挑战，把握新观念新趋势，利用好新平台新机制，将优质资源与服务输送到地方的举措。“三山讲坛”是国图文化在其运营区域积极提供专业化、个性化、多样化服务而推出的精品讲坛。通过引入高端优质的文化资源，邀请权威学者和知名专家面向普通市民开坛设讲，让图书馆成为助力市民学习、引发智慧碰撞的“没有围墙的课堂”。

（四）经典诵读活动

在古代，学子阅读传统经典往往是以大声诵读的方式进行，通过诵读来领略古典文化的辞章和意蕴，并增强对内容的理解和记忆。明末清初学者陆世仪提出人生读书应经历“诵读”“讲贯”“涉猎”三个阶段。他认为，从 5 岁到 15 岁这 10 年为诵读期，并开列《十年诵读书目》：小学、四书、五经、周礼、太极、通书、西铭、纲目、古文、古诗、各家歌诀。许多家长和教师都认为背诵古典诗文能弘扬传统文化，而且对孩子的修养和人格发育有好处，并且可以提高孩子的语言文字能力。2002 年，在全国 30 多个城市试行开展的“少儿诵读经典工程”，共有数百万儿童和青少年参与。

2009 年，由国家语言文字工作委员会主办的“中华诵”系列活动成为全国“中华经典诵读”活动的杰出典范。进一步推动了这一倡议的发展，2010 年 4 月，国家语言文字工作委员会投资建设了“中华经典诵读资源库”，此资源库精选自大、中、小学课本中的古诗文等各类经典名篇，涵盖 1 000 篇经典作品。为确保这一丰富的文化遗产能够得到充分的传承与普及，国家语言文字工作委员会聘请了国内顶尖专家，对每篇经典作品进行了吟诵、朗诵、书法和讲解等四个板块的录像制作。这一系列录像制作的目的在于在教育领域充实“中华经典诵读”资源。这些录像将被上传至教育部官方网站，并向全国大、中、小学师生以及全球经典爱好者提供免费服务。

图书馆通过诵读班和比赛推动经典诵读，创设多样学习平台。常规班由专业人员指导，借鉴传统国学班，强调固定读本指导。例如，杭州市余杭图书馆的“我爱国学经典诵读沙龙”每周坚持 1.5 小时，孩子和家长不畏严寒酷暑，展现了对国学经典的热爱。通过这些活动，图书馆营造浓厚的学术氛围，激发读者兴趣，提升其语言表达和理解能力。参与诵读比赛，读者在比拼中培养深入理解文学经典的能力。这一过程以崇尚传统为基础，为培养新一代深厚文学素养的公民打下基础。图书馆主导的经典诵读不仅拓展了文化传承渠道，也为社区提供了有益的学术平台。长沙市图书馆把现代亲子教育与经典诵读结合，让家长在与孩子共读的过程中一同成长。在经典诵读上，该图书馆根据孩子的年龄和接受程度进行分级，如入门经典主要讲授《弟子规》《朱子治家格言》《孝经》《千字文》等；中级经典主要包括《论语》《道德经》《大学》《中庸》《唐诗三百首》等；高级经典主要讲《孟子》《庄子》《诗经》《易经》《古文观止》等。

具有专业人才储备的图书馆可以依托本馆优势因势利导地开展经典诵读活动，如与校园文化融合、深入社区生活等。南京图书馆历史文献部与附近的红土山社区委员会合作，在社区免费举办了六期儿童古诗文诵读班，由古籍工作人员担当诵读教师，在每个星期五的下午带领社区的孩子们诵读中华古诗文。原打算每期诵读一小时，可由于孩子们热情高涨，只好延长至一个半小时。诵读班的孩子们听完课，又带着好友来听下一期诵读课，以致有的孩子没有座位，竟站着听完课。六期诵读班结束后，红土山社区委员会、社区内的孩子及其家长打电话到南图历史文献部，认为该部门举办的诵读班，因设在社区内，孩子们步行路程短，路上安全，所选教材又是学校所发、人手一册的江苏版古诗文阅读教材，最主要的是免费担任教师的古籍工作人员素质高、功底深，能有效解决孩子们在诵读中遇到的问题，因此，上过诵读班和错过机会的孩子及其家长联名要求将诵读班继续办下去。工作人员深受感动，将诵读班延续至今。该馆古籍部工作人员还积极探索经典诵读的多种形式，尝试通过领读、对问、故事演讲、人物模仿等方式来提高孩子们的参与热情。

经典诵读比赛规模庞大，通常由政府宣传部门主导，图书馆关键参与。比赛常在节日期间结合文艺表演举行，旨在拓展经典诵读的影响力。以浙江省为例，浙江省图书馆在第七届未成年人读书节成功承办“未成年人经典诵读大赛”，吸引了 90 多家公共图书馆参与，形成了全省 11 个地区的盛事。这比赛不仅传承了经典文化，更弘扬了传统价值观，是一场文化盛宴。诵读大赛的成功举办迅速引发全省对比赛的热烈响应，突显经典诵读在当地文化传承中的重要性。浙江省图书馆的关键角色提供场地和组织支持，是读者提供弘扬经典文化的平台。

目前在经典诵读推广方面比较成熟的是国家图书馆。该馆的中华经典文化推广中心，将“经典诵读工程”列为经典文化推广的重要组成部分，又结合当前互联网和手机平台开辟了《经典诵读》栏目：一是从浩如烟海的中华典籍中选取具有代表性的名言警句，每日更新并推送服务；二是通过互联网、手机等新媒体提供服务，读者可以通过互联网打开国家图书馆官方网站，在首页最醒目的位置，通过图文和音频欣赏经典诵读的美文；三是诵读内容与文献链接，并增加分享功能，提升了服务效益。在发布诵读内容的同时，国图还将与之相关的各类文献书目和馆藏地进行详细提示，读者可以点击相关链接查阅更多感兴趣的馆藏资源。此举可以说创造性地开辟了大众接触和了解经典文化的新途径。

第四章　公共图书馆面向未成年人的阅读推广

本章重点介绍公共图书馆面向未成年人的阅读推广，主要从三个方面进行了阐述，分别是公共图书馆面向未成年人的阅读服务、公共图书馆未成年人阅读推广活动评估、公共图书馆未成年人阅读推广实践。

第一节　公共图书馆面向未成年人的阅读服务

公共图书馆在事业发展过程中，增加了服务于未成年人阅读需求的相关工作。到目前为止，在环境和资源建设的层面，我国的公共图书馆未成年人阅读服务更加彰显未成年人的个性和特色，甚至通过形象活泼的建筑设计、装饰等内容来体现对童趣童真的重视，并逐渐完善文献信息资源内容以激发未成年人参与图书阅读的积极性。在信息化占据社会主流的时代，公共图书馆若想实现更好的发展，就需要立足时代要求，不断革新自身的服务理念和服务模式。从未成年人阅读教育理论的角度来讲，越来越多的未成年人及其家长已经广泛地接受了传统的阅读教育理念和分级阅读理念；从图书馆管理的角度来讲，我国新时代图书馆变革的重要内容就在于总分馆制的制定和实施。

一、学龄前儿童阅读服务工作

作为近年来公共图书馆未成年人阅读服务的主流趋势，低龄化（即服务对象多为学龄前儿童）已经成为我国公共图书馆革新阅读服务的主要方向。同时，国内很多公共图书馆也逐渐开展了很多以学龄前儿童（尤其是婴幼儿）为服务对象的早期教育活动。

在新的时代背景下，未成年人合法权益的保护程度逐渐提升。例如，政府相继出台了一系列保护未成年人合法公共文化权利的政策和法律法规，并以相应规定规范公共图书馆未成年人服务；公共图书馆也在不断开展、完善未成年人阅读服务的相关工作，并取得了良好的实践成果。就现阶段而言，针对学龄前儿童开展早期教育的重要意义已经得到了我国绝大多数家长、相关教育工作者以及图书馆馆员的足够重视。如家长正在逐步增加图书和报刊的购买量来满足孩子多样化的阅读需求，与此同时，在教育上投入的资金也逐渐呈现上升趋势，启智类儿童图书、杂志、电子图书、音像制品等从橱窗展示转移到了家庭日常生活，其中，公共图书馆阅读已经成为当下家长和孩子的热门选择。而我国的公共图书馆也在自身的服务范畴中新增了婴幼儿服务，这体现了其对婴幼儿年龄段未成年群体的关注度。

处于婴幼儿（0～3 岁）阶段的孩子，智力相对稚嫩，无论是识字，还是理解能力都相对较弱，因此需要成年人的解释和引导，才能获得故事内容的基础理解。也正因此，家长和监护人对其阅读方面的影响是非常重要的，家长的有效参与可以激发孩子的阅读兴趣，有效提升阅读质量。从现实的角度来讲，公共图书馆开放的婴幼儿阅读服务过于凸显婴幼儿的中心地位，对婴幼儿阅读服务的对象应当包括婴幼儿、父母、监护人、看护人员、教育者、健康护理专员和其他与婴幼儿相关的成年人这一内容的认识不够清晰。基于此，培养教育婴幼儿监护人工作将成为公共图书馆工作的重点。

对于婴幼儿而言，与说话、唱歌一样，阅读同样可以有效促进其语言能力的发展，因此图书馆开通针对婴幼儿群体的阅读服务至关重要。环境对一个人的影响是潜移默化而且深远长久的，对于婴幼儿早期阅读能力的培养，家庭和公共图书馆的合作联动将发挥重要作用。首先，公共图书馆需要调整阅读环境，以婴幼儿的兴趣心理为出发点创设能够激发婴幼儿阅读兴趣的环境。而这种环境的营造，除了要具备舒适的基本特点外，还应对婴幼儿寻求帮助的意愿培养以及探索答案、了解资源技术有一定辅助作用。尤其是存在特殊需求的婴幼儿（如双语婴幼儿），在入学前开始公共图书馆阅读服务体验对其影响巨大。

从服务理念和指导思想的层面来讲，公共图书馆要提高对婴幼儿阅读服务的重视程度，并积极落实相应服务内容，如在公共图书馆馆内区域划分上增加婴幼儿区，设置专门的阅览室供婴幼儿早期阅读等。现阶段，我国多数公共图书馆已经逐渐对学龄前儿童阅读推广的重要性有了深刻的认识和体会，针对婴幼儿阅读的配套服务相继出现在各大公共图书馆。以天津图书馆为例，自 2001 年起，相继组织了多场正规化、规模化的幼儿集体到馆参观活动。无独有偶，南通地区的公共图书馆举办的“母子读书会”在引导孩子享受阅读所带来的快乐，进而培养孩子的阅读兴趣、阅读习惯等方面的作用也是显而易见的。

在落实图书馆婴幼儿阅读服务的政策方面，公共图书馆首先要提高婴幼儿阅读服务策略制定的计划性，确保图书馆婴幼儿阅读服务活动有明确的方向，同时也进一步强化图书馆以往活动、计划开展活动及定期持续性活动和服务内容等在婴幼儿家庭中的清晰认识。同时，要始终贯彻低龄儿童“玩学统一、相辅相成”的基本原则来开展学龄前儿童阅读服务，这就要求各级图书馆要立足自身馆情，综合考虑区域范围内婴幼儿教育实际，确保婴幼儿阅读计划和服务模式与自身发展条件相互适应。

二、中小学生阅读服务工作

结合信息时代中小学生的阅读现状来看，强化公共图书馆对中小学生的阅读服务策略具有非常重要的现实意义。具体来讲，切实落实这一策略，我国公共图书馆需要重点落实以下几方面工作：

首先，提高文献信息资源建设的针对性。即公共图书馆要保持对中小学生阅读实时状态的敏感度，从而在重点图书和信息资源的补充和完善层面满足中小学生的现实需求，如增加以爱国主义教育和思想品德教育为目的的读物；优选与中小学生阅读心理相适应，有助于提升理性思维和科学探究精神的社会科学和自然科学读物，与现阶段时代特征贴近的优秀儿童读物，符合儿童年龄特征和兴趣的课外读物，以拓展中小学生课外阅读视野为目的的相关参考工具书、教育教学参考资料、试卷及数据库资源等。

其次，提高服务方式的人文关怀和个性化水平。人文关怀和个性化的服务方式对于公共图书馆服务质量的提升具有至关重要的作用。我国公共图书馆提高服务方式的人文关怀和个性化水平需注意以下几个方面：

第一，人性化的服务时间。中小学生群体日常大部分时间都在学校内学习文化知识，所以他们利用公共图书馆的时间仅局限在课余时间或节假日，因此针对这一特殊群体，在服务时间上做出适当延长对于中小学生合理利用图书馆资源而言是最基本、最关键的内容。

第二，满足人性化的阅读需求。处于学习初级阶段的中小学生的阅读需求也是多样化的，因此，图书馆要在资源环境和文化氛围上给予充分的保障，如积极建立与学校、家庭之间的合作共赢关系，通过开展具有较强针对性的阅读服务活动丰富中小学生的阅读积累，总之，满足中小学生的阅读需求应当成为公共图书馆阅读服务活动的核心。

第三，人性化的创新服务项目。这一点要求的提出是为了适应中小学生多样化的课外阅读需求，具体来讲，可采用以下方式：为便利中小学生随时随地进行阅读，公共图书馆可以设置基层、社区图书流通点，为各级各类学校和儿童教育机构开通图书流动服务；或拓宽公共图书馆的服务功能，开展个性化服务，如网上咨询、专题资源推送等。

最后，提升中小学生课余生活的多样化和趣味性。在满足中小学生多样化阅读需求方面，公共图书馆要不断提升自身服务的自由化、开放度、多形式和全方位水平，除了营造和谐健康的阅读环境和氛围外，还应该将与中小学生个性相契合的读物送到他们身边，因此对拓展公共图书馆阅读服务而言，其中一个非常重要的内容就是对中小学生开展针对性的阅读指导服务。其中，有计划地开设中小学生阅读指导课就是有效方法之一，通过这种方式，学生可以掌握更多的图书知识、图书查询知识，可以锻炼自身对公共图书馆的有效利用能力、自学能力和知识获取能力。更进一步来讲，对于中小学生教育而言，作为“第二课堂”，阅读指导课发挥着积极的辅助作用，既有利于中小学生构建完整的知识系统，提升学习质量，又可以帮助公共图书馆在新的历史发展时期树立自身的社会公益形象，并通过一些创新举措赢得中小学生的认可和家长的信赖，从而真正发挥公共图书馆的社会价值和公益价值。

第二节　公共图书馆未成年人阅读推广活动评估

国际图书馆界对儿童早期素养发展、阅读兴趣培养和习惯养成的关注日益增加，特别是如何在暑期减轻儿童阅读技能下降。儿童阅读推广项目在国际上分为婴幼儿和小学年龄两大类，其中暑期项目备受关注。各国图书馆为评估这些项目的价值、成效和社会影响投入了大量资源。本书旨在通过对国际图书馆界在儿童阅读推广项目评估方面的实践进行回顾，深入研究实施过程中的经验教训，为我国图书馆在儿童阅读推广项目评估工作提供借鉴。通过汲取国际经验，我国图书馆能够更科学有效地开展项目评估，为提高儿童阅读水平和培养优秀阅读习惯提供有力支持。

为达成研究目标，本节研究采用了深度检索方法，通过检索词“Reading Promotion”“Children”“Summer Reading Programs”“Evaluation” 在 Ebsco、Web of Science 等学术数据库以及谷歌搜索引擎中，筛选研究文献，包括研究论文、研究报告和硕博士论文。与传统文献计量方法不同，本节研究选择深度阅读方式，通过逐篇分析文献，建立内容分析框架，将文献按研究人群划分为婴幼儿和暑期阅读推广两大类。该框架涵盖典型评估案例、活动目的、评估方法和结果等内容，以全面了解阅读推广对不同人群的影响。研究主题包括对参与者、图书馆、社会的影响，成功项目标准，阅读推广案例特点，以及执行中遇到的问题。通过对各个主题的深入分析，本节研究旨在揭示阅读推广活动在不同背景和人群中的实际效果，为制定更有效的阅读推广策略提供依据。在研究过程中，重点关注阅读推广活动对婴幼儿和参与暑期阅读计划的儿童的影响。通过对比不同研究的评估方法和结果，期望能够总结出阅读推广在不同情境下的共性和差异，为今后的阅读推广实践提供更具体和可操作的建议。

一、图书馆婴幼儿阅读推广项目评估

（一）婴幼儿阅读推广项目目标及典型评估案例

婴幼儿指的是出生至 12 个月的婴儿和 1 至 3 岁的幼儿。婴幼儿阅读推广的兴起源于各国对儿童早期素养发展的高度关注。早期素养的内涵不仅仅包括儿童在正式教育开始前通过日常生活获取阅读和书写知识与技巧，更强调实际参与到读写互动中，并能够应用已经构建的知识和技能。为使儿童在接受正式教育前做好阅读的准备，需要培养其六项预备技能。首先，培养对书籍的兴趣和喜爱是婴幼儿阅读推广的基石。这种兴趣不仅能够激发儿童主动探索书籍的欲望，还能够在潜移默化中培养他们对知识的渴望。其次，认知印刷品的能力是阅读准备的重要组成部分，通过感知图像和文字，儿童能够建立对书本结构的初步认知。同时，语音认知、词汇、认识字母以及叙述能力的培养则直接促进了儿童的语言和认知发展，为他们未来的阅读打下坚实基础。

婴幼儿阅读推广旨在通过多种渠道实现其宗旨。其中包括提供图书礼袋、组织学习讲座和读书会、举办故事时间以及提供阅读指导服务等多重手段。这些活动不仅仅是单一形式的推广，而是以多元化方式深入婴幼儿家庭，促使婴幼儿父母更全面地了解孩子的学习历程。通过这些活动，鼓励婴幼儿家庭善用图书馆资源，实现亲子共读，从而在婴幼儿时期培养阅读习惯，激发其对阅读的浓厚兴趣。婴幼儿阅读推广项目的评估是对其效果的科学验证，旨在确认图书馆在儿童早期素养，尤其是早期阅读技能培育方面所做的贡献。此评估强调了图书馆对婴幼儿、父母以及整个社会所产生的积极影响，并着重发现执行中可能存在的问题。在国际范围内，已有一系列典型的评估案例可供参考，如英国的“阅读起步走”和美国的“图书馆为每个儿童都准备了阅读”（ECRR）项目。这些案例为深入了解图书馆阅读推广活动对儿童及其家庭的实际影响提供了有力的支持，也为优化项目提供了指导方向。通过这些评估，我们可以深刻洞察图书馆阅读推广活动的实质影响，评估其在不同文化和社会背景下的适应性，为更广泛的推广提供科学依据。这种系统性的评估有助于进一步提升婴幼儿阅读推广项目的质量和效果，为婴幼儿早期教育领域的研究和实践提供可持续发展的方向。

（二）全国性婴幼儿阅读推广项目“阅读起步走”计划评估

婴幼儿阅读服务的源起可以追溯至1992年英国图书信托基金会（Book Trust）倡导的“阅读起步走”计划。该计划通过向婴幼儿赠送图书礼袋，培养婴幼儿的早期阅读兴趣，为其认知和语言发展奠定坚实基础。经过为期20年的跟踪实验研究，计划取得了显著的成果，参与计划的家庭在阅读态度、图书馆利用和亲子阅读方面均呈现积极变化。在计划的影响下，参与家庭表现出更加重视阅读的态度，不仅更频繁地进行亲子阅读，还大幅增加了对图书馆的访问频率。这一结果为早期阅读服务的有效性提供了有力证据，表明通过向家庭提供图书资源，可以在家庭中建立积极的阅读氛围。这对于儿童的认知和语言发展至关重要，因为早期的阅读体验不仅可以促进词汇量的增加，还有助于语言表达能力的提升。深入研究发现，计划参与家庭的幼儿表现出更浓厚的、对书籍的兴趣和更持久的专注力。这表现了早期阅读服务对于培养儿童对文字和图书的正面情感体验的重要性。此外，幼儿在阅读中展现更多的预测行为，这可能与其通过频繁阅读建立对故事情节和结构的理解力相关。这些发现不仅对于阐释早期阅读服务的实际效果具有启示意义，同时也为类似项目提供了有益的经验借鉴。

例如，英国一直以来崇尚阅读，注重对国民阅读能力的培养。早在1850年英国就颁布了世界上第一部全国性公共图书馆法，至今英国人均占有公共图书馆份额居全球之首。英国上至政府，下至各级教育文化机构、学校、图书馆和普通家庭都注重培养阅读素养，通过举办各种阅读推广活动，以及在家庭中进行亲子阅读和休闲阅读等方式，让阅读进入寻常百姓家，成为每个家庭生活的一部分。

英国1992年创立的“阅读起步走”（Bookstart）项目是全球首个儿童早期阅读推广项目，如今已在全球许多国家推行。该项目1992年由英国图书信托基金会发起，每年英国出版业为其提供价值560万英镑的图书，项目的其他部分以低价采购的方式完成。该项目提供有2个阅读包，一个是为1岁以内的孩子发放的婴儿包（Bookstart Pack），主要通过保健机构的医护人员随诊时给家庭发放；另一个是给 3～4 岁孩子的宝藏包（Bookstart Treasure），通过托儿所等机构发放。此外，“阅读起步走”还为 5 岁以内的失聪儿童开展“图书听得见”（Bookshine）活动，为 5 岁以内的失明儿童开展“图书看得见”（Booktouch）活动，为 3～5 岁行动不便的儿童开展“阅读起步走明星”（Bookstart Star）活动。

“阅读起步走”项目为促进儿童早期阅读，一方面提供双语版本的阅读指导手册，通过家庭分享图书、故事和儿歌，帮助孩子成为一个终身阅读者。另一方面为参与该项目的从业人员提供相关信息，如为图书馆馆员、保健机构人员提供行动指南和组织活动的建议。多年来，“阅读起步走”项目已实现向每个英国 5 岁以下儿童发放阅读包的目标。

在“阅读起步走”项目之外，图书信托基金会还开展了各种针对不同年龄读者的阅读推广活动。

面对入园和入学新生，基金会开发了“阅读时间”（Time to Read），在每年 9 月秋季开学季，通过学校和图书馆向新生发放阅读包，希望以阅读激发孩子的想象力，鼓励他们结交新朋友并应对各种变化，顺利度过入园入学焦虑期。这个阅读包里除了挑选适合这个年龄孩子阅读的图书《失控的豌豆》（The Runaway Pea），还制作了阅读指导手册，帮助家长进行亲子阅读。2020 年秋季学期，基金会共向 74 万个孩子发放了这本书，还围绕这本书设计了为期 1 周的活动，如周一是阅读《失控的豌豆》，周二让孩子们绘制与图书相关的画作，周三至周五在教师的带领下进行延伸阅读。

面向幼儿园的孩子，基金会开展了“Pori Drwy Stori”双语活动，此项活动以阅读图书、做游戏和唱儿歌的形式开展，旨在提高孩子 3 个方面的能力：语言、识字和交际能力。其中包括数字、个人和社会发展、文化多样性等维度，此活动得到了威尔士政府的基金支持。

面向 3～13 岁的孩子，基金会开展了“邮政信箱书友会”（Letterbox Club），各地教育机构、学校和保健中心均可报名参加该活动，每月收到阅读包后寄到学生家里，或者直接发给在校学生。书友会每年 5～10 月持续发放阅读包、数学游戏、文具和其他高质量的资料，并组织相应的阅读活动。

面向 7～9 年级的学生，基金会准备了“学校图书馆阅读包”（The School Library Pack），里面有 15 种共 40 本图书，分为 3 类：未来经典、给不爱读书的人看的书和非虚构类。每一类里有 5 种，阅读包里选出 5 种适合共读的书各备 6 册，每本配有阅读手册和指导学生阅读的活页小贴士。这 15 种书覆盖了不同的图书类型，有利于鼓励学生尝试阅读不同类型和不同作者的作品。

为激发 11～13 岁孩子的阅读兴趣，基金会开展了“图书成热点”(BookBuzz)活动，各地学校均积极参加。基金会向每所学校提供 17 种图书，每种书各有 2 册，供学生选出喜欢的图书并带回家。为确保图书质量，基金会聘请由学校图书馆馆员和童书专家组成的专家团队精心挑选质量好、适合这个年龄段孩子阅读的图书，鼓励孩子享受阅读的乐趣。书单上既有非虚构类图书，可以满足有好奇心的读者，也有情节紧凑、可以快速读完的书，满足爱看书的读者。“图书成热点”活动从 3 月开始接收学校报名，各校根据学生对书单上图书的打分情况订购图书，从 9 月开始，学校会陆续收到阅读包，学生阅读后一起参与竞猜游戏。

此外，基金会还会针对特殊群体开展系列活动，如为改善少数族裔儿童生存状况开展的“少数族裔儿童也应受关注”(BookTrust Represents) 活动，以及面向特殊学校的中小学学生开展的“Spark”活动，该活动提供内含 2 本书、2 份配套资料和 1 封介绍信的阅读包，可以给读者有意义的感官体验，并使读者感受到阅读的美好。

在 1998 年的一项研究中，学者们对“阅读起步走”活动的后续效果进行了深入研究。研究对象为已年满 5 岁并融入小学教育体系的儿童，重点测试其语文和数理能力。研究结果表明，那些有早期阅读经验的儿童在学校生活中表现更为出色，展现出更好的学科准备。在随后的 2000 年，研究者专门进行了一项实验，将 43 位接受过“阅读起步走”图书礼袋的儿童与 43 位未参与活动的儿童进行对照比较。实验组在英文、数学和科学测验中表现出显著优势，这一发现进一步强调了早期阅读经验对儿童学科学习的积极影响。为了深入理解“阅读起步走”活动的影响机制，研究者在 2003 年进行了一项质性研究，选择西米德兰地区作为研究地点。采用半结构化访谈的方式，研究团队与图书馆馆员、儿童保健员、幼托人员和项目协调人员进行了深入交流。结果显示，“阅读起步走”活动对亲子共读产生了积极影响，对婴幼儿的语文能力和阅读行为具有显著的促进作用。此外，研究还发现，该活动对参与家庭中成人的教育观念和行为产生了积极的影响。研究团队一致认为，频繁而持续的亲子共读对儿童的语文能力和阅读行为产生了正面而深远的影响。这一结论为推广和实施类似的早期阅读项目提供了实质性的理论支持，强调了家庭阅读活动在培养儿童语文素养方面的关键作用。

2005 年，英国政府委托罗汉普顿大学学者对“阅读起步走”项目进行了深入研究，通过综合运用定量和质性方法，以系统性的方式评估了该项目的影响。研究结果显示，在参与该项目的家庭中，有 68% 的家长认为他们的孩子在培养阅读和图书馆利用习惯方面取得了显著进展。这一发现揭示了该项目在激发儿童对阅读的兴趣和培养图书馆利用能力方面的积极效果。进一步的数据分析表明，参与“阅读起步走”项目的孩子在小学阶段展现出了超过其他儿童的语数能力和持续阅读习惯。这不仅突显了该项目对学术成绩的正面影响，同时也强调了其在培养学生对阅读的兴趣和长期坚持的积极作用。此外，该项目还引发了家长行为的积极变化，推动更多家长改变对阅读的态度，重视亲子阅读。这种正向变化在亲子阅读活动、成为图书馆读者、借阅证办理以及图书馆访问频次等方面都表现得尤为显著。在专业领域，研究发现不仅家长和孩子从中受益，而且图书馆馆员及其他合作伙伴也对该计划产生了积极的评价。他们认为“阅读起步走”项目对学龄前儿童具有显著的教育功能，进一步强调了提高工作人员专业技能的必要性。这表明，项目的成功实施不仅仅依赖于家庭和学生的参与，还需要图书馆等教育机构的支持和高水平的专业服务。2009 年之后的继续研究着重关注图书信托基金会，以领有阅读礼袋的家庭为研究对象。通过深入的访谈，研究了解了家长如何有效使用礼袋、选择书籍，以及阅读活动对家庭的潜在影响。这一阶段的研究进一步深化了对项目实施效果的理解，为今后的类似项目提供了有益的经验借鉴。

2010 年，英格兰政府通过公共基金资助的“阅读起步走”计划，成为图书信托基金会研究的焦点。研究结果表示，每投入 1 英镑，该计划将为社会创造高达 25 英镑的经济价值。这一成果引发了国际范围内的积极关注，尤其在比利时的实践中，研究强调图书馆对婴幼儿馆藏的强化，显著促使家庭中婴儿阅读认知发生积极变化。然而，研究也指出在建立家庭阅读文化方面还需要更多支持。

英国阅读推广机构（TRA）在 2020 年 3 月启动了为期 3 年的“阅读点亮人生”计划，旨在通过阅读帮助 4～11 岁以及 14～18 岁青少年建立对科学、技术、工程和数学这四个学科的自信。英国文化委员会和英国科学与技术设施委员会为该计划提供了 50 多万英镑的基金支持。按照计划，英格兰的 11 家图书馆服务商将与青年团体、学校和社区合作，向家庭成员发放阅读资料、学科图书及活动包。TRA 将与出版社、专业科学机构、图书馆馆员和青年工作者共同设计新的阅读和科技活动，图书馆还设有阅读空间和数字化服务，为有 4～11 岁孩子的家庭提供支持。活动内容和阅读资料由诺桑比亚大学科学教育专家和英国科学协会共同设计，并通过该协会的科学科技创意奖来表彰年轻人的成果。

“阅读起步走”如今已成为全球最有标杆意义的阅读推广活动，从英国拓展到欧洲、亚洲、北美洲、中南美洲和大洋洲的多个国家。在项目启动初期，英国图书信托基金会以伯明翰图书馆与当地保健中心为执行单位，向有 7～9 个月婴儿的家庭发放阅读包，里面包括 2 本图画书、阅读指南和图书馆发出的分享图书的邀请函。基金会委托伯明翰大学的两位教授进行调研，对300名婴儿做追踪回访后发现，获赠图书的整个家庭对图书的兴趣、亲子共读、去图书馆的次数都大大增加；这批从小接触图书的幼儿上小学后，基本学习能力的测试结果普遍优于同龄人，不但英文水平高，数学能力也较为出色。该调研结果得到英国各界的重视。

（三）常规性婴幼儿阅读推广活动“故事时间”评估

讲故事活动，作为一项源自20世纪40年代末期或50年代早期的儿童阅读推广活动，如今在图书馆中得到广泛开展。这一活动主要面向婴幼儿及其父母，旨在培养儿童对图书的喜爱和其读写能力，提供温馨的图书馆经历，并为父母提供阅读技巧和经验，以帮助儿童为入学和阅读做好准备。例如，美国西雅图地区公共图书馆系统组织和开展的讲故事活动，在这些活动中，优秀的图书馆讲故事活动展现出一系列特点，其中包括儿童早期需要培养的6项预备技能。这意味着活动不仅仅是为了儿童个体的成长，更是致力于全面培养儿童的认知、语言、社交等方面的能力。由于婴幼儿早期素养主要在家庭环境中培养，因此图书馆讲故事活动的目标在于影响父母或照顾者的行为。活动鼓励父母在家中应用在图书馆学到的朗读技巧等，以促进儿童的全面发展。在这一过程中，成功的讲故事活动要素显著，其中包括让父母和儿童同时参与，选择儿童喜欢的图书，以及确保图书内容具有吸引力。具体而言，西雅图公共图书馆系统的讲故事活动对儿童和家长的行为都产生了积极的影响。研究发现，活动的开展增加了父母使用图书馆的频率和在家中进行亲子共读的次数。同时，这一活动还成功地促使父母在家中运用相应的讲述技巧，进一步促进了家庭中阅读文化的培养。

另外，研究提出了一套衡量图书馆系统讲述故事活动的指标集，包括不同方面的元素：资源投入方面，考虑到员工为每个活动准备所需时间、每月或每年活动所选主题以及为支持每项活动所投入的经费；活动或行动方面，关注员工每月分享卓越实践的时间、每年员工职业发展的时间分配、员工在儿童早期学习理论和实践方面的熟练程度、目标用户对活动的认知程度、在线故事活动日程的点击率以及用户对当前安排形式和可获得性的满意度；产出数据方面，涵盖整个公共图书馆系统及各分馆故事活动的平均参与率、每个讲故事活动中儿童早期预备技能各自占用的时间、具体指导成人早期学习所占用的时间以及为父母或监护人提供的互动机会次数；结果方面，包括参与人次、重复参与人次、平均参与时间、参与活动后认为儿童早期技能知识增长的家长或监护人比率、参加活动后知识增长的家长或监护人比率、活动后家庭中父母（或照顾者）对 6 类儿童早期预备技能运用频率增加的比率、儿童在家中展示早期阅读预备技能比率的变化、儿童在家中展示为入学做好准备的变化以及父母（或照顾者）和儿童的积极反馈。这些数据可以通过问卷测试获取。此外，研究还考察了各种影响，包括儿童入学后适应性增强的比率、全州阅读测试中学生熟练度的比率、图书馆参与儿童早期阅读预备技能研讨的情况、与图书馆合作的社区组织数量、参加其他图书馆活动的比率、参与儿童成为独立图书馆用户的比率、参与者中为图书馆捐赠或倡导的比率、经常参与故事活动的儿童成年后的平均教育水平，以及社区是否将儿童早期素养与图书馆对社区识字人口率、教育水平、就业率、犯罪率、健康等的贡献联系在一起。

显而易见，研究所提出的一些建议性指标相当理想，其在统计或测度上存在一定难度，特别是对于儿童和社区影响的指标。其中一方面，这些指标需要长期的跟踪研究，另一方面，关于故事时间与活动结果之间是否存在必然因果关系的质疑也在一定程度上影响了这些建议的可行性。尽管如此，这些指标仍为图书馆评估故事时间等常见的儿童阅读推广活动提供了基本的思路。

（四）特定婴幼儿阅读推广项目评估

各国在推动婴幼儿阅读方面不仅仅侧重于全国性和常规性的活动，还关注了家庭层面的教育，如美国的“图书馆为每个儿童都准备了阅读”项目。该项目专注于儿童父母的教育，通过提供资料包、培训和讲故事等方式，帮助父母为婴幼儿创造良好的早期阅读环境。其理论基础在于认为，若父母更深刻理解早期素养的关键性，学会在家中培育阅读技能，那么图书馆在推动阅读方面的效果将更为显著。通过关注父母的教育方法，公共图书馆可以在儿童早期素养培育方面发挥更大的影响。这种注重家庭教育的策略不仅使家长更好地了解儿童早期阅读的重要性，还帮助他们在家中采取积极的培育措施。

例如，在 2001 年至 2002 年期间，美国图书馆协会（ALA）和儿童图书馆服务协会（ALSC）联合进行了一项试点和评估研究，即以公共图书馆为主体，国家儿童健康与人类发展研究所（NICHD）与专家合作制定的执行材料为指导，向公众提供早期读写能力的服务项目。这一研究的目的在于深入了解早期素养项目对家长教育行为的潜在影响，并进一步评估其对图书馆服务的改进和社区的影响。研究发现，参与早期素养项目的父母在素养教育行为上呈现显著提高。这一提升尤其表现在图书馆利用方面，对于低收入、低教育水平的父母群体的影响尤为显著。

通过积极参与项目，父母不仅提升了对儿童早期素养的关注，还增强了他们在图书馆资源的合理利用上的技能。这一发现强调了早期素养项目在弘扬阅读文化、促进社会公平的过程中所扮演的积极角色。而这项试点研究也促成了参与图书馆的全面变革。图书馆不仅在活动项目方面取得了实质性进展，还对馆藏、物理空间、馆员培训等方面进行了提升。这一全面性的改善不仅使得早期素养项目在图书馆内得以更为有机地融入，也为图书馆服务提供了更多元、更深入的层面。尤其值得注意的是，这一变革使培训和活动得以延伸到原本不太倾向于利用图书馆资源的父母群体，从而实现了社会资源的相对公平分配。2004 年，基于研究成果，早期素养项目正式成为公共图书馆的全面推广项目，分为 0～2 岁、2～3 岁和 4−5 岁三个年龄阶段的活动项目。这一举措标志着图书馆服务进入了更加系统和全面的早期素养教育阶段。这三个不同年龄阶段的项目设计不仅更好地满足了儿童在不同生长阶段的认知和语言发展需求，也为父母提供了更具体的指导，使他们能够更好地参与到儿童的学习过程中。2009 年，该项目进行了成功的评估，结果表明其对用户具有吸引力，接受度高，且有效提高了图书馆作为早期素养资源的公众认知。这一成功评估证实了早期素养项目在推动图书馆服务创新方面的积极作用。

根据评估结果更新后的 ECRR 第二版于 2009 年问世，继续提供新课程和资料，线上线下同时发布工具包、书签和海报，为 0～5 岁儿童的家长和看护人提供早期读写资源，其提出的图书馆发展预备阅读技能策略是结合五项早期读写实践（唱、说、读、写、玩），并联合家长将实践付诸日常生活中的。2018 年，评估小组分析 ECRR 第二版并得出结论，ECRR 被认为是对父母行为有影响的高质量项目，在教育父母和看护人方面卓有成效。用户和非用户对材料都很满意，图书馆工作人员则通过培训增强了公共视野，该项目在社会力量与合作方面起到了中心领导作用。

然而，近几年，该项目也面临着一系列挑战，如经费、招募、父母参与等问题。这些挑战凸显了在推广早期素养项目的过程中需要克服的困难，需要图书馆、政府和社会共同努力，以确保项目的可持续性和有效性。修订后的第二版资料包更加强调了词汇量、背景知识和理解的重要性，以及学习环境的改善。这一修订反映了在推广过程中获得的经验教训，并致力于进一步提高项目的教育效果。通过更加注重语言发展和认知能力的培养，项目更好地满足了儿童学习的实际需求，使得家长能够更加有针对性地引导孩子的学习。

二、图书馆暑期阅读推广项目评估

（一）暑期阅读推广项目目标及典型评估案例

各国图书馆广泛实施的暑期阅读计划是专注于小学年龄儿童的重要阅读推广措施，其目的在于激发青少年的阅读兴趣，培养阅读自信，同时吸引他们积极参与图书馆的丰富活动。研究显示，贫困家庭的孩子在暑期学习上存在滞后现象，导致与富裕家庭的同龄人的学习差距逐年扩大，最终对高中和大学的完成率产生不利影响。这一差距的根本原因在于贫困家庭的孩子难以获得高质量的阅读材料，而贫困社区的图书馆服务相对欠缺，加深了学术差距。

通过增加夏季图书获取机会，尤其是注重愉悦阅读体验，对于提高阅读能力在贫困学生中具有至关重要的作用。公共图书馆采取多样化的活动，如阅读游戏、讨论和手工艺等，以帮助缓解夏季学习和阅读能力下降的问题。政府和图书馆在全球范围内投入资源，并强调对夏季阅读项目进行评估的重要性。在美国，各州如宾夕法尼亚州、南加州和俄亥俄州等都进行了多次评估研究，以深入了解夏季阅读项目的效果，调查夏季阅读项目对学生阅读成绩的影响，以回应公众对图书馆效果的质疑。这项研究采用了全面的方法，通过收集和分析大量的数据，探讨了夏季阅读项目在学生阅读能力提升方面的实际效果。

TD 夏季阅读俱乐部，作为加拿大全国性夏季阅读项目的代表性活动，自1994 年在多伦多首次亮相后，经过多年的发展，在 2004 年的时候该项目已覆盖全国，现如今更是在全球范围内得到进一步发展，各地的公共图书馆积极参与，为 0～12 岁儿童提供了一个富有教育意义的夏季阅读平台。为深入了解项目影响和效果，自 2005 年起，加拿大国家图书馆和档案馆（LAC）负责每年组织评估工作，通过调查问卷，对参与图书馆的夏季阅读活动进行全面数据收集。这一评估体系的建立，为项目的不断完善提供了坚实的基础。值得一提的是，TD 银行集团自 2007 年起为该项目注入资金，设立了年度 TD 夏季阅读俱乐部图书馆奖，旨在表彰在夏季阅读活动中表现出色的图书馆。评审委员会每年评选出最具创造性和高效的图书馆，并分别颁发一、二等奖，奖金分别为 5 000 美元和 2 500 美元。这一奖项的设立，不仅为图书馆在夏季阅读活动中的创新提供了引领和示范，也通过媒体宣传将优秀图书馆的经验和成果传播至全国，为其他图书馆提供了学习和借鉴的机会。

英国的“夏季阅读挑战计划”是一项由阅读社组织的具有广泛影响力的儿童阅读推广活动。该项目从 1999 年开始，每年夏季在公共图书馆全国范围内展开，现今更是在全球范围内得到推广。该计划的核心目标是鼓励 4～12 岁的儿童在暑假期间阅读至少 6 本书，同时通过写作、绘画、手工等多种方式与书籍进行互动，以提高他们的阅读兴趣和素养。参与者还有机会获得多种奖励，包括粘贴画、海报、旗帜、书签和奖牌，从而激励他们更积极地参与阅读挑战计划。此计划在 2011 和 2012 年期间与其他机构的合作中进行了有意义的扩展，特别是为学龄前儿童和残障儿童设计了专门的活动。这一举措不仅体现了计划的包容性，更使得更多儿童能够享受到阅读的乐趣，促使他们在夏季期间培养良好的阅读习惯。除了“夏季阅读挑战计划”，英国还有另一个重要的儿童阅读项目——“图书絮语”。该项目创立于 2001 年，是一个全国范围内的阅读小组网络，由 Orange 电信公司和公共图书馆系统合作，旨在为 4～12 岁的儿童提供丰富的阅读体验。“图书絮语”项目自开展以来，通过众多商业支持得到不断扩展，已涵盖 96 个图书馆，为改善儿童阅读体验树立了成功的典范。

（二）暑期阅读推广项目评估主体、评估方法和测量指标

上述典型评估案例突显了发达国家图书馆在暑期阅读推广项目评估中的特点。评估主体的第三方机构由儿童教育领域学者、图书情报学院以及市场调查和民意调查机构组成，确保了评估的客观性和专业性。评估方法注重对图书馆执行情况和参与者（如儿童、家庭）的综合评估，以全面了解项目的效果和影响。在评估方法方面，影响研究采用了定量和定性相结合的方法，包括前后测、实验组与控制组对比等。这种综合方法有助于全面评估项目的影响，既能量化项目的成果，又能深入挖掘项目的质性变化。此外，问卷调查和访谈被广泛应用，用以收集参与者的主观感受和项目实施中的问题，从而丰富评估的数据维度。在全国统一评估实践方面，加拿大的经验为其他国家提供了有益的借鉴。其阅读推广项目由专门机构监督、协调和设计调查，确保了评估的独立性和专业性。此外，加拿大强调图书馆的在线数据报告、年度累计调查和数据统计，通过科学的数据分析为政策制定提供有力支持。同时，该国注重创新案例评选、奖励和宣传，激发图书馆在暑期阅读推广中的创新活力，形成了良性的评估和激励循环。

在评估暑期阅读项目时，主要涉及投入、产出和结果／影响三个关键维度的指标。在投入方面，项目的活动数量、资料发放、宣传推广、与机构合作以及志愿者参与等是重要的指标。这些投入直接影响着项目的规模和有效性。产出方面的指标包括登记人次、实际参与人次、完成阅读目标的儿童数量、弱势儿童参与数量、活动网站点击量、办证数和图书流通量等。这些指标反映了项目的实际执

行情况和对社区的影响。最后，结果／影响方面的指标包括参与者满意度、阅读量、阅读时间、阅读成绩的变化、阅读态度和自信变化以及亲子共读时间的变化等。这些指标从更宏观的角度评估了项目的长期影响和社会效益。在加拿大和英国的典型案例中，评估方法较为综合，采用的指标较全面。这两个国家的评估方法不仅关注项目的规模和覆盖面，还注重评估对参与者的实质性影响。然而，在美国的公共图书馆评估中，多数采用部分指标，如参与人数、完成活动的人数、阅读图书数量等。这可能是由于资源限制或评估的焦点更侧重于定量数据而非更全面的定性分析。研究表明，父母或照看者参与评估的情况较为普遍，而与学校合作、采用标准化测试的方式较为有限。这提示了评估过程中可能存在的一些局限性，如缺乏对学业表现等更全面指标的考察。因此，有必要在评估方法中引入更多的合作维度，以确保综合性的评估。为了提高评估的深度和全面性，建议在暑期阅读项目的评估上，公共图书馆应采取多维度方法，制定基本的绩效测量指标，并逐年连贯地收集数据。这些指标应包括登记参与活动的人数、参与活动的人数占社区总人口的比率、完成活动的人数、每位参与者阅读的图书数量、每天花在阅读上的时间、每天亲子共读的时间以及对参与儿童及其父母或照顾者的简短问卷调查。这样的方法有助于更全面深入地了解项目的效果，并为提升项目质量提供有力支持。通过引入更多的定性数据，如问卷调查，可以更好地捕捉参与者的主观感受和项目带来的积极变化。此外，与学校和其他相关机构的深度合作也是一项推动评估质量提升的关键措施，以确保项目能够更全面、持续地服务社区的需求。

（三）暑期阅读推广项目评估结果和发现

国际图书馆界暑期阅读评估或结果研究主要关注了如下方面：暑期阅读推广活动的影响，特别是参与者的受益度和满意度，这方面研究最多；成功的暑期阅读推广活动所具备的因素；暑期阅读活动举办中存在的问题和困难。

1. 参与者及对参与者的影响

夏季阅读计划是为小学儿童设计的一项教育活动，主要吸引社会经济水平较高的家庭。研究数据表明，在加拿大六个城市的小学和初中儿童中，有 43% 经常使用图书馆的儿童积极参与了暑期阅读俱乐部。同时，英国也开始实施夏季阅读挑战计划，并且取得了不错的效果。这一现象表明图书馆在确保儿童平等获得暑期阅读项目方面面临着挑战。为了解决这一问题，英国夏季阅读挑战计划采取了与社会机构合作的策略，致力于扩大项目覆盖范围，特别是关注更为弱势的儿童和 0～3 岁的低龄儿童。这种合作模式为提高阅读项目的社会包容性提供了有力支持。

从整体上看，夏季阅读对儿童及其家庭、图书馆和整个社会都产生了积极的影响。这包括提高阅读成绩和技能、增加阅读的数量、拓展阅读的范围和时间、激发阅读的主动性和自信心、促进愉悦阅读和阅读激情，以及增进社会交往和自信等方面的效果。

通过前后测比对实验组和控制组的研究表明，图书馆的暑期阅读活动对儿童的阅读成绩产生了显著的积极影响。早在 20 世纪 50 年代至 80 年代的美国研究中，那些得到图书馆关注的儿童在阅读理解、阅读速度以及词汇方面明显优于未得到关注的控制组。这一结论在近年的评估研究中仍然得到验证。研究表明，在暑期阅读项目对阅读成绩和能力的提高方面存在一些关键观点。首先，秋季学期阅读成绩的提高与暑期阅读图书数量呈正相关，暑期阅读至少 4 本或 6 本书有助于维持原有的阅读水平，而阅读 10～20 本儿童自选的图书可能进一步提高阅读成绩。其次，一些研究指出，与阅读数量相比，参与暑期阅读活动以及在学校之外愉悦阅读可能更为重要，对学习和阅读成绩的提高具有更深远的影响。另外，有研究认为，虽然能够获取图书和阅读一定量的书籍至关重要，但仅仅这样做并不能确保提高阅读能力和成绩。特别是对于小学早期、阅读尚不熟练的儿童而言，关键在于选择适合自身水平和兴趣的图书，并在阅读过程中得到父母、教师或其他成年人的指导和交互。

各国暑期阅读项目的评估结果强有力地证明了图书馆在为儿童提供重要机会和环境方面的关键作用，特别是小学儿童服务项目在解决“能够阅读但缺乏阅读积极性”问题上的重要性。美国宾夕法尼亚州的研究发现，暑期阅读活动不仅扩大了儿童的阅读数量、范围和时间，还在提高了阅读主动性、自信、热情和愉悦阅读感方面取得显著成果。该研究指出，暑期阅读活动在吸引儿童和家庭参与方面发挥了积极作用。各种相关活动，包括手工、唱歌、戏剧和讲故事等，丰富了阅读体验，使阅读变得更加有趣而多样化。这不仅提升了儿童对阅读的兴趣，也为他们提供了更丰富的学习体验，从而在整个学习过程中形成积极的认知和情感连接。这一结果与全国范围内的调查相一致，该调查显示，参与暑期阅读活动的小学四年级学生在假期更加投入阅读，不仅提高了阅读理解能力，还培养了愉悦阅读感，增强了对阅读的重视和动力。英国的研究也进一步支持了这一观点，指出夏季阅读挑战使阅读更有趣，改善了儿童的阅读范围、主动性和自信。通过挑战，儿童在阅读过程中获得了更多的启发，这促使他们更加积极主动地参与学校学习。评估研究进一步证明了暑期阅读挑战的成功。由上述内容可知，暑期阅读挑战在培养愉悦阅读、独立阅读和扩展阅读范围等方面取得了显著成果。暑期阅读挑战不仅促进了儿童在家阅读的积极性，还拓展了阅读范围，参与挑战的儿童在整个暑期阅读了更多图书。暑期阅读挑战为儿童提供了丰富的阅读经验，不仅在数量上取得了显著成果，还在培养阅读习惯、拓展阅读兴趣等方面产生了深远的影响。

暑期阅读活动对亲子阅读、家庭阅读氛围和图书馆利用产生了积极影响，这一结论得到了美国、南加州和宾夕法尼亚州等地的研究支持。美国研究表明，参与活动的儿童及其父母更倾向于频繁利用图书馆资源，拥有更丰富的图书藏量，南加州的评估发现家长在亲子共读上投入更多时间。宾夕法尼亚州的研究结果显示，图书馆每周访问率达 43%，图书流通量更呈现 6%～10% 的增长。英国的研究进一步证实，暑期阅读活动的参与不仅提升了儿童利用图书馆的能力，还促进了家庭成员更频繁地参与图书馆活动。这一趋势从图书馆的访问率和图书流通量的角度得以印证。此外，暑期阅读项目还对儿童社交和自信产生了积极影响。英国和加拿大的研究发现，阅读俱乐部的参与者不仅在教育和娱乐方面受益匪浅，还表现出更积极的社交行为。这些儿童在社交场合中展现出更高的自信和自尊心，更愿意在群体中表达个人观点，为其全面发展提供了有益的社交经验。

2. 图书馆暑期阅读推广项目存在的问题和成功的要素

成功的图书馆通常坐落于相对较小的社区，能够覆盖该地区平均 11% 的学龄儿童。儿童参与率受多种因素影响，其中包括宣传、吸引人的活动、对免费高质量娱乐的认知，以及对 0～5 岁儿童的包容性。与学校、教师、图书馆员和青少年服务机构建立紧密合作被认为是促进项目延伸的关键。在这一合作中，班主任扮演着支持儿童参与的关键角色。英国的实证研究表明，92% 的图书馆当局通过多种方式与学校合作，包括组织图书馆馆员访问学校，运用视频、幻灯片（PPT）等宣传手段，以及鼓励学生在学校活动中担任角色。然而，要实现项目的全面覆盖，必须考虑弱势青少年的需求。针对这一群体的方法包括积极推动其家庭参与、与非营利组织合作满足弱势儿童的阅读需求，以及在贫困街区的图书馆提供更优质的服务。研究表明，通过加强与家庭和非营利组织的协作，能够在更大范围内推动阅读项目的成功。同时，在贫困地区的图书馆加强服务，为弱势青少年提供更多资源，有助于缩小社会不平等的阅读机会差距。

为了增加男孩的参与度，图书馆还应采取专门针对他们的项目和措施。研究发现，男孩在阅读项目中的参与度相对较低，因此有必要制定有针对性的策略。

这可能包括设计更具吸引力的阅读活动，以及引入与男孩兴趣相关的图书和主题。通过这些措施，图书馆可以确保暑期阅读活动在更广泛的社会参与中发挥作用，为儿童提供更全面的学习体验。

英国的研究表明，成功的暑期阅读活动具备多重要素。首先，活动内容应包括手工艺、诗歌、作者互动、计算机活动、游戏和全国性创始活动等多元元素，以提供多样性的体验。此外，奖品等激励机制对活动和参与者满意度至关重要。让儿童能够自主选择阅读的图书是活动成功的标志，但同时需要解决图书交流和暑期后续活动不足的问题。美国俄亥俄州的调查结果显示，提高参与率的关键在于整合电子阅读器、提供午餐、激励机制、改变计划形式、增加服务和时间。为了拓展阅读的定义，研究建议将计算机游戏、漫画、动画等纳入范畴，为儿童提供更多在线机会。

在管理和人员方面，成功的活动通常设有明确的目标，设计灵活，采用宣传推广策略，提供评估报告，并营造舒适的环境。一个优秀的团队包括受过培训的儿童专家和知识渊博的图书馆馆员，他们具备灵活性和创新性，从而推动暑期阅读活动的成功推广。

三、结论及启示

国际图书馆界的儿童阅读推广项目主要分为两大类别：一类是针对婴幼儿的早期素养培养项目，其目标在于积极塑造儿童的阅读和文化素养，同时通过促进亲子阅读关系，为孩子们的成长奠定坚实基础；另一类项目则是以夏季为背景的阅读推广活动，致力于激发儿童的阅读兴趣，提升其独立阅读的能力。研究表明，这类活动不仅有助于保持和提高儿童的阅读成绩，还在促使家庭形成浓厚的阅读氛围方面发挥了积极作用。

成功的暑期阅读活动通常能够覆盖社区中约 8% 至 10% 的儿童。这些项目与学校和其他相关机构密切合作，通过图书馆馆员的创造性友好服务，采用激励措施并保持包容性，取得了良好效果。此外，积极的宣传推广策略以及设定明确的目标和评估报告也是成功的关键因素。在这些阅读推广活动中，不仅仅是阅读量的提升，还包括拓宽儿童的阅读范围和增强其阅读自信心。通过参与各种有趣而富有挑战性的阅读活动，儿童能够接触到更广泛的文学作品，从而促使他们对不同主题和文化背景的理解更加深入。这种全面的阅读体验不仅为儿童的学术发展提供了有力支持，同时也培养了他们对多元文化的敏感性和包容性。此外，这些活动还在社交技能和自信心的培养方面发挥了关键作用。通过与其他儿童的互动，儿童在阅读活动中建立了友谊，学会了与人合作、分享阅读体验。这种社交不仅促进了儿童的社交技能发展，还增强了他们对自身能力的自信心，为未来的学习和生活奠定了坚实基础。因此，国际图书馆界的儿童阅读推广项目在多个方面均取得了显著而积极的效果。

近10年来，中国图书馆界对儿童阅读推广投入了更多的关注，涌现了许多杰出的案例。然而，有些案例缺乏深度的评估研究，尤其是对参与者影响的评估。虽然全国每四年一次的公共图书馆评估中包含儿童阅读推广指标，但主要以“投入—产出”指标为主，缺乏深入影响评估。因此，有必要在儿童阅读推广领域引入更全面、深刻的评估研究，以更好地理解和优化这些项目的影响。在国际图书馆界，我们可以借鉴丰富的评估视角、方法、工具和过程，以及数据统计方法和价值导向方面的经验。国外一些先进的图书馆评估实践提供了宝贵的参考，可以为中国的儿童阅读推广提供新的思路和方法。特别是，我们可以考虑采用第三方评估方式，与学校等机构合作，实施更为全面和客观的评估，以更好地了解项目的实际效果。为了更好地进行评估研究，图书馆应当加强日常数据、档案和逸事等资料的积累。我们可以借鉴加拿大的全国性评估经验，建立系统的数据收集和存储机制，以支持对儿童阅读推广项目的长期跟踪研究。通过这样的方式，图书馆可以更好地理解项目的长期影响，为未来的推广活动提供有力的依据。评估的目标是改善儿童阅读服务，使其发挥最大的效果，改善青少年、家庭和社会生活。评估的重要意义在于促使图书馆反思活动目标和产生的影响。通过评估，图书馆可以更清晰地了解何种阅读理念和实践对目标群体产生最好的影响，从而更有针对性地推动相关活动。此外，评估还能够明确推广活动能达到的目标，指出需要改进的活动环节，以及如何选用最恰当的评估工具和数据来改善项目。在阅读推广方面存在目标冲突，如鼓励更多阅读与高质量阅读之间的冲突。因此，图书馆需要明确阅读推广的理念、目标和活动方式。通过评估，图书馆可以更好地理解这些目标之间的关系，找到平衡点，制定更为科学、合理的推广策略。这也将有助于图书馆更好地满足不同群体的阅读需求，提高阅读推广的质量和效果。

美国图书馆在暑期阅读活动中的演变反映了对阅读质量和儿童自主选择阅读资料的不断调整与关注。起初，图书馆注重提高阅读质量，强调阅读对个体认知和语言发展的重要性。然而，近年来，越来越多的关注点转向了儿童在阅读活动中的自主性和选择权。图书馆馆员们认识到，通过引导儿童选择他们真正感兴趣的书籍，可以更好地激发他们的阅读热情。因此，从关注阅读质量逐渐转向了“阅读什么都比不阅读要好”的理念。这一变化体现在图书馆馆员们采用的激励机制上，其中包括小组目标、设立低目标以及使用阅读协议等方法。在评估阅读活动时，图书馆采用了更为灵活的方法，以适应不同阅读能力的儿童。阅读时间成为一种常见的成功度量标准，有助于平衡各个年龄层次和能力水平的儿童的需求。国外儿童阅读推广的核心理念强调激发儿童对阅读的热爱和主动性，确保阅读机会的平等分配，特别是关注来自贫困家庭和阅读积极性较低的儿童。这一理念的倡导不仅涉及图书馆资源的分配，还包括对社会不平等的关注，以确保所有儿童都能享有阅读的益处。这些国外理念和方式为我国图书馆在儿童阅读推广方面提供了有益的反思和借鉴。

第三节　公共图书馆未成年人阅读推广实践

一、公共图书馆未成年人阅读推广活动

（一）公共图书馆未成年人阅读推广活动的主要原则

公共图书馆开展未成年人阅读推广活动最主要的目的是激发未成年人的阅读兴趣，只有有了兴趣，读书才能有动力，只有在产生兴趣之后，未成年人才能由外在的推动阅读转变成内在的自发阅读。换句话说，公共图书馆开展未成年人阅读推广活动是为了让读书融入未成年人的生活，启迪他们的心灵，让他们感受到阅读的快乐、阅读的魅力，通过阅读助力未成年人的人生发展。想要实现这一目的，要求公共图书馆阅读推广人使用科学合理的推广方法，有针对性地向未成年人开展推广活动。阅读推广活动需要遵循一定的原则，要始终坚持激发未成年人对阅读的兴趣，这是活动的出发点，也是活动的落脚点。阅读推广人要有耐心，有毅力，能够引导未成年人逐渐地融入推广活动中，不断地激发未成年人的潜能，培养他们在阅读方面的浓厚兴趣。

公共图书馆在对未成年人进行阅读推广活动时，需要遵循如下原则：

1. 安全性原则

公共图书馆在开展针对未成年人的阅读推广活动时，要遵循的第一个原则是安全性原则。活动开展过程中，有很多因素都会威胁到未成年人的人身安全，如环境因素、设施设备因素、活动环节的安排设计、活动器材的安全性能等。图书馆的工作人员在设计活动的过程中，一定要仔细考量每一个因素和环节的影响，

要以未成年人的安全发展为出发点，进行精心、缜密的设计，特别是在竞技类游戏的设计过程中，一定要注意设施设备的安全性、游戏项目本身的安全性及场地环境的安全性，一定要确保未成年人参与游戏是安全的。

2. 鼓励性原则

公共图书馆在开展针对未成年人的阅读推广活动时，需要遵循的第二个原则是鼓励性原则。未成年人有非常强烈的好奇心，对一切未知的事物存在满满的求知欲，这种求知欲望使得他们一直在探索、尝试。在开展图书推广活动的过程中，未成年人的求知欲和活动的碰撞会擦出更大的火花，他们的求知欲望会被无限扩大，他们会表现出强烈的参与兴趣，在活动当中也会勇于表现自己。但是这并不意味着他们的求知欲望会永远热烈，求知欲望的保持需要图书馆工作人员的鼓励和呵护，还需要图书馆工作人员给予一定引导。因此，要求图书馆的阅读推广人要有耐心，能够洞察孩子们的变化，细致地寻找未成年人身上存在的优质特点，运用语言的形式呵护未成年人的求知欲，始终坚持推广活动的鼓励性原则。

3. 针对性原则

公共图书馆在开展针对未成年人的推广活动时，需要遵循的第三个原则是针对性原则。开展活动的本质目的是为学生才能的展示、知识的学习、自信的提升、成果的分享提供广阔的平台，通过开展阅读推广活动，未成年人和图书馆之间建立了更紧密的联系，他们对图书馆有了依赖，有了热爱，他们会自觉地利用图书馆，喜欢读书，爱上读书。

不同年龄的未成年人适用的活动是不同的，哪怕是同一种活动，它对处于不同年龄的未成年人提出的要求、开展的方式也有差异。因此，应该根据未成年人所处年龄阶段的不同选择不同的设计主题，选择不同的活动内容、活动方式，要充分体现出活动的针对性，只有这样才能精准地实现阅读推广活动的目的，让所有的未成年人都在阅读活动中获得成长。

4. 多样性原则

公共图书馆在开展针对未成年人的阅读推广活动时，需要遵循的第四个原则是多样性原则。未成年人受到家庭环境、个人性格的影响，会表现出不同的爱好和兴趣，有的未成年人对绘画表现出明显的兴趣，有的则对音乐表现出明显的兴趣，公共图书馆在开展阅读推广活动时，应该尽最大努力满足未成年人在图书方面的偏好，给予每个孩子学习和展示的机会。为了做到这一点，图书馆工作人员一定要设计多种多样的活动内容，如绘画活动、音乐活动、摄影活动、剪纸活动、演讲活动、表演活动、手工活动等。

除此之外，活动的组织形式也要遵循多样性原则，如组织娱乐性活动、竞技性活动、亲子活动等，可以组织安静一点儿的活动，也可以组织非常热闹、活泼的活动。不同形式的活动能够激发未成年人的积极性和主动性，有助于未成年人从活动中获得乐趣，从而更愿意接近图书馆，更喜欢图书馆。

5. 个性化原则

公共图书馆在开展针对未成年人的阅读推广活动时，需要遵循的第五个原则是个性化原则。每个未成年人都不同，每个人都有自己的优点，阅读推广活动的开展不可以要求所有的未成年人达到相同的标准，图书馆工作人员也不可以将自己的想法和意愿强行施加在未成年人身上。未成年人在活动当中的想法和做法应该是遵照个人想法、个人意愿的，应鼓励未成年人产生独特的创意，鼓励他们表达自己的个性。

6. 主体性原则

公共图书馆在开展针对未成年人的阅读推广活动时，需要遵循的第六个原则是主体性原则。每个未成年人都具备独立性，虽然他的思想还没有成熟，还处于发展阶段，但是他们作为个体，爱好是独立的，人格也是独立的，他们应该得到平等的尊重和信任。

公共图书馆开展针对未成年人的阅读推广活动一定要注意遵循未成年人的主体性原则，在确定活动主题目标、内容设计、活动形式时，一定要尊重未成年人的个人意向，要在一定程度上指导未成年人自觉积极地参与读书活动，为他们呈现读书的意义和魅力，养成未成年人终身阅读、喜爱阅读的习惯。

7. 便利性原则

公共图书馆在开展针对未成年人的阅读推广活动时，需要遵循的第七个原则是便利性原则。公共图书馆在推广阅读活动的过程中，有一个不确定性，那就是参与的未成年人人数的不确定。有一些未成年人并没有办法实时关注图书馆的网站信息，也并不会细心阅读活动的宣传内容。有一些未成年人注意到图书馆的阅读活动是在参观图书馆或者借书的过程中，他们觉得活动可能非常有趣，因此临时决定想要加入阅读活动。但是，可能因为没有提前准备活动需要的资料或者工具，而导致他们无法即时参加活动。这个时候，图书馆工作人员应该为这些临时加入进来的未成年人提供活动材料或者活动工具，满足他们想要参加活动的需求，并在他们感兴趣的时候及时地向他们推荐阅读活动，尽量培养他们形成阅读兴趣。

8. 长期性原则

公共图书馆在开展针对未成年人的阅读推广活动时，需要遵循的第八个原则是长期性原则。人才的培养并不是一时兴起，而是需要日积月累的，用心去浇灌，用爱去培养，这是一个复杂而且困难的培养过程，需要和未成年人一起经历，引导他们以此来实现他们点滴的进步，将他们培养成有才华且乐观向上的人才。

就是因为这样，在未成年人的阅读推广活动过程中，要注意活动的长期性，不可以追求速成，应该在一点一滴的日常积累中坚持不懈，为未成年人提供长久的活动培养，使未成年人和图书馆之间建立深厚的联系。特别是少年儿童图书馆，对于少年儿童图书馆来讲，活动推广服务是当前的主要发展趋势，也是未来发展需要遵循的服务理念之一。

9. 统筹性原则

公共图书馆在开展针对未成年人的阅读推广活动时，需要遵循的第九个原则是统筹性原则。公共图书馆的阅读推广服务如果想要覆盖所有未成年人，让所有未成年人都能够享受到图书馆的优质服务，那么图书馆需要对未成年人做详细调查，深入研究，制定详细计划，并合理安排计划，从整体的角度统筹安排，尽量满足所有未成年人需求，让所有未成年人都能够感受到阅读活动的魅力。因此，阅读推广人在设计阅读推广活动的过程中，应将全部年龄的未成年人考虑在内，还应将所有未成年人的兴趣爱好考虑在内。也就是说，0～18 岁的孩子都需要考虑；孩子的普遍爱好需要考虑，同时也需要考虑个别孩子的特殊爱好；图书馆范围附近的孩子要考虑，图书馆周边范围的孩子也要考虑；不仅要提供小型的阅读推广活动，还要提供大型的阅读推广活动；不仅要针对未成年人做常规化的阅读推广活动，还要针对未成年人做多元化的阅读推广活动；而且推广活动应覆盖全省范围内的未成年人，不仅包括省区市内的，还要涉及乡镇村的未成年人。要遵照阅读推广活动的统筹性原则，科学合理地安排阅读推广活动。

10. 经济性原则

公共图书馆在开展针对未成年人的阅读推广活动时，需要遵循的第十个原则是经济性原则。虽然随着国家的富强，国家对图书馆发展投入的资金也在增多，但是需要始终遵循勤俭节约的中华美德。

阅读推广人在设计未成年人的阅读推广活动过程中，应该将经费用在必要的地方，尽量花最少的钱获得最好的收益和效果。如果活动中涉及能够重复利用的道具，那么应尽可能做到重复利用。如活动可能用到的木制拼图或乐高等。

11. 平等性原则

公共图书馆在开展针对未成年人的阅读推广活动时，需要遵循的第十一个原则是平等性原则。公共图书馆为所有读者提供均等机会的图书馆服务，阅读推广人在为读者服务时一定要遵守以人为本的原则。

平等性原则主要体现在应该对所有的未成年人不分种族、年龄、性别、贫富地进行同等优质的服务。对于一些需要特别照顾的儿童，应该给予额外关怀，应更具有针对性地满足未成年人在阅读方面的需求，让他们更好地和社会融合，积极乐观地和世界友好相处。

（二）公共图书馆未成年人阅读推广活动的主要方式

1. 推荐馆藏资源

第一，新书推荐。这种形式是图书馆普遍使用的形式之一，向读者推荐新书主要是为了将图书馆最新的馆藏文献信息传递给读者，如果读者有阅读的需求，可以及时选择。通常情况下图书馆会在新书宣传栏区域宣传新书，也会在图书馆专门设置新书书架，此外，也会举办专门的新书推荐活动。在图书馆领域引入信息技术后，图书馆有了更多样的形式向读者推荐最新书籍，推荐更加方便、快捷，更符合读者的信息获取需求。如可以在图书馆的官方网站、微信公众号上宣传，也可以在图书馆的滚动屏幕、电子借阅机器上面宣传。

第二，书目推荐。除了新书推荐外，图书馆也会使用书目推荐的方式向读者推荐图书馆中的书籍。书目推荐的优点是读者能够直接看到图书作者、简介、出版社及它在图书馆中的具体位置和它的检索书号等内容，这些内容能够让未成年人或未成年人的家长更好地选择他们所需的图书，极大地提高了图书的使用率。通常情况下，制作出来的推荐书单会放在宣传架中，读者可以自由取用；除此之外，在一些图书馆举办的大型活动中，图书馆也会免费发放书单；为了使读者更便利地获取书单内容，图书馆也会在相关网站上发布书单。

第三，馆员推荐。图书馆的工作人员是书目的推荐者。图书馆本身属于社会教育领域，图书馆的工作人员，特别是少年儿童图书馆的工作人员，他们对图书馆的文献有非常详细的了解，也非常熟悉未成年人的需求和阅读特点，他们在指导未成年人阅读方面有非常丰富的经验。此外，他们还学习了儿童心理学理论、文学理论、教育学理论。在这样的理论指导下，再辅以实践经验，他们可以针对性地对未成年人开展一系列推荐活动。他们的推荐非常富有感染力，未成年人在他们的推荐下极大地提高了阅读兴趣，掌握了更多的阅读技巧，他们的阅读水平也得到了提高。从这个角度来讲，图书馆工作人员就是未成年人阅读方面的指导教师。

2. 举办阅读促进活动

图书馆，特别是少年儿童图书馆，举办了很多能够激发未成年人阅读兴趣、提高未成年人阅读品位的活动，这些活动的举办能够培养少年儿童养成爱读书的好习惯。图书馆本身有大量的人才和资源，图书馆可以有针对性地根据未成年人的阅读需求设计促进活动，活动主要是为了儿童的身心健康发展，为了对未成年人进行文化、科技、娱乐等方面的培养，让他们感受到文化的魅力。未成年人的身心需求不同，因此，图书馆提供的活动也是多层次的、多角度地，通过图书馆提供的阅读促进活动，未成年人可以发现自己身上的优点，变得更加自信，这极大地促进了未成年人和图书馆之间的亲密交流。图书馆的阅读促进活动在未成年人心中种下了喜爱阅读的种子，经过长久的培养和浇灌，种子会逐渐生根发芽，未成年人也会从知识的被动接受变成主动获取。图书馆在设计活动时，应该尽量选择周末，如果是寒暑假，时间设计可以更加随意，可以根据未成年人的需要安排活动时间。

第一，在图书馆内部举办针对未成年人的阅读促进活动。图书馆内储藏着大量的图书资源，而且图书馆能够为未成年人提供平等、个性、便捷以及专业的服务，在图书馆和谐优美的环境下，未成年人能够更好地享受读书。在大量图书资源以及图书专业工作人员的支持下，图书馆能够开展各种各样的图书活动。与此同时，随着社会观念的变革更新，人们对图书馆的功能有了更全面的认识，更清晰的了解，无论是儿童还是家长，对图书馆的使用都不再停留在书籍借阅层面，而是更深入地参加更多的由图书馆举办的活动。特别是少年儿童图书馆，活动的趣味性非常高，很多儿童积极参加。对于少年儿童公共图书馆来讲，他们要更加注重服务理念的创新，应该多在图书馆内部举行亲子活动，而且活动的举办应该做到持久、系统、常态化，把举办亲子活动当作是图书馆对读者进行的一项基础服务，服务不是应景、临时的，是需要长久稳定发展的。

公共图书馆在确立活动内容、活动形式的过程当中，应该充分考虑到未成年人目前的身心发展状况，应该有针对性地安排活动。其一，针对婴幼儿开展的阅读促进活动，因婴幼儿年龄较小，他们的活动应该有父母的参与和看管，因此方式上更倾向于亲子活动，具体的活动形式可以选择儿童喜欢的游戏、美术、阅读或故事会；其二，针对学龄前儿童开展的阅读促进活动，学龄前儿童能够自主地进行游戏、美术或者是拼图活动，因此在开展促进活动时可以参考这几种形式；其三，针对学龄儿童开展的阅读促进活动，学龄儿童基本具备了独立参与活动的能力，因此活动方式可以集中在有奖竞答游戏、摄影、拼图、演讲、剪纸或板报设计、征文朗读等方面；其四，针对青少年开展的阅读促进活动，青少年阅读表现出来的明显特点是追求个性化，追求自己的兴趣爱好，更加注重自主阅读，因此，青少年阅读促进活动使用的活动方式可以是演讲比赛、读书会分享、图书馆信息检索技术的使用、图书馆管理社会实践等；其五，针对各个年龄段儿童开展的阅读促进活动，活动形式主要有才艺表演或联欢会，需要注意的是，虽然不同年龄段活动名称可能相同，但是对于不同年龄段的未成年人来讲，活动的内容、活动的难度以及要求应该不同，图书馆馆员应该针对各个年龄段的特点设置不同的标准。因此，需要图书馆馆员注意儿童阅读活动的开展一定要结合实际需求，灵活变化，只有这样才能真正让图书馆的活动发挥作用，真正提高儿童的阅读能力。

第二，联合幼儿园举办针对未成年人的阅读推广活动。公共图书馆，尤其是少年儿童公共图书馆，它的环境建设非常优美、舒适，图书馆内部储存的儿童读物非常丰富，而且图书馆的工作人员有非常丰富的儿童读物推荐经验和指导经验，他们熟悉儿童的心理，懂得儿童教育理论，他们是开展儿童阅读活动的有力保障。

图书馆和幼儿园联合起来共同针对未成年人开展阅读推广活动使用的方式主要涉及以下几种。其一，在幼儿园内部建立图书馆的读物流通站。之所以在幼儿园已有图书室的基础上再配置读物流通站，是因为幼儿园配置的图书室在图书数量以及种类方面无法满足儿童多样化的图书需求。而公共图书馆储存了非常丰富、有趣、多样化的图书，图书的色彩、印刷、图片排版都非常精美，能极大地激发儿童的兴趣，吸引儿童关注。在这样的图书刺激下，儿童会产生想要阅读的想法，因此图书馆可以在幼儿园内部建立读物流通站，提供图书让儿童阅读，满足儿童的阅读需求，培养他们的阅读习惯。其二，让幼儿去参观图书馆。以往幼儿园都会组织儿童去参观图书馆，这是幼儿必须修习的一门课程，但当前大多数的幼儿园为了保证儿童的安全都会取消这项室外活动，会由幼儿园的教师以分享或讲故事的形式将图书馆的相关知识传递给幼儿。这样的做法虽然保证了安全，但是无法让幼儿近距离地感知图书馆的氛围，如果幼儿能够切实地体验图书馆的环境，那么他们的理解效果肯定会更好。为了解决这一问题，可以在参观图书馆时要求家长陪同，这样不仅能够解决安全问题，还能够增加家长和孩子之间的亲子互动，能让家长更加重视儿童阅读。其三，联合开展丰富多样的阅读推广活动，培养儿童的阅读习惯。阅读兴趣并不是速成的，需要长久坚持，因此公共图书馆可以和幼儿园之间建立长久的合作关系，采用共同培养的形式培养幼儿的阅读习惯和阅读兴趣，幼儿园教师可以和家长共同参观图书馆，共同参加图书馆举办的阅读活动；反之，图书馆的工作人员也可以走进幼儿园，为孩子们举办和阅读推广有关的活动。如可以在幼儿园举办绘画活动、手工活动、诗歌朗诵活动、故事分享活动、拼图活动或其他形式的亲子活动等。这些活动都能够激发儿童的阅读兴趣，让儿童对图书对阅读有一定认知，培养儿童的阅读意识，并促进亲子间的互动，加深家长对阅读的重视程度。

3. 联合学校

公共图书馆和中小学共同组织开展阅读促进活动，对促进推广未成年人阅读十分有益。近些年，许多学校陆续采取了各类激发学生阅读兴趣的举措，如建立爱心图书角、好书大家看、图书漂流和捐赠图书等一系列阅读推广活动。短期来看，这些举措在适应学生阅读需求层面可能发挥了一定作用，取得了一定效果，但从长远的角度来看，学生阅读难的现状依然无法得到根源性改善。作为学校教育的补充，公共图书馆的丰富馆藏资源有效拓宽了学校教育的知识面，专业的公共图书馆馆员团队能够对学生合理使用馆藏资源发挥引导作用，辅助学生完成阅读任务，从而有效改善学生的阅读现状，培养学生的终身学习能力。除此之外，对于公共图书馆而言，也可以以其多样化、多层次的馆藏资源吸引一批忠实读者，从而一方面有效改善公共图书馆图书资源利用现状，实现图书馆的价值发挥，另一方面打造公共图书馆积极承担社会责任的正面形象，从而提升公共图书馆的知名度和社会好感度，以实现图书馆的更好发展。所以，整体上来看，公共图书馆强化与各学校之间的深度合作是实现资源配置、共享和优化的重要手段。

在未成年人阅读活动推广方面，公共图书馆和学校承担着共同的责任，二者之间的强强联合在推广质量和推广效率方面将发挥“1 + 1 > 2”的效果。具体来讲，二者之间的联合推广主要表现为馆藏资源共享、联合开展丰富多彩的阅读促进活动以及加大社会实践活动的组织力度三种。

（1）馆藏资源共享

开通图书资源流通服务。对于公共图书馆，尤其是少年儿童图书馆而言，在近些年享受到了国家较大力度的政策支持和财政支持，以城乡为覆盖面的少年儿童图书馆服务体系建构提上了国家日程，并在规划当地国民经济和社会事业发展时将少年儿童图书馆的建设纳入范畴，进而实现公共文化服务体系建立和健全、公益性文化事业进一步发展的目标。但是，不可否认这一目标的实现所体现出的长期性、艰巨性等基本特征。对比公共图书馆的数量和分布情况，不难发现，很多未成年人被拦截在图书馆和阅读门外，主要原因在于学校与图书馆之间的远距离和不便利。尽管大城市的社区和街道已经为未成年人借阅图书设立了自助借还机，但仍旧无法与未成年人强烈的阅读需求相适应，这使公共图书馆服务理念的转变（由被动转变为主动）、工作方法创新及建立学校图书流通站显现出了客观必然性。具体来讲，在学校设立图书流通站既有利于提高图书质量，又可以通过培养未成年人阅读兴趣推动提升阅读质量。同时，为了确保图书流通站抛开形式主义，真正落实，图书馆馆员需履行以下职责：保障图书更换频率，这一职责的履行是为了确保图书的时代性、与热点图书的同步性及与未成年人阅读需求和阅读兴趣的契合度；进一步强化与学校教师的沟通，只有这样才能更精准地把握学校的教育情况、教育需求，从而确保图书配送的针对性；进一步强化与未成年人的互动，只有建立在与未成年人零距离接触和百分百倾听的基础之上，才能确保图书配送能够满足未成年人的个性化阅读需求。

参与教师寒暑假阅读书目的制定，这是因为就对学生阅读层次和阅读需求的了解程度来讲，学校教师居主要地位，就对馆藏资源的熟悉程度来讲，第一人选非公共图书馆馆员莫属。因此，二者积极建立有效沟通、互助合作的关系，可以在制定学生寒暑假阅读书目的过程中，实现阅读活动的有效和深度推广。特别是在寒暑假期间，学生需要完成教师制定的阅读书目计划，倘若公共图书馆没有事先与学校教师相互配合、达成一致，就可能导致学生无法在图书馆获得所需书籍，进而影响寒暑假学习任务的完成。而为了有效避免这种服务脱节的现象，就需要图书馆馆员与教师达成通力合作关系，在此基础之上完成学生寒暑假阅读书目的制定，甚至在图书馆设立学生专用寒暑假读书计划专架，便利学生获取所需书籍。

（2）联合开展丰富多彩的阅读促进活动

作为开展未成年人阅读推广的有效途径，由公共图书馆和学校共同举办的多样化的阅读促进活动对于未成年人的健康成长和其智慧与潜能的发掘，以及未成年人综合素质的提升有重要的促进作用。这些阅读促进活动的呈现形式可以包括征文、演讲、音乐、美术、摄影、游戏、舞蹈等多种样式，多样化的组织形式、趣味性的活动内容（如世界读书日举办的演讲比赛、绘画书法比赛、摄影比赛、国学经典朗诵、科技展览等）可以有效激发未成年人的兴趣，对未成年人具有较强的吸引力。从实践操作层面来讲，可以“走出去”“请进来”两种方法齐头并进，所谓“走出去”就是要让图书馆真正深入到校园中，真正实现阅读促进活动由图书馆馆员与学校教师共同参与策划和执行，通过这种方法，进一步地丰富与完善校园文化生活，也会进一步增强学生对阅读活动的参与感；所谓“请进来”就是说要进一步加强图书馆馆员与学校教师的互动沟通，在学校教师的带领下，学生主动参与到活动中。这种方法为学生亲近图书馆、熟悉图书馆提供了极大的空间和自由，可以在潜移默化中培养学生的图书阅读兴趣。

(3) 加大社会实践活动的组织力度

社会实践活动可以极大地丰富学生的寒暑假生活，而公共图书馆在组织和开展学生社会实践活动中可以有效发挥其平台搭建者的角色作用。具体来讲，公共图书馆可以邀请学生担任图书馆的寒暑假志愿服务者，为学生提供一个熟悉图书馆馆藏结构、提升有效利用图书馆资源体系和自身综合素养的平台。

4. 联合社区

服务型社区作为当今社区建设的主要发展方向，要求社区服务中心在开展社区服务时始终践行“情系社区，服务万家”的基本理念，以有效改善社区居民的生活环境为目标，为居民提供所需社区服务，帮助社区居民建立和谐的邻里关系，使生活矛盾得到有效调节。与此同时，它们还承担着为中小学生校外活动、公益活动提供志愿服务、文化娱乐服务等职责，以及温暖社区服务建设的重要责任。因此，公共图书馆与社区之间需要建立起联系紧密的合作关系，优势互补、资源共享，共同促进未成年人阅读的推广。同时，使社区服务中小学生活动的质量显著提升，也真正发挥公共图书馆的图书利用价值。

具体来讲，二者之间推广未成年人阅读的联合实现途径主要包括：建立社区图书流通站，未成年人在社区工作人员的陪同下到图书馆参观学习，图书馆为社区未成年人阅读促进活动发挥必要的辅助作用。

(1) 建立社区图书流通站

社区的存在，为放学后无人接送的小学生提供了安全的学习和完成课后作业的空间。之所以会出现这种情况，主要在于小学生放学时间与家长下班时间的错位，小学生一个人在家必然会引起家长的担心，因此社区学习成了一个绝佳选择。在社区里，孩子们的校外生活和学习辅导主要由社区工作人员负责，这一点对流动儿童较为集中的学校尤为重要。但社区生活也存在着单调乏味等问题，孩子们的日常只有写作业和嬉戏打闹，这就促使公共图书馆与社区之间建立合作关系十分必要。社区图书流通站的建立，不仅使小学生的生活更丰富多彩，也为小学生阅读需求的满足提供了极大的便利。

(2) 未成年人在社区工作人员的陪同下到图书馆参观学习

作为推广和宣传图书馆的好方法之一，未成年人，尤其是距离图书馆较远的未成年人应图书馆工作人员之邀到馆参观学习可以有效降低因父母过于忙碌无暇顾及孩子的图书阅读，以及因自身年龄小，孤身前往图书馆阅读的潜在风险。与此同时，社区工作人员就应当积极承担对未成年人的社会责任，带领其安全前往图书馆开展课外阅读活动，可以在熟悉图书馆的同时引导未成年人激发阅读兴趣和养成良好的阅读习惯。

(3) 图书馆为社区未成年人阅读促进活动发挥必要的辅助作用

对于使未成年人的生活更加丰富和多样化而言，在不断扩展和深化社区服务的背景下，社区工作人员组织举办的未成年人节假日文化娱乐活动发挥了重要作用。但是，对于阅读推广活动进社区的实现而言，必须依靠专业的图书馆馆员发挥作用。作为专业的阅读推广人，图书馆馆员与社区工作人员联合组织各种多样化、趣味性的阅读促进活动，可以极大地便利未成年人享受公共图书馆馆员的专业文化服务，与此同时，也起到了图书馆的宣传扩大化作用。因此，这种既满足未成年人阅读需求，又可以宣传图书馆的方法成为未成年人阅读推广的重要途径。

5. 联合社会教育机构

公共图书馆联合社会教育机构，主要通过共同举办多样化的阅读促进活动来实现共同推广未成年人阅读的目的。

社会教育机构的创办者多为一些有理想、有才能、有魄力、创新型的有志人才，特别是得益于国家政策向大学生创业支持政策的偏移，一批由优秀大学毕业生创办的未成年人教育机构雨后春笋般涌现，他们将共同的价值追求、先进的办学理念以及吃苦耐劳的敬业精神和精诚合作的合作精神融入办学过程中，希望通过对办学理念、教学方法的扩大化宣传，引导尽可能多的未成年人参与到阅读活动的组织中，扩大知名度。同时，图书馆要变革观念，以更大的包容度和接纳度来和他们开展合作，共同推动未成年人阅读推广活动的举办，并给予未成年人以丰富的情感和心理体验，进一步提升阅读促进活动的多样性，为阅读活动注入更多鲜活的元素和能量。此外，吸收其他元素的优势，共同促进、共同进步，从而唤醒未成年人热爱图书馆、利用图书馆的热情，与此同时，也搭建了一个平等开放的平台，便于图书馆馆员和社会教育机构的教师互相交流、优势互补、共同进步，共同提升教育水平，改善未成年人的阅读现状。

6. 强化馆际合作

通过进一步强化馆际合作来实现未成年人阅读得到更深度推广的方式，通常表现为以下几种：共享馆藏资源、交流学习、共同组织以促进阅读为目的的活动。

因此，各公共图书馆、少儿图书馆、中小学图书馆要不断加强馆际合作，无论是共享馆藏资源，还是联合举办各种阅读促进活动，都要积极寻求合作、学习和交流的可能，通过整合各自的服务优势，实现阅读推广活动覆盖面和影响力不断扩大的目标。更进一步来讲，通过对未成年人阅读共同推广的合力，带动形成全民阅读和文明社会氛围。

7. 联合新闻媒体

对于阅读推广活动的组织者和读者而言，新闻媒体发挥着重要的媒介作用，强化公共图书馆与新闻媒体之间的深度合作，可以充分发挥新闻媒体的传播优势，这对扩大公共图书馆影响力，广泛宣传公共图书馆多方动态、公益性和服务范围等内容都将发挥重要作用。与此同时，能进一步提升图书馆的知名度和舆论导向作用，将公共图书馆的功能和服务全方位展现在读者面前。特别是公共图书馆在开展各种阅读推广活动时，更要借助媒体优势（即辐射范围广、传播速度快、传播效果好等），通过强化活动的宣传力度，为活动的顺利开展吸引更多关注度，引导更多未成年人参与其中，激发其利用图书馆丰富资源的积极性。

总之，使未成年人向热爱阅读的优秀人才过渡是一个漫长且复杂的过程，除了公共图书馆的功能发挥外，还有赖于公共图书馆馆员的辛勤付出和努力，需要不断优化公共图书馆的服务机制，积极寻求与一切资源的深度合作、优势互助和资源共享，只有这样才能进一步完善、助力未成年人文化素养全面提升的阅读推广服务体系。

二、公共图书馆未成年人阅读推广活动策划

策划是一种战略和规划，确定主题后，可以围绕这个主题展开。在知识经济时代，策划是一种智慧的结晶，体现了策划者的创造性思维和理性思维。目前，策划在不同的行业领域中被广泛使用，在不同的行业中对策划的定义也各有不同。在公共图书馆未成年人阅读推广活动中，这一活动策划通常意味着在具体活动实施之初，主办方在调查分析相关材料的基础上，根据活动目的，按照一定步骤，计划和制订系统、全面、合理和可操作的行动计划。

（一）公共图书馆未成年人阅读推广活动策划的意义

“服务活动化”是一个新鲜理念，这一理念已经被广泛应用于公共图书馆的日常工作中，通过“服务活动化”能够带给未成年人更加丰富多彩的业余生活、发挥未成年人才能、激发未成年人的阅读兴趣，引导他们广泛阅读。

无论是在国内还是国外，公共图书馆都认同“服务活动”这个新鲜理念，并将其落实到了图书馆日常服务中，然后在此基础上不断探索创新，开发出一系列的未成年人阅读推广活动。在中国，阅读推广活动可以说是丰富多彩了，这也体现了图书馆和地域的特点。例如，在荆门市图书馆中，“快乐星期天”是这一地区非常有特色的少儿活动；甘肃省图书馆开展了一系列主题活动，“亲子阅读推

广活动”促进了孩子和家长之间的读书交流；在其他图书馆中也有很多优秀的阅读活动，如“快乐阅读”大大激发了未成年人的读书兴趣。国外的阅读活动包括美国图书馆协会发起的“让我们来谈谈它”阅读活动，德国的“阅读起跑线”项目等，这些项目都是非常优秀的未成年人阅读推广活动，有着非常深远的意义。

总而言之，这些未成年人的阅读推广活动，不仅有国内深受未成年人欢迎的阅读推广活动，也有国外同样优秀的项目。它们的名称、主题都非常有创意，对未成年人阅读推广活动的开展有积极影响，都在为了促进全民阅读的发展目标而努力。在这一过程中，除了公共图书馆外，还有各种社会和教育机构都参与其中，多方共同协作才有了良好的推广效果。所有活动安排都需要工作人员用心策划，敲定活动主题、确定组织形式和活动流程等每一个环节都不能出差错。未成年人阅读推广活动的成功离不开科学合理的策划，优秀的活动策划可以有效提升公共图书馆的社会知名度，加强公共图书馆在人们脑海中的形象。在策划未成年人阅读推广活动时，要不断创新，跟上时代的发展，保持未成年人在公共图书馆开展活动中的主体地位，激发未成年人的好奇心和阅读热情，让他们能够踊跃地参与到阅读推广活动过程中，满足他们的阅读需求和文化需求。

（二）公共图书馆未成年人阅读推广活动策划的类型

针对未成年人，公共图书馆在策划阅读推广活动时，主要有以下五种类型：

1. 按阅读推广对象的年龄划分

第一，婴幼儿。婴幼儿阶段，对于他们开展阅读推广活动策划时要考虑婴幼儿启蒙读物方面的内容。

第二，学龄前儿童。婴幼儿的下一阶段就是学龄前儿童阶段，对于他们开展阅读推广活动策划时要考虑到儿童要了解学前读物方面的内容。

第三，学龄儿童。这一年龄阶段的儿童已经步入学校生活，开始学习知识，对他们开展的阅读推广活动策划时可以围绕知识拓展方面进行。

第四，青少年。青少年读物有很多，围绕他们的阅读推广活动策划可以更丰富化，活动更多样化。

2. 按阅读推广活动的场地划分

第一，策划阅读推广活动的地点可以是图书馆内部。

第二，策划阅读推广活动的地点可以是图书馆外部。

3. 按阅读推广活动的规模划分

第一，规模最大的是大型阅读推广活动策划。

第二，规模相对小一些的是中型阅读推广活动策划。

第三，规模最小的是小型阅读推广活动策划。

4. 按阅读推广活动的合作对象划分

第一，与幼儿园开展合作。

第二，与学校开展合作。

第三，与家长开展合作。

第四，与媒体开展合作。

第五，与社会教育团体开展合作。

第六，与社区开展合作。

第七，与其他图书馆开展合作。

第八，与出版社开展合作。

第九，与其他社会团体开展合作。

5. 按阅读推广活动的频率划分

第一，在日常生活中，策划与日常生活相关的阅读推广活动。

第二，在节日时期，可以策划节日相关主题的阅读推广活动。

第三，在发生社会热点事件时，可以策划与社会热点相关的阅读推广活动。

（三）公共图书馆未成年人阅读推广活动策划的步骤

在深化全民阅读活动的过程中，公共图书馆扮演着重要角色，在围绕未成年人阅读策划活动时，要贴合推广主题，深入研究读者的阅读心理、阅读喜好、阅读技巧等内容，根据实际情况，系统、全面地规划各项阅读推广活动，推广活动要做到科学、理性、务实、创新、有时效性、有激励性，要让阅读推广活动在未成年群体中有影响力。图书馆开展阅读推广活动，可以激发未成年人的参与热情，激励未成年人走进公共图书馆阅读图书，激发他们的阅读兴趣。同时，也提升图书馆的社会影响力。图书馆的普及将让阅读推广活动变得更普及，更有知名度，吸引到更多未成年人参与，也进一步推动了全民阅读的发展，为社会营造了一个良好的读书氛围。

公共图书馆策划一个活动主要包括以下步骤：

1. 组建未成年人阅读推广策划团队

优秀的推广策划团队是推广策划活动成功的基础和前提，未成年人阅读推广策划团队的成员，必须符合以下条件。

第一，对图书馆事业有热爱之心，服务意识强，有担当和责任感，对工作抱有极大的热情，愿意为未成年人阅读活动奉献出自己的力量。心中不仅有青少年儿童，还要有教育，有国家，有民族。

第二，人际交往能力强，了解与未成年人沟通的技巧，语言表达能力突出，能够了解未成年人的需求并能够和他们友好沟通，可以耐心地听未成年人的声音。除此之外，与自己团队的成员也能和睦相处，一起进步。

第三，需要具有创新意识，有创新能力，能够跟紧时代脚步，有持续学习的心。在工作过程中，能够认识到公共图书馆的发展趋势，懂得变通，适应能力强。在实践过程中能够将理论知识与之结合，设计出完整的有新意的活动策划方案，吸引未成年人的注意力，使他们乐于参加阅读推广活动。

第四，观察和分析问题的能力要强。阅读推广活动要能够捕捉未成年人的阅读需求，寻找创新灵感，推动阅读活动的发展，并定期总结分析每项活动，确定活动的优劣势，持续改进，根据反馈内容优化活动内容和形式，使阅读推广活动丰富多彩。

第五，学科知识丰富。工作人员不仅要了解图书馆相关专业知识、了解图书馆的藏书信息，还要了解并遵循儿童教育、心理学等方面的知识。在工作过程中，能够根据未成年人的特征为未成年人制定促进阅读活动的方案。

2. 调查分析目标读者的需求

为了在阅读推广活动中实现阅读推广活动的目的，达到预期目标，在进行策划前，不仅要分析读者覆盖面，而且需要摸清楚读者的阅读需求，尽可能地收集直接信息，同时加强与未成年人教育相关的每个环节人员的沟通，共同研究、探讨，然后总结分析未成年人阅读的爱好与需求，从而策划贴合未成年人的阅读推广活动。

研究分析方法主要包括问卷调查、在线互动平台、讨论会、行动计划征集等各种方式。在了解宣传计划后，可通过这些渠道搜集读者对阅读活动的意见和建议，为切实可行的计划的制定奠定良好基础。例如，很多公共图书馆会在图书馆内举办读者研讨会，或通过让读者填写调查问卷来倾听读者的声音，了解读者们的阅读需求。在多方协作努力下，更有效地落实阅读推广活动，科学评价图书馆服务和儿童阅读推广活动，将阅读推广活动过程中的优势及不足总结出来，保持活动优势，改进活动短板，激发未成年人阅读的热情，持续优化活动以取得良好的效果。

3. 确定未成年人阅读推广活动主题

在进行阅读推广活动时，确定主题是活动策划最重要的步骤，若活动主题鲜明新颖、意义深刻，那么便可以高度概括活动内容，不仅指明活动方向，确定中心内容，同时也让人有发现新鲜事物的感觉，唤起读者的好奇心，使其对活动充满期待，未来更加渴望尝试。

活动主题的制定方式有依节日内容而定；依社会热点而定；依日常情况而定；根据多元、全面的衍生服务内容来确定；强化合作的理念，寻找合作伙伴，协同进行活动主题的确定工作。

4. 制定活动详细计划并落实活动责任

周密的活动计划是推广未成年人阅读活动的基本保障。因此，为了实现阅读活动的目标，首先应保证阅读活动可以有序、合理进行，活动计划的内容应是系统、可行的。计划应包括相关主题、活动内容、进行时间、地点环境情况、参加对象、奖品奖励等，特别是举办一些大型的推广活动，应做好音效、灯光等工作，以体现活动的盛大，提升其在公众中的影响力。

活动计划制定完毕后，工作人员应统筹安排，掌握好活动涉及的各项内容与步骤，有效与其他团队成员交流，协助其他成员全面了解活动，将活动中的工作进行分工安排，同时进一步细化落实责任。

5. 活动宣传与活动实施

宣传渠道有本馆的网站、微信、微博、媒体等平台，宣传过程中应大力宣传活动主题、活动方式、时间安排、地点环境、参与对象、评选奖励等内容，努力提升活动的知名度与影响力，唤起未成年人参与活动的热情，营造图书馆品牌。

6. 撰写活动报道

撰写活动报道可以有效体现图书馆的精神理念、激发工作人员信心、增强馆员凝聚力，同时也有助于社会大众适时掌握图书馆的情况，提升公众对图书馆的关注度，也实现了推广项目、展示成果、推广体验、激发参与、树立品牌等目的，引导更多的未成年人加入图书馆的阅读活动，借助活动，提升未成年人的阅读能力，促进公共图书馆的发展。

（四）公共图书馆未成年人阅读推广活动策划的评估

未成年人的阅读活动，是公共图书馆长期以来的重点工作之一，也是系统性的工程建设。每次阅读活动举办后，都应对此次活动的目标、模式、效益等进行合理的研究、总结与反馈。

评估公共图书馆举办未成年人阅读活动的标准有很多，主要有以下几个方面：

一是未成年人参与活动的具体人数。从未成年人参加推广活动的人数中，可以大致确定活动举办的是否成功。若有大量未成年人参与该活动，则表明他们对该活动非常感兴趣。相反地，若参与人数非常少，则说明未成年人对这项活动没有兴趣，活动不吸引人，应继续完善活动内容，使推广活动更为有趣生动，进而吸引未成年人。

二是未成年人是否积极主动参与活动。未成年人具有较高的主动性与积极性，标志着活动是符合广大未成年人的需求的。相反，若活动并不是未成年人主动参加的，而是被成人强迫的，那么，说明活动并没有从未成年人的个性与兴趣出发，这样的阅读活动是没有意义的，反而会让未成年人更加抵触图书馆活动，推广阅读的目的也不能实现。因此，未成年人在进行此类活动时，主动、积极的态度是衡量活动是否成功的重点。

三是参加阅读活动之后，未成年人是否更具有自信。组织未成年人参加阅读活动，应秉承鼓励原则，负责推广的工作人员应每时每刻关注未成年人的活动情况，善于发现优点，并进行表扬、支持，让所有的未成年人都可以在阅读活动中积极主动地表达自我，抒发情感。

四是未成年人在阅读活动中的互动情况。现代教育实践表明，传统意义下的培训、说教、灌输等填鸭式的教育方式，已不适宜如今多样化和创新的社会，教育也不是单纯让学生得到知识、信息资源，而是教给他们如何辨别事物，使未成年人能够积极探索、学习与研究。所以说，教育是互动的过程，对未成年人进行阅读推广时，要关注交互程度，激发未成年人的活动热情，鼓励他们不断创新、沟通，参与活动的同时感受其中的乐趣。

五是阅读活动结束之后是否得到家长认同。家长是否支持阅读活动是检验阅读活动是否成功的因素之一。

六是阅读活动有没有真正地实现对未成年人阅读的促进作用。未成年人的阅读活动效果，是检验阅读活动成功与否的重要标志，成功的阅读活动应该能够促进未成年人养成热爱阅读的习惯。

第五章　公共图书馆阅读推广工作创新

本章主要介绍公共图书馆阅读推广工作创新的内容，分别从全媒体时代公共图书馆阅读推广的机遇与探索、基于馆校合作的公共图书馆阅读推广工作探索、我国公共图书馆阅读推广模式的创新研究三个方面进行阐述。

第一节　全媒体时代公共图书馆阅读推广的机遇与探索

在全媒体时代，阅读资源丰富、阅读开放便捷、阅读的互动性等优势不可忽视，图书馆置身于全媒体的环境下，要充分利用其优势，立足当前，瞻顾长远，把握全媒体阅读的特点，科学地开展阅读推广工作。

一、汇聚力量，成立机构

对全民阅读活动进行推广离不开政府部门的有效保障，同时还需要社会组织与民间力量的大力帮助，作为纸质书籍供应者的出版社、书店、传媒企业、图书馆也需要充分地调动自身的资源来有效推动全民阅读活动的开展。这就使得图书馆作为阅读活动的中坚力量，必须发挥阅读推广活动的主体优势，承担起基本职责和义务，联合地方文化部门与社会力量来推动全民阅读的开展，进而为自身的发展创造良好的环境。

为了更好地开展全民阅读活动，积极发挥其应有的优势作用，图书馆需要建立多方参与的阅读推广组织机构。阅读推广活动本身就要求图书馆最大限度地面向读者挖掘自身的馆藏资源。在这一过程中，它需要发挥主导作用。然而，要把阅读推广活动上升到一个更高的层级，做好顶层设计，有必要成立专门的阅读推广组织机构，统一协调各方的力量，以整体提升全媒体时代的阅读推广工作。这样一来涉及的面就会很广，包括推广活动前期的策划，推广过程中人、财、物方面的调配，以及推广活动后期的维护等。通过阅读推广组织机构的统一组织和指导，整合资源，优势互补，就会形成阅读推广的合力，使阅读推广活动取得更大的效果。

二、打造平台，满足需求

在数字阅读蓬勃发展的当下，阅读活动的展开呈现出与过去不同的走势。人们日益依赖高效便捷的网络阅读，这种趋势也在改变着人们的生活方式。随着科技与媒体的不断创新，图书馆迫切需要根据实际情况重新思考服务活动，将新的发展需求作为活动的推动因素，以确保图书馆能够适应这个多元化阅读平台的崭新格局，更好地满足读者日益多样化的阅读需求。

“酒香也怕巷子深”，新时代是新媒体时代，也是“互联网＋”的时代，图书馆不能固守传统的收藏借阅模式，自身的服务内容和服务方式也应该适应新时代的发展趋势而有所转变，否则自身的馆藏资源将得不到有效开发和利用。图书馆要积极利用网络信息平台与读者密切联系，加强沟通与交流，从而达到阅读推广的目的。

（一）使用网络社交平台，推送阅读信息

随着信息技术的飞速发展，人们日常的阅读体验也不可避免地受到移动客户端的影响。因此，高校图书馆有必要根据这一潮流，巧妙地运用微博、微信等多种形式，推陈出新，展开一系列别开生面的活动，如新书闪耀、精品导读、专题资源推送等，以迎合读者对于阅读内容快速传递的期望。图书馆还可以积极构建自己的博客平台，以专业视角呈现阅读活动，为读者提供更加深度的书单推荐，并对所选书籍的内容进行精心的补充与完善，从而推进读书活动更为全面深入地开展。

（二）建立与发展移动数字图书馆

通常而言，移动数字图书馆是指利用无线移动网络和互联网技术，通过多样的移动客户端为读者提供在线图书馆服务。这一服务的特点在于通过整合图书馆自身的资源，向读者呈现丰富的阅读信息。在这个数字平台上，读者得以即时获得各类所需信息，实现了信息的便捷获取。同时，手机图书馆建立与完善后，读者可以随时随地地享用移动数字图书馆带来的便捷体验。手机图书馆可为读者提供馆藏书目的查询、预约、续借，数据库的文献检索、下载，订阅和个人书签等服务，激发读者的使用兴趣，帮助读者培养良好的阅读习惯。

（三）完善图书馆网站建设

图书馆网站要定期更新，可上传新书榜单、读者书评等信息。同时，版面设计要体现图书馆的馆藏特色，要方便读者查找信息。图书馆网站要秉持在网络信息资源的配置上注重以读者需求为上的服务理念。

（四）开展电子书阅读

电子书具有海量存储、阅读方便的特点，有利于图书馆数字阅读服务的推广，拓展了图书馆数字阅读服务的途径。图书馆可以引进电子书借阅机，读者在手机上安装电子书客户端后，只要在电子书借阅机上扫描所选图书的二维码，就可以在几秒钟内将书下载到手机上，而且书下载后可以离线阅读，占用的空间也特别小。

三、加强宣传，广为知晓

在全媒体时代的阅读推广中，为提高知晓度，宣传工作至关重要。实体宣传可通过多渠道展开，包括广播电台、校报、宣传栏和微视频等。如图书馆可通过图书推介、书展和图书漂流等形式，将阅读资源直观呈现给读者。网络宣传则通过图书馆的网站、微信、微博等平台，实现推广规模化。全方位推广策略将有助于图书馆深度融入读者生活，满足不同人群的阅读需求。通过有针对性的宣传，不仅能够加强读者对图书馆活动的了解，还能够激发读者的潜在兴趣，推动阅读文化的传承和发展。

四、阅读习惯，着力培养

过去，图书馆的阅读推广活动常采用单向推广方式，有限的推广能力和推广范围导致读者参与度不高，宣传效果欠佳。然而，全媒体技术的应用为图书馆打破了这一格局，显著提高了读者的参与度，使得图书馆能够更精准地了解读者的信息，包括其阅读习惯和兴趣。全媒体思维方式的引入使图书馆得以丰富阅读推广内容，巧妙地结合创意和策划，从而吸引更多读者的参与。通过充分利用全媒体平台，图书馆能够深入研究读者的阅读习惯，并据此提供更为个性化和针对性的服务，进一步加大对阅读习惯的培养力度。

同时，全媒体思维方式也为图书馆提供了有效的手段来评价推广活动的有效性。通过综合利用各类数据和反馈信息，图书馆能够全面客观地评估推广活动，及时吸取经验教训，力争不断完善服务。这一全面变革使得图书馆在全媒体时代焕发出新的活力和效益，更好地满足读者的需求，实现了图书馆在推广方面的创新与发展。

第二节 基于馆校合作的公共图书馆阅读推广工作探索

合作是一种联合行动，指两人或多人一起工作，一起分担责任以实现特定目标。公共图书馆与大学建立合作关系是非常常见的一种现象，其与大学合作的意义有很多：公共图书馆馆藏丰富，与高校图书馆合作，共同推进阅读推广活动，不仅让馆藏资源的利用率得到提高，还能丰富学生的阅读面，培养学生的阅读兴趣，提高学生的阅读水平；公共图书馆发展到一定地步，因为资源和人才受限，发展将变得缓慢，但是，与大学的合作能够为公共图书馆培养人才、推动公共图书馆工作持续发展。

一、基于馆校合作的公共图书馆阅读推广工作的创新建设

（一）基于馆校合作的馆内阅读推广模式

1．发挥资源配置作用

高校学生在借阅馆内书籍时，高校图书馆借书卡在公共图书馆也可以拿来使用，这实现了双方共同提供文献阅览服务，优化升级了公共图书馆馆藏资源配置。

2．发挥出空间的最大作用

图书馆的空间应得到充分发挥，利用其空间资源来促进学生的阅读教学，积极推进阅读活动。

在馆校合作中，应发挥公共图书馆的专业优势，与学校对接，深入拓展双方的合作领域，有创意地策划校园阅读推广活动。图书馆管理人员应根据各专业学生的实际情况，有针对性地设计并实施阅读推广活动。

3．丰富图书馆工作人员的服务方式

作为图书馆与读者之间的桥梁，馆员必须积极引导读者参与读书推广活动，鼓励读者主动参与。活动伊始，可利用新媒体传播工具提高影响力，微博、微信以及相关网站都是很好的传播媒介，还可以在图书馆官网设置专门用于阅读推广活动的版块，并在馆内以及学生常出现地区的显眼处张贴阅读推广海报。如图书

馆、教学楼或学生公寓等，这都能让读者尽快了解阅读推广活动的信息。

（二）基于馆校合作的馆外阅读推广模式

1. 馆校联合举办阅读推广活动

公共图书馆在确立阅读推广模式时，可以和其他大学图书馆或机构合作。这种多方合作的阅读推广模式可以扩大阅读推广活动的范围和阅读推广受众的规模，使读者人数显著增加。

结合多方的资源和力量丰富馆校合作内容。每个社会阶层都有自己的特点，可以提供自己的资源，应充分整合社会力量，进一步提升馆校合作的内容和形式。通过建立课外阅读联动机制，建立图书馆与学校之间的连接点，以学生在公共图书馆的阅读情况作为学校对学生进行评价的一项指标，能够大大激发学生进行课外阅读的兴趣。

2. 馆校多方合作的有效机制

在馆校合作的过程中，多方合作的有效机制实现了图书馆与学校的资源共享。在高校设立公共图书馆分馆，以公共图书馆信息资源为核心提供高校所需要的图书资源。通过建立合作议程，采取相互监督的形式，双方可以进行长期稳定的合作。图书馆工作人员要加强与学校教师、学生的交流，相互合作，为阅读活动推广的开展一起努力。

3. 馆校的区域联盟

在馆校合作中，建立公共图书馆区域联盟也是非常重要的一个环节。成立地区图书馆协会，共同推动“馆际互借”“图书漂流”等能够最大限度地利用图书馆馆藏资源。

二、基于馆校合作的公共图书馆阅读推广工作的保障措施

（一）基于馆校合作的制度保障

进一步加强馆校合作，需要以馆校合作的相关规章制度作为支撑，确保馆校合作能够顺利进行，使阅读推广活动顺利开展。为了进一步让馆校合作建设深入发展，实现公共图书馆与高校图书馆的共同目标，就需要制定相应的规章制度予以保障。

馆校合作需要相应的制度保障，制定图书馆阅读推广服务法律法规是当务之急。在我国的公众教育中，必须深化对阅读推广地位的认识。各地应当根据区域

的发展需求制订适宜的图书馆法规，不断优化我国图书馆相关法律框架，以确保阅读推广事业得到充分的法律保障，促使每个地区的公共图书馆阅读推广工作取得可观的进展。

（二）基于馆校合作的人员保障

在图书馆阅读推广活动的发展过程中，主要是图书馆的工作人员负责开展相关工作，因此，馆员的专业能力很大程度上决定了阅读活动的质量。图书馆要着眼于馆员队伍人才质量的持续提升，以技能培训为基础，全方位提高图书馆工作人员的职业素质，建立专门的评审制度，运用评价机制，激励图书馆工作人员不断进行自我提升。组建学术阅读推广团队，全方位加强图书馆工作人员的综合素质教育，确保图书馆阅读推广服务的质量。

先进的理念是图书馆发展的指南针，一个先进的合作理念可以开阔图书馆管理人员的视野，有针对性地提高专业技能，管理者也可以用自己的专业帮助图书馆更好地发展，以实现馆校合作的目的。

（三）基于馆校合作的经费保障

任何活动的发展都需要资金保障。虽然公共图书馆和高校图书馆的活动经费主要是财政拨款，但阅读推广项目的资金并不多。因此，迫切需要扩大资金来源，丰富资金渠道。通常引入资金主要有以下几种方式：公共图书馆与社会文化机构开展合作，接受社会捐赠；向政府申请项目资助；公共图书馆根据发展情况增加合理的收费功能；与知名校友进行合作，接受知名校友的捐赠。这些方式都能扩大经费来源，进而保证阅读推广活动的开展，保障馆校合作有效进行。

第三节　我国公共图书馆阅读推广模式的创新研究

一、公共图书馆智慧阅读推广模式

在智能互联、万物融合的时代，国民阅读面临着前所未有的机遇与挑战。智慧阅读作为一种划时代的阅读方式，不仅降低了阅读门槛、丰富了阅读形态，还拓展了阅读内容，保障了读者的阅读权利。随着阅读推广活动的逐渐受到重视和大规模发展，公共图书馆也开始利用智慧图书馆的新技术和智慧技术进行阅读推广。然而，目前图书馆智慧阅读推广的研究仍处于起步阶段，相关理论研究较为有限，亟须在研究数量、深度和广度上不断增强，以更好地适应新时代的阅读需求。

（一）智慧图书馆与智慧阅读推广模式的内涵

智慧图书馆代表了图书馆发展的新高度，它构建在系统文献资源、智能知识服务和智慧保障的基础上，形成了一种全新的知识服务体系。该体系以物联网、大数据、云计算等先进技术为支撑，集成了智能化设备，形成了融合化、互动化、可视化、泛在化的智慧数据平台系统。

具体而言，智慧图书馆利用物联网技术实现设备的智能化，通过大数据分析实现文献资源的优化利用，同时借助云计算建立高效的服务平台。这一系统不仅简化了用户与图书馆资源的互动，更提升了阅读体验。智慧阅读推广成为公共图书馆阅读推广中的重要组成部分，通过感知和识别读者的阅读特征和需求，系统能够自动设置推广目标和方法，向读者传递与其需求相匹配的阅读资源。与此同时，通过实时跟踪和监控记录阅读全过程及成果，智慧图书馆实现了个性化推广服务的全过程。与传统阅读推广服务不同，智慧阅读推广具有以下特点：

1.以读者为导向的服务模式

智慧阅读推广颠覆了传统图书馆的阅读模式。传统推广由推广人员安排，读者从属于活动安排，受限于时间和内容的安排。而智慧阅读推广开放图书馆资源，读者得以自主选择、定制阅读，实现个性化、多元化阅读体验。这种模式提供多层次支持，使阅读在自适应、泛在的环境下深度发展，为读者创造极致的阅读乐趣。这种灵活、个性化的阅读方式不仅满足了读者的个性化需求，也为他们提供了更丰富的阅读支持。智慧阅读推广不仅是一种推动阅读的手段，更是将阅读融入人们生活的一种全新方式，为图书馆阅读服务带来了深刻的变革。

2.强调阅读的互融互通

智慧阅读推广打破了传统单一的虚拟阅读空间，通过服务集成构筑一个开放式阅读平台，实现线上、线下阅读的无缝对接，为读者提供了互融互通的阅读服务。

3.实现多视角决策

智慧阅读推广以智能技术为支撑，迅速搜集读者的阅读语音、文字、图像等多元数据，积极跟踪并分析读者的阅读行为及轨迹。通过深度挖掘读者留存的非结构化数据，系统精准识别每位读者的阅读规律，科学制定推广目标决策。运用理性推理对各决策的推行效果进行预测，随后确定最优决策，为图书馆精心设计最优化的阅读推广方案。这一智慧推广方法在数据分析和科技支持的基础上，实现了更为精准和科学的决策过程，为图书馆提供了更高效的阅读推广解决方案。

（二）图书馆智慧阅读推广模式的实践应用

智慧图书馆是未来图书馆发展的新趋势和新方向，同时阅读推广服务也是未来图书馆服务发展的新内容和新动力。

1.智慧阅读推广模式架构

从图书馆的角度来看，智慧阅读推广的核心在于深度挖掘阅读数据和资源的潜在规律，全面了解读者的兴趣偏好。通过对用户的精细划分，实现对大众阅读推广和分众阅读推广的有机结合，以此加强数字、专业和主题等不同层面的阅读内容，激发读者的阅读兴趣，提升读者的阅读能力。明显可见，图书馆在智慧阅读推广中的主要目标集中在数字阅读领域，必须通过建设智慧阅读平台，逐步提升读者在数字阅读方面的素养。具体而言，智慧阅读推广模式的建设需要包括对读者阅读数据的感知、整合、关联分析、偏好发现和个性化定制等多方面的考虑，形成一个综合推广规划、对象细分、策略分析以及数据变化分析的完整架构。图书馆智慧阅读推广模式包括三大模块：

（1）智慧门户模块

该模块包括个人、资源、协作三大门户。其中，个人门户以个性化服务为特征，提供极具个人特色的学习空间；资源门户提供馆藏资源的采集、管理、推荐以及流转等多项功能；协作门户则为具有共同阅读偏好的群体提供学习空间。

（2）智慧图书馆模块

该模块实现了读者、资源、管理与服务等各子系统的集成。此类子系统在该平台上聚集了海量数据，为图书馆从海量积聚的非结构化数据中发掘前瞻性信息，实现智慧阅读推广提供了依据。

（3）推广服务模块

本模块包括前段分析、策略决策、组织实施和评价反馈四个关键部分，其综合作用构建了一个智能化的推广系统。前段分析阶段以智能技术为支撑，实现多元异构数据的有机整合与系统建立，为推广人员提供深度分析读者特征、需求和内容的能力。在此过程中，建立了多维读者分析模型，为推广活动提供了有力的支持。策略决策阶段采用了回归、聚类、关系规则和神经网络等先进方法，构建了精密的读者阅读模型。通过这些模型，系统能够预测未来阅读趋势，科学确定最佳推广内容和解决方案，实现了个性化和差异化的阅读环境。这一阶段的决策基于对读者行为和阅读习惯的深刻理解，为推广活动提供了高度定制化的方案。推广组织实施阶段通过智能记录读者行为，精准统计跟踪查询、下载、阅读等过程。同时，利用舆情监测技术对读者阅读交互路径进行分析，判断阅读情感状况。这些信息为推广人员提供了深入的实施方案，帮助优化阅读体验，提高推广效果。评价反馈阶段负责对阅读推广进行可行性反馈，并根据反馈结果修正推广决策。这一闭环反馈机制确保了系统的持续优化和适应性。通过定期评估推广活动的效果，系统能够快速作出调整，不断提高推广的效益和针对性。

2. 智慧阅读推广实践应用

在智慧阅读推广方面，中山图书馆开展情况较好，并在数字资源阅读推广、基于新媒体的阅读推广等方面取得了良好的效果，对其他图书馆的智慧阅读推广具有一定借鉴意义。

（1）智能推荐服务，拓展数字阅读渠道

中山图书馆，作为我国最大的数字化资源库群之一，致力于为读者提供免费的数据库服务。为响应国家的号召，中山图书馆积极进行数字资源提升活动，其中引入了智能推荐服务，如“猜你喜欢”，以提升阅读资源的利用效率，并拓展数字阅读渠道。以“猜你喜欢”为例，该智能推荐服务通过挖掘读者的行为，深度了解其阅读偏好。通过建立兴趣模型，系统能够智能匹配馆藏资源，确保推荐内容与读者兴趣相契合。同时，通过二次过滤，服务避免了对用户推荐重复或质量较低的内容，从而提高了推介的准确性和实用性。

（2）用户参与式阅读，开启深度阅读模式

中山图书馆以其多元化、高效智慧的读者服务而闻名。这些服务包括“你悦读，我采购”“咨询与文献传递”“移动图书馆”“少儿天地”“读者留言”“广东数字文化网”“读者帮助中心”等。在这些服务中，尤为引人注目的是“你悦读，我采购”服务。该服务为读者提供了在图书馆设置的“现采现借”服务点中选择图书的机会。一旦读者做出选择，中山图书馆即刻采购并借阅给读者，实现了立即满足读者需求的目标。此外，中山图书馆还积极构建了“中图悦读会”平台，该平台分为“时尚阅读”“经典阅读”“文学鉴赏”“主题活动”四大主题板块。通过深入挖掘读者需求，这一平台提供了参与式交互阅读服务，推动读者深度沉浸于阅读之中。这一举措体现了图书馆在智慧时代满足读者多样化需求的努力。通过构建具有主题性和互动性的阅读平台，中山图书馆不仅提供了阅读的场所，更是创造了一个促进读者之间交流与共享的社群。

然而，仅有智慧技术和高效服务还不足以应对图书馆发展的新趋势。智慧图书馆已经成为未来发展的重要趋势，而要适应这一趋势，必须将智慧技术与阅读推广结合，构建智慧阅读推广模式。在这一方面，中山图书馆在国内处于领先地位。国内其他图书馆在阅读推广与智慧阅读推广方面与中山图书馆存在较大差距。为弥补这一差距，各图书馆需要采集和整合读者数据，以深入了解他们的需求和喜好。同时，推进服务标准体系的建设也是至关重要的一环。制定一套科学、合理的服务标准，能够为图书馆提供明确的方向，使其在智慧阅读推广中更具竞争力。除此之外，为了提升智慧阅读推广的效果，图书馆还需促进人才队伍的建设。培养具备信息技术、阅读推广等多方面能力的专业人才，是图书馆适应智慧时代需求的关键。同时，深化研究也是推动智慧阅读增长的必要手段。通过对智慧阅读推广模式的深入研究，图书馆可以不断优化和创新服务，更好地满足读者的期望。

二、基于 5W 传播理论的公共图书馆群组阅读推广模式

信息化和数字化时代的崛起在阅读领域引发了深刻的变革，显著改变了人们的阅读方式和习惯，导致了明显的阅读分层差异。在这一趋势下，公共图书馆的阅读推广服务工作也迎来了转变，以读者阅读兴趣为基础，将群组划分为阅读推广的对象单位。传统的公共图书馆阅读推广服务通常采用“读者主动提出要求，图书馆根据要求提供服务”的被动推广方式。然而，在信息时代，这种模式已显得滞后。为了适应读者的身心发展和满足其阅读需求，一些公共图书馆开始探索与 5W 传播理论相结合的实践研究。

在 5W 模式的引导下，公共图书馆转变推广的客体单位从个体到群组，以更精准地满足不同群体的阅读需求。这一变革意味着阅读推广服务更加贴近读者，更具针对性，使公共图书馆能够更好地履行其社会责任。通过深入研究和应用 5W 模式，公共图书馆能够更加主动地了解读者需求，制定有针对性的推广计划，提升阅读推广活动的效果。因此，结合 5W 传播理论的实践研究对于公共图书馆的阅读推广活动具有重要意义，为其适应信息化和数字化时代的发展趋势，提供了有力的方法论支持。

（一）5W 传播理论与群组阅读推广服务的融合

5W 传播理论是一种科学化的建模理论，下面从 5W 传播理论和公共图书馆群组阅读推广服务的概念出发，阐述二者融合的适用性和可行性。

1. 适用性

20 世纪中期，美国政治学家哈罗德·拉斯韦尔提出的 5W 传播理论，对人类社会的传播活动进行了详尽划分，包括主体（Who）、内容（Says What）、媒介（In which channel）、客体（To Whom）、效果（With What Effect）五个要素。这理论在其广泛应用中，发现了许多社会传播活动的关键因素。与此同时，公共图书馆作为社会公共资源的储存、交换与传播中心，也属于社会传播活动的范畴。因此，将 5W 传播理论应用于公共图书馆的群组阅读推广服务，具备科学的理论基础。考虑到公共图书馆阅读推广服务的实际情况，5W 传播理论的五大要素可以具体转化为控制分析、内容分析、媒介分析、受众分析、效果分析五个方面。

2. 可行性

公共图书馆群组阅读推广服务基于社会读者的兴趣，通过划分不同群体，满足内部需求的相似性。在推广服务中，根据群体共性选取集中内容，同时巧妙处理差异，实现了个性化和普适化的兼顾。这一策略，结合 5W 传播理论，深刻地改变了阅读推广的流程和图书馆的定位。我国一些公共图书馆在群组阅读推广方面已积累实践经验，同时 5W 传播理论逐渐得到应用与完善。基于 5W 传播理论的公共图书馆群组阅读推广服务模式研究，具备充分的理论基础和实践经验，有望提供更为有效的策略，以满足不同群体的阅读需求，推动阅读文化的传播。通过理论与实践的结合，该研究有望为公共图书馆提供更具针对性和可行性的群组阅读推广服务，促进阅读文化的深入普及。

（二）基于 5W 传播理论的群组阅读推广服务模式构建要素

按照 5W 传播理论的界定，公共图书馆群组阅读推广服务模式由主体、内容、媒介、客体与效果五要素构成。

1. 主体

公共图书馆作为群组阅读推广服务的主体，在社会文化文明建设中发挥着至关重要的作用。图书馆作为文献与信息资源的中心，承担着划分读者群组、选择阅读推广内容和构建推广方式等重要任务。图书馆馆员作为群组阅读推广服务的能动性主体，承担着关键的角色。

随着信息化技术的不断发展，公共图书馆之间的合作成为主流趋势。与高校图书馆、博物馆等文化服务机构的合作，为不同群组的读者提供更丰富的阅读内容和推广活动，已成为推动群组阅读服务的有效途径。在 5W 传播理论的框架下，公共图书馆群组阅读推广服务的主体可从宏观和微观两个层面进行分析。宏观上，公共图书馆自身作为主体，通过自身的资源整合和服务体系构建，推动群组阅读的普及。微观上，能动性主体即图书馆馆员通过精心策划和实施阅读推广活动，发挥着组织和引导的关键作用。同时，合作性主体指公共图书馆与其他文化服务机构的紧密协作，共同促进群组阅读的发展。

2. 内容

公共图书馆群组阅读推广服务已经成为文献推广的重要方式，其涵盖的资源类型包括纸质文献和数字文献，跨足文本、图片、音频和视频等多种形式。当前，主流趋势是采用兼具纸质和数字文献的推广形式，以更好地满足读者多样化的阅读需求。馆内推广方式在不断创新演变，包括新书推荐会、读者交流会、地方民俗活动和文化节等。这些活动旨在吸引读者，激发阅读兴趣，培养良好的阅读习惯。通过提供丰富多样的阅读体验，图书馆积极促进了社区居民的文化素养和知识水平的提升。数字阅读推广则通过社交媒体平台展开，读者既可以自行组建阅读群组，也可以由图书馆根据检索记录和填写信息分组。这种个性化的分组方式使得图书馆能够实时推荐符合阅读需求的专业科研内容，实现了分层次、分学科的群组推广服务。这一创新性的数字阅读模式为读者提供了更加便捷的阅读体验，同时也加强了图书馆与读者之间的互动与沟通。

3. 媒介

公共图书馆在推广阅读服务时通常采取群组阅读推广服务，该服务分为纸质文献和数字文献两种形式。媒介方面主要分为物理空间和虚拟媒介两类。在物理空间方面，图书馆通过组织读者交流活动来引导群组阅读。这种方式通过图书馆内的实际活动，促进读者之间的互动和知识分享，进而提升阅读体验。图书馆在此扮演引导者的角色，为读者提供一个共同的学术空间。而在虚拟空间方面，群组阅读推广服务更为灵活，包括通过视频培训、网上资源推荐以及社交平台上的阅读推广，以适应读者日益多样的阅读习惯。采用微博、微信等社交软件，虚拟空间的方式能够更好地整合新技术，提高服务的时效性和便捷性。媒介作为智慧共享空间的一部分，在群组内起到了重要的作用，不仅为读者提供了交流的平台，还能够与图书馆进行反馈和互动。这种互动促使媒介在服务中更加友好和高效。运用 5W 传播理论，强调媒介在群组内智慧共享空间的作用，有助于增强服务的友好性和有效性。通过明确谁、什么、何时、何地、为什么参与阅读推广服务，图书馆能够更有针对性地设计和实施服务，满足读者的需求，提升服务的质量。

4. 客体

公共图书馆群组阅读推广服务的客体涵盖了宏观和微观两个层面。在宏观层面，服务对象是社会上的所有读者，而在微观层面，服务对象则以群组为单位，形成读者小组。由于公共图书馆在人力和物力方面存在一定限制，无法为每个个体提供个性化服务，因而群组单位的引入成为一种行之有效的解决方案。群组的形成基于相同阅读需求的读者聚集，使得图书馆能够有针对性地向群组内的读者提供相关的阅读推广内容，实现了一种个性化的服务。以北京市丰台区公共图书馆为例，其古文献特色资料库通过主动推送和推广，成功地满足了对古文献感兴趣的读者的需求。这种精准化的客体群组有助于提高公共图书馆阅读推广服务的效能，避免资源浪费，优化馆藏配置，同时也加强了读者对图书馆的依附感，构筑了一个良好的公共阅读环境。通过准确定位服务对象，公共图书馆能够更加有效地满足读者需求，促进阅读文化的传播，提升服务质量。这种定向服务不仅有助于图书馆更好地了解读者群体的需求，还在推动阅读推广事业的发展中发挥了重要作用。

5. 效果

在评估阅读推广活动成效时，必须同时考虑可量化的后续显性成效和不可量化的后续隐性成效，尤其在公共图书馆群组阅读推广服务模式中。为了建立科学的评价机制，我们可以借鉴 5W 传播理论的效果要素，将其作为评价指标的基础。首先，从“谁”方面考虑，可以通过群组划分的评价来衡量阅读推广活动的受众。这包括参与人数、群组成员的多样性等方面的数据，以揭示活动对社区的覆盖程度和受众的多样性。其次，关注“什么”方面，即推广内容与读者需求的匹配度。通过评估阅读推广服务的流程，我们能够了解推广活动提供的信息是否符合读者的兴趣和需求，从而量化推广内容的实际效果。再次，“何时”和“何地”方面，考虑到活动的时间安排和地点选择，有助于评估推广活动的时效性和地域性。这为后续的活动策划提供了经验教训，使得公共图书馆群组阅读推广服务更具有针对性。最后，“为什么”方面，可以通过反思问题的标准来评估阅读推广活动的深度和效果。这包括收集参与者的反馈和评价，从而了解活动对于读者的实际影响，以及推广活动在社区中引发的更深层次的变化。

（三）基于 5W 传播理论的群组阅读推广服务模式建设策略

根据 5W 传播理论的五大构成要素，从主体、内容、媒介、客体和效果五个维度提出了相应的公共图书馆群组阅读推广服务模式的构建策略。

1. 群组阅读推广主体：健全图书馆机构，加强合作

公共图书馆作为群组阅读推广服务的核心机构，其组织和建设的完善直接关

系到推广活动的效果。在制定公共图书馆建设策略时，应该强调5W理论下的图书馆主体定位，以确保其在群组阅读推广中发挥最大作用。首先，公共图书馆应当加强馆藏资源和文献建设，特别注重创新数据资源的引入。通过积极收集和整理各类文献，公共图书馆可以打造群组用户需求的特色文献数据库，从而更好地满足用户的阅读需求。这种以机构为核心的服务模式能够为群组阅读提供更为全面和深入的支持。其次，为了克服服务的局限性，公共图书馆应积极与高校图书馆、文化机构等建立合作关系，形成联盟。这一联盟可以共享资源，拓展服务范围，构建多渠道、多内容的群组阅读推广模式。通过与其他机构的合作，公共图书馆可以提供更为多元化和个性化的服务，满足不同群组的阅读需求。最后，为了更好地组织和管理群组阅读推广活动，公共图书馆还应设立专门的群组阅读推广机构。该机构可以由专人负责规划、管理和指导群组阅读推广活动，确保服务的有序高效运行。

2. 群组阅读推广内容：开发特色，强调共享

在5W传播理论的框架下，公共图书馆群组阅读推广的核心焦点在于内容的建设，这成为服务模式研究的重要难题。公共读者的阅读需求广泛而多样，为了确保推广内容的全面丰富，图书馆必须不断更新其资源库。在传播理论的指导下，建设群组阅读推广服务模式可以从两个方面展开。

首先，基于本馆资源特色和地方文化，图书馆应该积极组建阅读群组。这需要对特定领域的资源进行标准化数字化加工，以创建一个网络数据库，以满足群组读者在物理空间和网络平台上的阅读需求。通过这一举措，图书馆能够更有效地满足公共读者在不同领域的兴趣，提供更加个性化和有针对性的推广服务。

其次，图书馆应该强调与其他社会文化机构的合作，特别是馆际合作。通过资源共享，图书馆可以降低建设成本，提高阅读推广服务的主动性和多样性。这种合作模式有助于推动服务内容的延伸，使得公共读者能够更广泛地接触到来自不同图书馆的丰富资源。这样的合作不仅丰富了阅读推广服务的内容，也为公共读者提供了更广泛的选择。

3. 群组阅读推广媒介：创新服务，树立品牌

媒介在公共图书馆群组阅读推广中扮演着不可或缺的角色，成为5W传播理论的核心实践。当前，群组阅读服务主要通过社交媒体平台和创新的服务品牌展开，以满足读者全天候获取资源的需求，打破时空限制，提高服务效果。

首先，社交媒体平台如微信、微博等被巧妙运用，成为公共图书馆群组阅读推广的重要渠道。通过这些平台，读者能够随时随地获取图书馆提供的资源，实

现阅读服务的无时空限制。社交媒体的互动性和广泛覆盖的特点，使得阅读推广信息能够更迅速、更广泛地传播，提高服务的传播效果。

其次，为了进一步加强服务品牌建设，公共图书馆通过创造“真人图书馆”和定期的“读书节”等服务品牌，成功吸引了读者兴趣，提升了在阅读推广领域的影响力。“真人图书馆”通过呈现鲜活的阅读场景和专业的导读服务，使阅读成为社交化、互动性更强的体验，激发了读者的参与热情。而“读书节”等服务品牌则在时间上设定明确的推广节点，通过活动的独特性和定期性，使公共图书馆在读者心中建立起稳固的形象，增强了服务的品牌认知度。

4. 群组阅读推广客体：群组划分，因地制宜

公共图书馆在群组阅读推广方面的核心任务是通过准确划分群组，推动个性化服务的拓展。在这一服务模式中，公共读者成为关注的核心对象，而5W理论提供了理论框架，指导着如何精准划分群组，以实现有效的阅读推广。根据5W理论，图书馆可以依据读者的身心特征、专业背景、知识结构等多维度因素来制定群组划分标准。举例而言，将部分老年读者划分为一个特定群组，定期提供关于养生的资讯和相关读物，以满足其特有的阅读需求。同时，通过发挥图书馆的文化传播作用，可以构建老年读者间的交流平台，有效减缓他们可能面临的孤独感。在5W理论中，客体因素直接影响服务活动的效度和信度。因此，公共图书馆通过对群组的差异化划分，更能够专注于不同群体的实际需求，实现服务的精准和个性化。这一精准性不仅体现在推送的内容上，更涉及服务的实质性深度，使得阅读推广活动更为有针对性和有效性。总体而言，公共图书馆群组阅读推广服务的精髓在于对群组的准确划分，这不仅是5W理论的贯彻，更是对公共读者需求的深刻理解。通过不同群组的个性化服务，公共图书馆能够更好地满足读者多样化的阅读需求，推动群组阅读推广活动的成功实施。

5. 群组阅读推广效果：合理评价，规范管理机制

5W传播理论作为公共图书馆群组阅读推广的关键构成要素，对于改善服务并构建下一轮传播活动提供基础支持。在公共图书馆群组阅读推广中，建立科学合理的评价体系至关重要，可在提供内容、筛选媒介、构建客体等环节后及时进行评价。

一个完整的阅读推广评价体系包括方法、机构、指标和反馈等要素。通过对群组读者的回访，获取真实反馈，实现5W传播理论的阶段循环。群组阅读推广效果的最大价值在于让图书馆认识到问题和不足，为下一轮服务活动提供改进的契机。通过总结经验、吸取教训，实现多个5W传播活动的良性循环。在阅读推广的评价体系中，方法的选择至关重要。科学的方法能够确保数据的准确性和可

信度，为评价提供坚实的基础。机构层面的评价包括人员培训、组织管理等方面，确保推广活动的顺利进行。指标的设定应该明确反映活动的目标和效果，从而更好地衡量活动的成功程度。反馈机制的建立有助于及时发现问题并进行调整，形成一个灵活而高效的推广服务体系。

总的来说，对5W传播理论的评价应该得到重视，以规范和管理公共图书馆群组阅读推广服务，推动活动更好地展开。这有助于形成一个更为精准和个性化服务的良性循环，为公共图书馆群组阅读推广活动的可持续发展提供有力支持。

三、基于微信平台的公共图书馆阅读推广模式

微信充当着一个高效的信息传递工具的角色，为公众的职场、日常生活和学业带来了显著的便利。借助微信平台推动阅读推广，为公共图书馆拓展读者服务渠道提供了全新的战略思维。近年来，众多图书馆纷纷利用微信公众平台展开阅读推广活动，然而，如何在微信平台上吸引读者，引导他们由“浅阅读”逐步深入到“深阅读”，以进一步提升阅读推广效益，是图书馆界亟需思考的课题。

（一）公共图书馆微信平台阅读推广的优势

1. 庞大的注册读者群体

微信作为一个巨大的且不断增长的社交媒介，以其免费、简便和多样的信息推送等优势而蓬勃发展。公共图书馆作为国家公益性文化服务机构，亦需紧密关注微信用户的广泛分布，无论其年龄、地域或身份。因此，借助微信公众平台进行阅读推广显得至关重要。这一策略不仅能够满足用户多元的信息获取需求，还能通过互动性和社交性的特点，将阅读文化融入用户的社交网络，从而实现公共图书馆文化服务的更广泛传播。

2. 微信平台阅读推广投入成本低

随着智能手机的普及，微信成为公共图书馆灵活推广信息的有效工具。微信阅读通过自主获取推广信息，消除了时间与空间限制，提升了阅读推广的灵活性。其免费服务特性使得推广成本降低，更易被读者接受。公共图书馆可在有网络覆盖的地方利用微信阅读平台展开信息推送，实现信息传播的广泛覆盖。这一趋势使得图书馆在数字化时代更好地适应社会需求，同时也拓展了阅读推广的渠道，为公众提供了更便捷的阅读体验。

3. 信息传播方式便捷

微信平台以其网络传播为基础，成为图书馆阅读推广的有效工具，其传播速

度迅猛。微信作为信息传递的载体，以语音、文字、视频等多样形式，丰富了阅读推广的内容表达。相较于传统文字发布或线下推广，微信平台的阅读推广更具现代化和立体化特征，提供直观的阅读体验，从而显著提高实效性。通过微信平台，图书馆能够迅速传递最新的阅读活动、资源推荐等信息，使得用户能够更及时地获取相关内容，极大地提升了阅读推广的时效性。

（二）公共图书馆微信公众平台阅读推广存在的问题

1. 平台推广力度不够，内容质量有待提升

很多公共图书馆微信公众平台阅读推广力度不够，活跃“粉丝”数量不足。出现这种现象大致有两方面的原因：一是多数公共图书馆对微信公众平台的推广力度不够；二是发布的内容价值不足、质量不高、对读者的吸引力不够。

2. 阅读推广效果不佳，服务质量有待提升

公共图书馆在微信公众平台的阅读推广效果未如理想。这一现象主要源于推送内容质量的不足，未能引起读者的兴趣，以及服务质量的不佳，缺乏与读者的有效互动，难以激发读者的阅读热情。

3. 深度阅读推广不足，引导性阅读有待加强

许多公共图书馆积极推动“微阅读”“在线阅读”“云阅读”等阅读推广活动，有效引导读者进行“浅阅读”，但却缺乏“深阅读”活动，如读书沙龙等。以广西壮族自治区图书馆、安徽省图书馆为例，虽然它们设立了读书沙龙板块，却仅限于发布通知或沙龙推广成果，未充分发挥微信的实时交互性，缺乏线下与线上同步直播沙龙活动，导致受众范围无法最大化。可见，图书馆在微信公众平台上进行阅读推广时，缺乏深度，应更好地引导读者，使其由“浅阅读”逐步转向“深阅读”。

（三）公共图书馆微信平台阅读推广服务的优化策略

为解决我国公共图书馆在微信公众平台阅读推广方面的问题，图书馆应主动发掘“隐秘阅读”用户，并将他们引导至微信公众平台；通过提升服务品质、增加用户黏性，诱导读者投入阅读，将“隐秘阅读”群体转变为“浅度阅读”用户；借助适度的奖励机制和富有互动性的活动，引导读者，激发“浅度阅读”用户的阅读兴趣，实现从表面阅读到深度阅读的过渡。

1. 拓展推广途径，吸引读者关注

在微营销时代，微信公众平台的成功关键在于“粉丝”经济的有效运用。核

心任务是吸引用户的主动关注，因为关注度直接决定了阅读推广的效果。为了确保图书馆在这一竞争激烈的环境中取得优势，必须强化营销理念。通过多元化的宣传手段，图书馆能够提高微信公众平台上的“粉丝”数量。这包括但不限于内容创新、服务营销以及与用户互动的策略。在“粉丝”获取的过程中，图书馆应注重与用户建立深层次的连接，以提升用户对图书馆品牌的认知。

（1）线下推广，主动邀请和激励引导

线下推广一直是阅读推广中的传统手段，为了提高关注度，可以采用主动邀请和被动设置两种策略。主动邀请的方式包括在图书馆借还书、活动参与等场合，通过邀请读者扫描微信二维码关注公众号。这种方式使图书馆能够直接接触读者，促使他们主动参与社群。被动设置则通过在入口或高流量区域放置二维码宣传海报或流动图书车，结合引导和关注奖励等手段，吸引读者的关注与转发。为了实现这一目标，图书馆需要转变服务理念，从被动服务转向主动服务。通过提供热心服务和适当的奖励，激励读者参与推广活动，从而最大限度地提升关注度。

（2）线上推广，自然裂变和文库引流

图书馆的线下推广策略不仅侧重于频繁访问馆内或参与实体活动的读者，还关注未亲临馆内但持续关注的读者，包括 QQ 服务群成员、微博和博客追随者，以及浏览图书馆网站主页的用户。在社交平台上，存在大量潜在读者，即那些个人微信和社交网站用户，他们在不造访图书馆的情况下对其持续关注。

①图书馆“潜阅读”用户的转换

为了提升图书馆的知名度，一项策略是将微信公众号的二维码巧妙地展示在图书馆主页、博客、微博等显著位置，同时在 QQ 群的公告栏中进行宣传。通过精心的文字描述，吸引社交媒体上的潜在读者转而关注微信公众平台，实现自然的用户裂变。

②各大社交平台上“潜阅读”用户的引流

在寻找公众号关注渠道时，朋友圈是不可或缺的关键因素。为了提高公众平台的关注度，图书馆可通过一系列致力于阅读推广的个人微信账号进行推广，以此深度渗透读者的朋友圈，实现更广泛的影响。此外，与传统的推广途径有所不同，各大社交网站、论坛、经验分享平台和问答平台，如豆瓣、知乎、百度经验、百度知道、天涯问答等，同样是不容忽视的阅读推广的战略阵地。

在这些平台上，可以将微信公众平台的二维码或微信公众号巧妙地融入高质量软文或问答中，通过内容引流、文库引流、问答引流等巧妙手段，引导“潜阅读”读者进入微信公众平台。这种多元化的引流方式不仅更具创意，而且更能灵活地吸引读者，从而实现对微信公众号关注度的提升。

2. 提高服务质量，增强用户黏性

（1）加强内容建设，提升用户关注度

“内容为王”是图书馆微信公众平台发展的重要原则。当一个微信公众号推送的内容兼具实用性、趣味性，并贴近用户，能够满足用户分享的满足感时，这个微信公众号就成功了一大半。具备这些特征的内容，用户会主动分享，并辐射到用户关系链上的好友，促发更多基于真实关系的传播。图书馆应通过不断提高内容质量，利用蝴蝶效应，引领读者阅读，增强读者黏性，具体而言，可以通过如下几种形式：

①利用微信

公众平台用户管理功能实现精准推送。微信公众平台的后台可以获取用户的全部信息，并提供强大的用户分组功能，可以按地域、性别、喜好、需求等不同的指标分组，根据分组类型及文章类型进行精准推送。只有读者需要且认为有价值的文章才是好文章，他们才会自愿去分享、转发，产生裂变效应，从而增强用户黏性，提高微信公众平台的关注度。

②结合时事热点，推送相关图书

适当结合当下社会热点，推送与之相关的内容或编写与该热点有关的主题，积极参与用户的评论互动，向关注该公众号的用户推送与该热点有关的图书，达到事半功倍的效果。

③“拆书”，经典图书推送

所谓经典，就是经久不衰的万世之作，为了引导读者充分利用碎片时间阅读经典图书，可以将经典图书按照章节拆分、重组，使其适合碎片化阅读。

④多原创少转发

高质量的原创文章更可能会被其他微信公众号或个人微信转发、分享，产生裂变效应。

⑤心灵鸡汤美文

在物质生活丰富、精神生活匮乏的时代，名人名言类、励志创业类、爱情类、生活类、工作类等文章更容易被读者接受，增强用户黏性。

（2）加强服务群建设，实现良性互动

在图书馆微信公众平台的用户忠诚度构建中，除了内容质量外，互动被认为是至关重要的因素之一。在互动的众多形式中，签到、答疑、微信功能服务、调查、竞猜、征文、评比和抽奖等方法均可用于引发用户参与。其中，答疑作为一种深度互动方式，不仅备受欢迎，而且易于实现。然而，微信公众平台目前提供的互动服务存在一定局限性，无法实现“粉丝”之间的直接互动，这制约了用户的全面体验。

为解决这一问题，图书馆在微信公众平台进行阅读推广时可考虑建立微信服务群。这一群体的构建可以将有问题的读者纳入其中，同时由阅读推广爱好者担任管理员，推动群内深入的探讨和问题解答。通过微信服务群的形式，图书馆不仅能够实现更为良性的互动，促进用户间的交流，还能提高用户的忠诚度。此外，这一策略还有助于解决馆员数量不足的问题，通过借助阅读推广爱好者的力量，提供更加贴近读者需求的服务，从而改善整体的读者体验，避免用户的取消关注。

因此，通过建立微信服务群，图书馆能够在微信公众平台上推动更为有深度的互动体验，为用户提供更全面的服务，从而巩固用户忠诚度，改善图书馆与读者之间的互动关系，实现更为积极的用户体验。

3. 加强互动功能建设，促进读者深度阅读

①建立激励机制，鼓励读者评论

深度评论在促进深度阅读和创新思维方面发挥着关键作用。然而目前图书馆与读者之间的浅层次互动居多，深度评论相对稀缺。这种现象可能与读者偏好表面性的观点和即时回馈有关。然而，高产评论者之间的紧密关系为整个平台的深度评论提供了有力的推动力。为了引导读者从“浅阅读”过渡到“深阅读”，图书馆可采取激励措施，如每天从评论读者中随机选取一位幸运者送出精选图书，以激发评论的积极性。及时回复优秀评论不仅有助于促进深思，还能拉近与读者的距离，增强平台的用户黏性。这种双向互动不仅为读者提供了更丰富的阅读体验，也为平台营造了积极向上的社区氛围，进一步促进深度评论的形成和传播。

（2）搭建交流平台，引导读者深度阅读

微社区“兴趣部落”是基于微信公众平台的互动社区，可以应用于服务号和订阅号，是提升人气、增强用户黏性的有效模式。充分利用“兴趣部落”微社区，通过定期或不定期设立某个主题或阅读书目引导读者进行交流、分享，也可以由读者发起某个主题，实现读者间的交流、互动和思想碰撞，从而达到促进读者深度阅读的目的。

（3）线上线下同步，营造读书氛围

在当今社会，碎片化阅读和浅阅读已经成为现代阅读的主流趋势。这一趋势允许人们在繁忙的生活中利用碎片时间获取大量信息，然而，如果缺乏对从浅阅读向深阅读正确引导的认识和实践，可能导致国家文化底蕴的丧失。美国联机图

书馆中心的研究显示，读书沙龙作为一种受欢迎的阅读方式，通过分享阅读经验和感悟，有助于促进深度阅读。

传统的读书沙龙由于时间和空间的限制，难以覆盖更广泛的读者群体。然而，随着科技的不断发展，微信公众平台通过其直播功能为传统读书沙龙注入了新的活力。微信公众平台直播读书沙龙的出现，不仅打破了时间和空间的束缚，还创造了更多的互动机会。

通过微信公众平台直播读书沙龙，读者可以与主讲人实时互动，提出问题，分享自己的见解和体会。这种互动性不仅使阅读成为一种更具社交性的活动，也让读者更深入地参与到阅读的过程中。这种实时互动的特性有助于拉近读者与图书馆之间的距离，提高图书馆的知名度和影响力。

此外，微信公众平台直播读书沙龙还能够激发读者的阅读兴趣。通过直播的形式，读者能够更生动地感受到主讲人对书籍的热情和深度解读，这有助于激发读者对阅读的兴趣和热情。这种针对性的直播阅读活动不仅可以提高图书馆的人气，也对培养深度阅读的习惯有着积极的促进作用。

四、公共图书馆数字阅读推广服务模式

随着移动互联网科技的急剧演进，数字化阅读正逐渐成为人们广泛采用的阅读方式，逐渐超越传统的纸本阅读。国民数字化阅读率的显著增长和纸质阅读量的减少趋势，凸显了数字化阅读在全民阅读中的兴起。在这一大背景下，研究如何提升数字化阅读服务水平以及寻找适应用户阅读习惯的服务模式成为热点。公共图书馆，作为全民阅读的中坚力量和知识获取平台，正积极尝试多样化的数字化阅读方法。从服务、内容、信息到绩效等多个角度入手，信息机构努力分析数字化阅读服务模式的未来发展方向。这项努力的最终目标是为用户提供更加个性化、更加便捷的阅读服务。

（一）公共图书馆数字阅读推广服务模式的构建要素

公共图书馆数字阅读推广模式的构建，强调对各类信息媒介的充分利用，强调用户与馆员、用户与用户之间的交流互动，扩大阅读资源的传播范围，激发更多人的阅读兴趣。图书馆在服务实践过程中，要关注数字资源、信息技术、推广对象等相关要素的相互关联（如图 5−3−1），以优质的服务提高用户满意度。

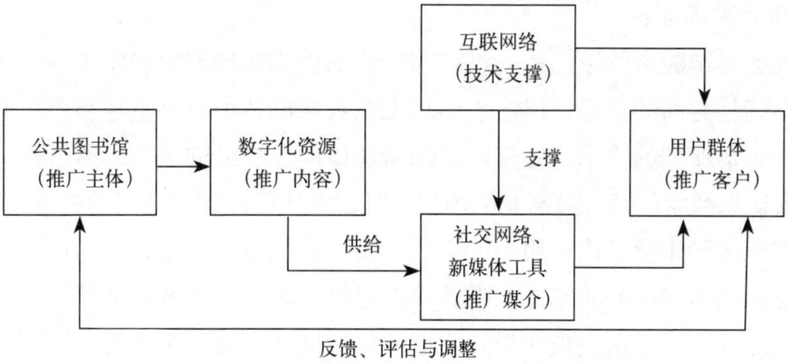

图 5-3-1　图书馆数字化阅读推广服务相关要素的关系

1．数字资源

数字阅读服务的核心目标是为用户提供随时享受优质资源的便利。在这一服务体系中，公共图书馆扮演着关键的角色，其不断丰富的数字化资源，成为阅读推广的基础。作为文献资源处理中心，图书馆具备多类型数据库和多渠道信息采集能力，确保资源供给的稳定性。与中外数字资源供应商的合作进一步提升了资源的多样性，保障用户信息的在线更新。公共图书馆通过与超星图书馆、中国知网、方正数字图书馆等在线服务商的合作，建立了专业文献获取渠道，进一步确保了馆藏数字化资源的持续增长。这种紧密的合作关系不仅为图书馆丰富了数字化馆藏，也为用户提供了更广泛的获取途径。图书馆通过积极争取更多资源，不仅拓展了文献类型，还提高了文献质量，为用户提供了更为全面和深入的学术支持。数字阅读服务的成功实现不仅令公共图书馆在信息时代更为重要，同时也为用户提供了更便捷、多样化的学术资源获取途径。

2．信息技术

公共图书馆数字阅读推广服务的成功建设依赖于先进技术和高质信息传媒的紧密融合。为拓展推广范围、促进数字资源融合，图书馆迫切需要引入云计算、大数据等新技术。这些先进技术不仅可以提高数字资源的传播效率，更能够满足日益多样化的阅读需求。社交媒体平台，如微博、豆瓣、微信等，不仅拥有庞大的用户规模，还提供多样化的推广渠道。借助这些平台，图书馆能够更广泛地传播数字阅读资源，实施更为灵活和差异化的推广服务。为适应快速发展的数字时代，图书馆需要积极应用新技术，以智慧推动服务升级。通过运用云计算和大数据分析，图书馆能够更加精准地了解用户需求，优化数字阅读推广策略。这样的智能化手段不仅使服务更具前瞻性，还提高了服务水平。

3. 用户需求分析

公共图书馆数字阅读的成功推广与用户的数字阅读习惯和需求密切相关。尽管全民阅读是共同的目标，但由于年轻人在数字阅读中扮演主导角色，图书馆有必要深入了解他们的需求。社交网站和新媒体成为有效的渠道，通过这些平台引导年轻人认识数字阅读，提高其阅读积极性，并增强用户与图书馆的互动。此外，通过社交媒体和体验式阅读服务的引入，图书馆能够扩大用户参与度，促进信息交流，推动数字资源的共享。图书馆应该根据用户的反馈及时调整服务，优化推广内容，以创造一个适应现代用户习惯的数字阅读环境。服务策略的调整应以用户为中心，确保服务既实效又具有适应性。这不仅包括数字阅读资源的更新和丰富，还包括提供个性化的推荐服务，满足用户多样化的阅读需求。

（二）基于社交网络的公共图书馆数字阅读推广服务模式演变

互联网时代大量社交网络的涌现，不仅促进了人与人之间的在线交互，也在不断改变着人们的信息行为，影响着人们的阅读习惯。公共图书馆要熟悉各类社交网络，并根据不同社交网络的特点与变化趋势，不断调整数字阅读推广服务模式。

1. 基于博客的数字阅读推广服务模式

博客的起源可以追溯到2000年，当时它作为一种用户自主管理的社交网站崭露头角。博客的核心功能是允许用户自由发布包括文章、视频等在内的各种信息，这使得博客成为通过互联网进行发布和阅读的个人或团体网上日记、意见、文字、图片和链接的信息库。博客的特点在于其公开性、自主性以及深度交互。这使得博客不仅仅可以用于个人记录和阐述，还可以作为企业宣传的重要平台。在这个数字化时代，博客的重要性愈发凸显。

在公共图书馆中，博客作为数字阅读推广的模式得到了广泛应用。馆员可以通过博客方便地发布推广内容，发起话题讨论，吸引用户积极参与数字阅读推广活动。这种推广模式不仅使公共图书馆更好地发挥了自身信息传播的作用，同时也为用户提供了一个积极参与的平台。公共图书馆利用博客推送优质阅读资源，通过博客了解用户需求，并通过深度交互加强与用户的在线互动。这不仅有助于提高数字阅读推广的效果，也能够丰富用户的阅读体验。通过博客，公共图书馆不仅能够向用户提供更多的阅读选择，还能够建立起与用户之间更为紧密的互动关系。

2. 基于微博的数字阅读推广服务模式

微博作为即时信息共享平台，深刻改变了中国社会的信息传播格局，对人们的生活产生了深远的影响，具有不可或缺的意义。在大型图书馆面临读者选择书籍的难题时，为满足读者需求，采用微博平台推广书籍成为一种创新的解决途径。

首先，微博平台拥有庞大的用户基础，其推出的书籍更易引起广泛关注。随着微博用户数量的不断增加，图书馆通过在微博上推广书籍，能够迅速触达大量潜在读者。这种高度可见性有助于提升图书馆推广活动的效果，使更多人了解到图书馆所推荐的优秀图书。与此同时，微博用户可以通过关注图书馆的官方账号，实时获取图书推介、阅读活动等信息，进一步激发读者对图书馆资源的关注与利用。

其次，微博平台的社交属性为图书馆创造了一个互动更为多样化的推广空间。微博上的书籍推广不再是单向的信息传递，而是通过评论、转发等互动方式，形成了读者与图书馆之间的多层次交流。这种互动性不仅增加了读者对书籍的深度了解，也促进了读者之间的交流与分享，形成了一个有机的阅读社群。尤其是年轻群体，他们在微博上更为活跃，更倾向于通过社交媒体获取信息，因此通过微博平台推广书籍更能吸引这一群体的关注。

再次，微博平台的社交属性还缩短了人际距离，使得阅读活动更具吸引力。通过微博，读者可以直接与图书馆及其馆员互动，提出建议、分享心得，这种直接而亲密的联系使得阅读变得更为个性化。年轻群体通过微博不仅了解社会资讯，更将其作为主要途径进行数字阅读。因此，通过微博平台推广阅读服务，图书馆可以更好地融入年轻人的日常生活，提高阅读服务的便捷性和吸引力。

最后，公共图书馆通过微博官方账号推广阅读服务，不仅可以借助新颖的方式传递信息，还能提高图书馆的社会影响力。在内容编辑上，馆员应精心编辑推文，确保简洁、亲切、有吸引力，同时添加相关链接，方便读者直接进入数字图书馆，实现在线引流。这种官方账号的运营不仅能够扩大图书馆的影响范围，还能够在社交媒体上树立图书馆的专业形象，提高公众对图书馆的认可度。

3. 基于微信的数字阅读推广服务模式

微信自 2011 年推出以来，以其独有的社交功能吸引了大批用户，成为人们日常生活中必不可少的即时通信工具。微信公众平台之所以运用广泛，究其原因是其作用的辐射面十分广泛。这一互联网平台使得人们的阅读更加便捷简单，只需要关注平台的公众号即可，这也符合“阅读在身边”的理念。此外，大数据的运用使得读者在公众号平台阅读时，平台会根据用户画像分析推送读者感兴趣的书籍类型、阅读内容，而精确到个人的个性服务更是方便了人们在网上进行预约借书、办理读者证等服务。而对于图书馆本身来说，只需要扫描读者的微信二维码，即可完成办理借阅等各项服务，除了便捷了读者，更是降低了图书馆的运营成本。

公共图书馆开通微信公众号，以有别于微博的方式开展数字阅读推广服务，不仅可以实现与用户的即时交互，也可以设置服务号和订阅号，针对不同的用户群体发送不同的内容，方便用户根据需要选择性获取，利用碎片化时间掌握更多知识。例如，郑州市图书馆利用微信设置订阅号，每天推送一条数字阅读推广内容，方便用户随时浏览，并以群发的方式提醒用户关注馆内活动，以群内宣传推广的方式，吸引更多用户加入阅读推广活动，促进数字化资源流通。

（三）公共图书馆数字阅读推广服务模式的创新发展方向

在当前全民阅读的大环境下，国民每天与新媒体互动的时长逐渐攀升，日均在线阅读时长也呈现不同程度的增加。这一趋势表明，新兴媒介成为备受瞩目的数字阅读载体，理应在公共图书馆服务领域得到充分开发，以创新数字阅读推广服务模式。通过对国内图书馆创新实践案例的深入研究，我们发现公共图书馆可以通过搭建大数据阅读平台、提供数字阅读云服务、建设数字文化驿站等多种途径，使得数字化阅读更加贴近人们的生活，为全民阅读事业的发展注入新的动力。

1. 搭建大数据阅读平台

“360 大数据”作为一个由百度、腾讯等企业支持的大数据知识平台，与清华大学、浙江大学等高校图书馆展开合作，形成了一个集结大量大数据相关文献的平台，包括案例分析和数据可视化。该平台通过多个模块细分服务内容，为用户提供方便获取的大数据知识。经过长期的发展，它成功积累了口碑，成为一个有价值的大数据媒体，并为公共图书馆数字阅读创新提供了借鉴思路。

在这一成功经验的启示下，公共图书馆可以考虑与数据供应商展开合作，共同推动数字阅读服务的发展，从而提供更为丰富的阅读体验。合作中，图书馆可以借鉴“360 大数据”平台的模块化服务设计，通过与数据供应商建立合作关系，整合大量优质的数字文献资源。这不仅能够满足读者对多样化知识的需求，还能够提升数字阅读的实用性和吸引力。此外，公共图书馆还可以学习“360 大数据”平台的口碑积累策略，通过建立可靠的数字阅读平台形象，吸引更多读者参与。

2. 提供数字阅读云服务

公共图书馆正在充分利用云计算技术，积极发展移动终端云服务平台，旨在整合并优化云服务资源，以提供高效的数字阅读服务。在云计算环境中，用户通过智能终端连接平台，实现便捷的资源查询、下载和借阅。通过优化整合馆藏资源，公共图书馆能够将其数字阅读服务通过云服务平台展示给更多用户，从而提高数字资源的利用率。然而，为了实现数字阅读云服务的成功实施，必须建立高素养的信息编辑馆员团队，他们负责信息的筛选和监控，为平台提供可靠的支持。这一专业团队的存在被视为数字阅读云服务模式成功实施的关键因素。只有通过精湛的信息管理和监管，公共图书馆才能确保云服务平台的内容质量，为用户提供卓越的数字阅读体验。

3. 建立数字阅读文化驿站

2015 年，我国国务院办公厅发布文件，要求各级政府扩充公共图书馆数字化资源，加强基层文化设施建设。2018 年 3 月，《国务院办公厅关于促进全域旅游发展的指导意见》提出不断加强旅游惠民便民服务，推动博物馆、纪念馆、全国爱国主义教育示范基地、美术馆、公共图书馆、文化馆、科技馆等免费开放。2021 年 3 月，文化和旅游部、国家发展改革委、财政部关于推动公共文化服务高质量发展的意见，提出鼓励有条件的公共图书馆、文化馆提炼开发文化 IP，加强文创产品体系建设。加强公共文化服务品牌建设，在全国遴选推介公共图书馆优秀阅读品牌、文化馆（站）优秀艺术普及活动品牌。为推进公共图书馆等公共文化场馆免费开放和数字化发展，我国发布了一系列行业政策，如 2022 年中共中央、国务院发布的《质量强国建设纲要》提出大力推动图书馆、博物馆等公共文化场馆数字化发展，加快线上线下服务融合。

在此背景下，辽宁省图书馆积极响应，并通过建设覆盖城乡的“数字文化驿站”展开实质性工作。这一举措的核心目标是通过触摸屏电子阅读试点，为基层群众提供优质数字阅读资源，实现公共图书馆服务与群众的更为紧密的对接。

在推动全民阅读的过程中，辽宁省图书馆的成功经验为其他地区提供了可借鉴的范本。特别是在偏僻地区，建立数字阅读文化驿站可被看作是一种有效的模式。这些文化驿站的建设旨在整合数字资源和软件系统，通过互联网与公共图书馆实现无缝对接，从而拓展数字资源的覆盖范围，弥补偏远地区文化服务的不足。

随着数字阅读逐渐成为主流趋势，公共图书馆在数字化服务方面需要不断引入新技术，以更好地满足用户需求。为此，图书馆应当积极探索新的服务模式，不断创新数字阅读推广服务。作为全民阅读的倡导者，公共图书馆应当紧跟时代发展的步伐，努力适应新的环境，以促使数字阅读推广服务的不断升级与优化。

参考文献

[1] 乔真．阅读的力量 [M]．北京：朝华出版社，2022．

[2] 李雅．推荐书目与阅读推广 [M]．北京：朝华出版社，2022．

[3] 顾玉青，赵俊玲．社会资源与图书馆阅读推广 [M]．北京：朝华出版社，2022．

[4] 傅春平．公共图书馆智慧服务的探索与实践 [M]．广州：世界图书出版广东有限公司，2020．

[5] 刘瑞琨，马燕，王贤云．现代图书馆管理与阅读推广服务 [M]．银川：宁夏人民出版社，2020．

[6] 李勇．新时代公共图书馆的新使命与新挑战 [M]．石家庄：河北人民出版社，2018．

[7] 徐雁，李海燕．全民阅读知识导航 [M]．南京：南京大学出版社，2016．

[8] 邱冠华，金德政．图书馆阅读推广基础工作 [M]．北京：朝华出版社，2015．

[9] 李俊国，汪茜．图书馆儿童阅读推广 [M]．北京：朝华出版社，2015．

[10] 王余光．图书馆阅读推广研究 [M]．北京：朝华出版社，2015．

[11] 胡品嘉．公共图书馆阅读推广跨界合作策略研究 [J]．大陆桥视野，2023（8）：79−81．

[12] 潘俊彤，范并思．公共图书馆阅读推广全过程项目管理模式构建 [J]．图书馆工作与研究，2023（5）：52−59．

[13] 汪燕．公共图书馆阅读推广服务创新探讨 [J]．文化产业，2023（11）：106−108．

[14] 郑继来，曹意．基于画像分析的公共图书馆少儿精准阅读推广研究 [J]．情报探索，2023（4）：109−114．

[15] 蔡娜娜，马莉．全媒体时代阅读推广对策研究 [J]．科技风，2023（4）：138−140．

[16] 曹入丹．公共图书馆加强少儿阅读推广的意义与路径 [J]. 科技资讯，2023，21（2）：228–231.

[17] 江锦才．公共图书馆新型阅读空间创新建设研究 [J]. 河南图书馆学刊，2022，42（12）：19–21.

[18] 程倩．新媒体环境下县级图书馆开展阅读推广对策分析 [J]. 文化产业，2022（34）：94–96.

[19] 梁艳．全媒体时代公共图书馆青少年阅读推广策略探讨 [J]. 文化产业，2022（27）：106–108.

[20] 朱景琦，陈宝丽，沈玲．公共图书馆未成年人地域文化阅读推广探析 [J]. 图书馆学刊，2022，44（9）：74–77.

[21] 王亚楠．新媒体视域下我国省级公共图书馆阅读推广活动宣传研究 [D]. 沈阳：辽宁大学，2022.

[22] 黄玙．公共图书馆阅读推广媒介研究 [D]. 昆明：云南大学，2020.

[23] 张展．公共图书馆阅读推广活动低效问题及优化措施研究 [D]. 保定：河北大学，2020.

[24] 胡娅娅．新媒体时代公共图书馆青少年阅读推广研究 [D]. 武汉：华中师范大学，2018.

[25] 唐小姣．多主体合作视角下安徽省公共图书馆儿童阅读推广的调查 [D]. 合肥：安徽大学，2018.

[26] 唐方园．基于馆校合作的我国公共图书馆阅读推广研究 [D]. 哈尔滨：黑龙江大学，2018.

[27] 苑红梅．公共图书馆少儿阅读推广服务模式研究 [D]. 长春：吉林大学，2017.

[28] 张利娟．公共图书馆弱势群体阅读推广服务研究 [D]. 合肥：安徽大学，2015.

[29] 汪霖．公共图书馆的儿童阅读推广服务研究 [D]. 哈尔滨：黑龙江大学，2015.

[30] 陆晓红．我国公共图书馆儿童阅读推广模式研究 [D]. 天津：南开大学，2014.